高速公路施工技术与管理

蔡 华　鞠一帆　刘贵禄　◎著

吉林科学技术出版社

图书在版编目（CIP）数据

高速公路施工技术与管理 / 蔡华，鞠一帆，刘贵禄著. -- 长春：吉林科学技术出版社，2023.3
ISBN 978-7-5744-0157-0

Ⅰ. ①高… Ⅱ. ①蔡… ②鞠… ③刘… Ⅲ. ①高速公路－工程施工－研究 Ⅳ. ①U415.12

中国国家版本馆CIP数据核字(2023)第053832号

高速公路施工技术与管理

作　　者	蔡　华　鞠一帆　刘贵禄
出 版 人	宛　霞
责任编辑	李　超
幅面尺寸	185mm×260mm　1/16
字　　数	280千字
印　　张	12.25
印　　数	1—200册
版　　次	2023年3月第1版
印　　次	2023年3月第1次印刷

出　　版	吉林科学技术出版社
发　　行	吉林科学技术出版社
地　　址	长春市净月区福祉大路5788号
邮　　编	130118
发行部电话/传真	0431-81629529　81629530　81629531
	81629532　81629533　81629534
储运部电话	0431-86059116
编辑部电话	0431-81629518
印　　刷	北京四海锦诚印刷技术有限公司

书　　号	ISBN 978-7-5744-0157-0
定　　价	75.00元

版权所有　翻印必究　举报电话：0431-81629508

前　言

伴随着我国交通运输事业的快速发展，高速公路建设也如火如荼地开展起来。在高速公路快速建设的同时，其施工质量不容有一丝的大意和马虎。将精细化管理引入高速公路施工管理中来，对工程施工质量的提升作用颇为显著。进入新时期，高速公路建设项目日益增多，在完善我国交通运输事业中发挥了重要作用。然而高速公路工程建设项目施工难度大，施工技术要求高，质量要求高，对于工程项目管理的要求也更高。这就要求管理人员能够适时引入管理理念，从思想意识上高度重视，并在施工技术方案制订、人员管理、施工技术和施工过程等角度落实管理理念，注重细节，重视各个环节之间的协调配合，强调各个环节的注意事项，从严管控，落实精细化理念，全面提升高速公路工程建设项目的管理水平。

本书是高速公路施工技术与管理方向的著作，从高速公路路基工程介绍入手，针对路堤、路堑与特殊路基处理、路基压实、排水与防护加固、安全施工与质量通病处理、整修与检查验收进行了分析研究；另外，对桥涵与隧道工程、沥青与混凝土路面工程、软基与滑坡处理技术、边坡防护技术做了一定的介绍，还剖析了高速公路施工管理等内容。旨在摸索出一条适合现代高速公路施工技术与管理的科学道路，帮助其工作人员在应用中少走弯路，运用科学方法，提高效率，对高速公路施工技术与管理研究均有一定的借鉴意义。

本书撰写过程中，参考和借鉴了一些知名学者和专家的观点及论著，在此向他们表示深深的感谢。由于水平和时间所限，书中难免会出现不足之处，希望各位读者和专家能够提出宝贵意见，以待进一步修改，使之更加完善。

作者

2023 年 1 月

目　录

第一章　高速公路路基工程 1
 第一节　路堤、路堑与特殊路基处理 1
 第二节　路基压实、排水与防护加固 15
 第三节　路基安全施工与质量通病处理 29
 第四节　路基整修与检查验收 37

第二章　桥涵与隧道工程 40
 第一节　桥涵工程 40
 第二节　隧道工程 56

第三章　沥青与混凝土路面工程 78
 第一节　沥青路面工程 78
 第二节　混凝土路面工程 97

第四章　软基与滑坡处理技术 106
 第一节　软基处理技术 106
 第二节　滑坡处理技术 113

第五章　边坡防护技术 123
 第一节　概述 123
 第二节　高速公路边坡生态恢复技术 129
 第三节　高速公路边坡生态恢复植物的选择 142
 第四节　生态高速公路建设 147

第六章　高速公路施工管理 152

第一节 高速公路施工管理的重要性及策略 ·············· 152

第二节 高速公路成本与施工质量管理 ················ 156

第三节 高速公路施工进度与安全管理 ················ 171

第四节 高速公路环保与技术创新管理 ················ 182

参考文献 ·· 189

第一章　高速公路路基工程

第一节　路堤、路堑与特殊路基处理

一、路堤施工

填方路堤施工是公路工程施工中一个非常重要的环节，需要精心组织、精心施工，确保工程质量。高速公路的特殊性决定了对路基施工质量有着更高的要求。因此，路堤施工必须从基底处理、填料选择、压实、排水、防护等各方面加以重视，依靠科技进步，采用新技术、新材料、新的检测手段，从而保证路基具有足够的稳定性和耐久性。

（一）路堤施工的施工特点

与路堑开挖相比，路堤工程有以下特点：

1. 路堤基底处理

路堤是在天然地基上人为构筑的土体，是破坏原有状态而以一定要求填堆的土体，并与原面接触而呈结合状态。它对路基质量有着重要的影响，特别是对路基的稳定性影响很大，需要根据地形和土质条件做适当的处理。正式施工前，除了必须进行伐树除根，清除杂草垃圾及不稳定的石块以外，横坡较大时，还需要做表土翻松、开挖台阶或凿毛（石质基底）。特殊土质，如软土、沙滩和有地下水上溢的地段，必须做进一步的稳定处理或换土。

2. 填土要求

路堤对填土要求很严格，使用不适当的土填筑会直接影响路堤的稳定性和强度。例如，使用淤泥或腐殖质含量较高的土料填筑的路堤，会产生路堤整段或局部的变形，也可能因自重的原因产生滑坡，严重时将影响道路的使用。因此，一般最好采用强度高、水稳定性好的材料作为填料。另外，即使填土材料良好，但由于其所处状态不同，特别是含水率不同，所表现出的结果往往相差很大，解决填土的含水率问题是填筑路堤中一个很重要的环节，在一定程度上左右着工程的施工作业。

3. 填方压实

路堤的填筑都要通过压实以达到路基土体符合要求的密实度，所以填筑必须是分层作业。同时，由于土的种类，以及所处状态不同，使施工的作业程序、环节变得复杂，铺填土料厚度、填土方式、层间结合及压实机械和压实工艺，都成为施工中必须认真对待的问题，这是路堤填筑的又一特点。

（二）基底及填土材料的处理

1. 路堤基底的处理

路堤基底是指路堤填料与原地面的接触部分。为使两者结合紧密，避免路堤沿基底发生滑动，防止因草皮、树根腐烂而引起路堤沉陷，须视基底的土质、水文、坡度和植被情况及填筑高度采取相应的处理措施。对于一些特殊地基，如软土、冻土等处理时，技术比较复杂，我们另列节叙述。对于一般的基底处理，通常包括以下内容：

（1）伐树除根及表土处理

路堤填筑时，如果不清除结合面上的草木残株等有害于路堤稳定的杂物，路堤成型后，一旦杂物腐烂变质，地基将发生松软和不均匀沉降等现象。为了预防这种情况，就必须在填土之前做好伐树、除根和表层土壤处理工作，特别当路基填筑高度小于1.0m时，应注意将路基范围内的树根、草丛全部挖除。伐树、除根和清除草丛作业可采用人工方法或机械方法作业。

如基底的表层土系腐殖土，则须将其表层土清除换填，厚度视具体情况而定，一般应不小于30cm，并予以分层压实，压实度应符合规范要求。如发现草碳层、鼠洞、裂缝、溶洞等，都必须注意处理好，以防造成日后塌陷。有些清除物（如腐殖土），堆弃在易于取回的地方，路堤修筑后，可取回作为护坡保护层使用，也可作为中央分隔带及绿化带的回填土。

（2）耕地、水田的处理

路堤通过耕地时，筑填施工之前，必须预先填平压实，如其中有机质含量和其他杂质较多时，碾压时因弹性过大，不易压实，应换填干土。对于稻田，其表面往往存在一层松软薄层，如果直接填土，不但机械通行性很差，难于作业，而且填土也不能充分压实。若填土厚度大，第一层要填至0.5~1.0m厚，施工机械才能通行，以后可以按规定厚度铺填，能够充分压实时可不必进行其他处理。若填土层较薄时，第一层则不能填得太厚；否则填土无法得以碾压密实。这时，应当在基底挖沟排水，使填土底层保持干燥，再进行填方压实作业。如果水田水位过高，简单地设置排水沟也不能使水充分外排，不能保证机械通行，且由于地下水毛细管作用浸入填土，恶化填土性质，应在原表土和填土之间加砂垫层，以利于水的排出。

如果填土基底有小池塘或泉眼，就应敷设暗排水管等排水设施，或者用耐水性强的道砟或碎石充填压实到原水位高度以上，在填土后进行有效排水，防止浸入填土。

（3）坡面基底的处理

填方路堤，如基底为坡面时，在荷载作用下，粒料极易失稳而沿坡面产生滑移。因此，在施工前必须注意对基底坡面处理后方能填筑。通过以往的高速公路施工经验表明，当坡度较小，在1：10~1：5之间时，只须清除坡面上的树、草杂物后，将翻松的表层压实后即可保证坡面的稳定。但当坡度较大，在1：5~1：2.5之间时，应采取如图1-1所示的方法将坡面做成台阶形，一般宽度不宜小于2.0 m，高度最小为1.0m，而且台阶顶面应做成向堤内倾斜4%~6%的坡度。如果基底坡面超过1：2.5时，则应采用修挡土墙、护脚等措施对外坡脚进行特殊处理。

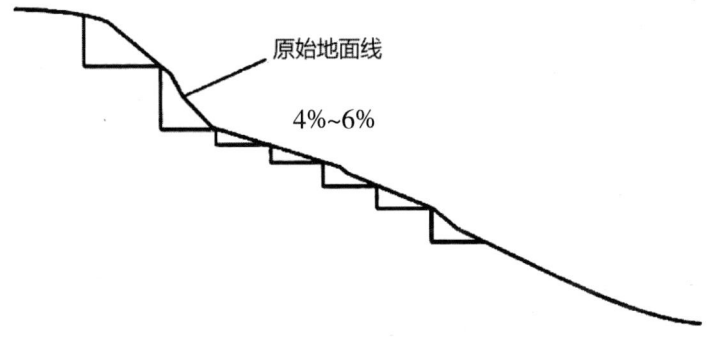

图1-1 横坡较大时台阶形基底

2. 路堤填料的选择和处理

用于路堤填筑的土料，原则上就地取材或利用路堑挖方土壤，但对填土料总的要求是：具有良好的级配和一定的黏结能力，易于压实稳定；具有基本上不受水浸软化和冻害影响等。淤泥、腐殖质等稳定性较差的土一般不宜作为填土，必须使用时，应根据公路技术规范，有限制地选用。

对于透水性良好的石块、碎（砾）石土、粗砂、中砂和湿度未超过所设计规定极限值的亚砂土、轻亚黏土和黏土等，均可用于填筑路堤。在特殊情况下，受工程作业现场条件的限制，在路堤填筑工地附近可能没有合适的填土材料，而从远处运来又不经济，这时通常是对附近不符合施工规范要求的土料进行适当处理后，作为填土使用。

（1）含水率调节

一般情况下，如料场土料的自然含水率接近最佳含水率时，这时只要对挖出的土料及时装卸上堤，及时摊平碾压即可。如果土料含水率过高，应予以翻晒，最好利用松土机或圆盘耙耧翻，增大曝气面，加速蒸发效果。另外，也可在取土场工作面下面挖沟，使地下水位降低，改变土料含水率，这也是一种有效方法。如含水率过低时，常在材料上人工洒水，洒水率可由自然含水率和最佳含水率之差简单地求出，常用的洒水工具有洒水车和水泵等。在实际工作中，土料的人工湿润可在取土场和堤上进行，由于取土场场地宽阔，工作方便，易控制洒水均匀，如有洒水过度，也不影响堤上已有的土体，因而采用较多。在料场湿润土料，可以采取把取土场用水淹盖起来的方法进行，宜用于黏土层垂直孔隙较大的情况。作业时，应首先除掉表土植物层，并将土面整平，尔后灌水淹盖，直至吸够必需水量为止。所需水量由地面至挖深厚度内全部土体计算，淹水后的土壤不宜立即取用，须让水经一定下沉或蒸发后方可使用。

在路堤施工时，也常采用洒水车直接在堤上喷洒，但应配用圆盘耙等机具对土料进行翻拌，使其润湿均匀，还须预计润湿时间，绝不可洒水后立即碾压。

（2）化学稳定处理

即利用石灰或水泥做稳定剂对土壤性质进行改良，达到填土要求，这种方法对含水率大、塑性高的材料（如黏土），或强度不足的其他材料（如含有大量细粒砂的砂质土），都有较好的效果。

化学稳定处理的施工方法，是将土和石灰、水泥等添加材料按一定比例混拌均匀后铺平压实。一般采用路拌式稳定土拌和机（灰土拌和机）和平地机等进行作业，也可由设于专门场地的厂拌设备制备。

（三）路堤的填筑作业

1. 路堤填筑方法

路堤填筑是把填料用一定方式运送上堤进行铺平、碾压密实的过程。路堤填筑分为水平分层填筑法、纵坡分层填筑法、横向填筑法和混合填筑法等四种方法。

（1）水平分层填筑法

填筑时按照横断面全宽分成水平层次，逐层向上填筑。若原地面不平，应从最低处分层填起，每填一层经过压实符合规定要求后再填上一层。

（2）纵向分层填筑法

宜用于推土机从路堑取料填筑距离较短的路堤，填方侧应按要求，人工开挖土质台阶后，依纵坡方向分层，逐层向上填筑碾压密实。原地面纵坡大于12%的地段常采用此法。

（3）横向填筑法

从路基一端或两端同时按横断面的全部高度，逐步推进填筑，仅用于无法自下而上填筑的深谷、陡坡、断岩、泥沼等运土和机械无法进场的路堤。横向填筑因填土过厚，不易压实，施工时须采取下列措施：

①选用高效能压实机。

②采用沉陷量较小的砂性土或附近开挖路堑的废石方，并一次填足路堤全宽度。

③在底部进行拨土夯实。

（4）联合填筑法

即路堤下层用横向填筑，而上层用水平分层填筑，使上部填料经分层压实获得需要的压实度。混合填筑法适应于因地形限制或填筑堤身较高，不宜采用水平分层法或横向填筑法自始至终进行填筑的情况。

上述方法中，后三种路堤填筑施工方法工程质量较难保证，同时也不易检测。因此，除非工程特殊要求外，一般应尽可能采用第一种方法施工。

2. 路堤机械化作业

（1）推土机作业

①推土机横向填筑

这是一种水平分层填筑方法。推土机在路堤一侧或两侧取土场取土，一般沿线路分段进行，每段距离以20~40m为宜，可以单机作业，也可多机作业，多在地势平坦或两侧有可利用的山地土场的场合采用。

推土机在路堤单侧取土时，可采用穿梭法进行作业。作业时，推土机铲满土料，推送至路堤的坡脚，卸土后，按原路返回到铲挖位置，如此往复在同一路线上。采用槽式作业法送2~3刀就可挖到0.7~0.8m深，然后做斜线倒退，向一侧移位，同样方法可推送相邻土料。整个作业区段完成后，可以沿作业时相反方向侧移，可推净遗留土坡，整平取土坑。

当推土机由路堤两侧取土场取土时，每侧作业方法与上述方法相同，所不同的是路堤用土由两侧运来，分别推至路基中心线即可。作业时，为使中心线两侧运土的结合处能充分压实，两侧运来的土料均应推送超过中线。采用这种作业方法时，每个作业区段最好由两侧相同台数的推土机，相向同步作业，可使路堤均衡对称地成型。

用推土机从两侧取土填筑路堤，适用于取土距离较短、路堤较低的场合，一般在 1m 以下。作业时要分层有序地进行，每层层厚视土质及压实特性而定，一般为 20~30cm，并须随时分层压实。

②推土机纵向填筑路堤

用推土机进行移挖填土施工时，多采用这种方法（一般多用在丘陵、山地）。可做纵坡分层，只要挖方土壤符合填土要求，即可采用，但以开挖部分坡度不大于 1∶2 为限。开挖中应随时注意复核路基标高和宽度，避免超挖和欠挖。

③综合作业法

这是上述两种方法的综合，即在纵横方向联合作业。沿线路分段进行，每段长 60~80m，每段中部设有横向送土道，用横向作业的方式，将两侧土壤送上路堤，再由另外的推土机纵向推送铺平，同时分层压实。

（2）铲运机作业

利用铲运机填筑路堤，其基本方法与推土机大致类似，仅以作业现场条件不同而有所区别。其最大特点是曲线作业散落料少，故有更灵活的作业路线，并适宜于较远距离取土（一般为 100m 以外，且填筑高度为 2m 以上）。其作业的运行路线，在根据地形条件、考虑施工效率时，有以下几种基本方式，可在实际工作中灵活应用：

①椭圆形运行路线

此方法适用于填土高度在 1.5~2m 以内，且工作长度在 100m 以下的情况。主要缺点是重载上坡转向角大，转弯半径小；每一循环，铲运机需要转两次 180° 大弯。

②"8"字形运行路线

实际上是上述椭圆形路线的组合，每一个作业循环，在同样两次 180° 大转弯的情况下，可完成两次铲装、运送、卸土的过程。而且可以容纳多机作业，工效比单椭圆形作业路线有一定程度的提高，多用于工作段较长（一般为 300~500m）的填筑作业，要求取土场在路堤两侧。作业区段较长时，可以多个"8"字形工作面首尾相连，可在整个区段内连续作业，适宜于群机作业。如果各机间隔适当，可使其互相不受干扰，并把每次填挖段与上次的错开，作业均衡，缺点为一次循环的时间较长。

③全堤宽循环作业

上述几种方法，均在路堤单侧取土（指一个循环内），对于两侧取土场同时取土作业时，可采取全堤宽循环作业的方法。即铲运机连续相间地在路堤两侧取土场取土，而在路堤全宽上均匀铺散。这种作业方法，适宜于作业区段较长，且宽度较大的路堤填筑，铲运机每次循环中，多次装卸土壤，运行路线可均匀错开，因此碾压质量较好。

用铲运机填筑路堤，无论采取何种运行路线，在路堤整个宽度上，应注意从两侧分层向中间填筑，始终保持两侧高于中间，可防止铲运机向外翻车。当两侧填至标高时，再填平中间并按要求修整成一定的坡度。

另外，铲运机进行路堤填筑作业时，经常是利用自重压实的。因此，作业过程中，卸土应均匀分布在堤面上，同时铲运机车轮应使路堤上的卸土都能被压到，以保证路基的压实质量。

当路堤高度在1m以上时，应修筑运行通道。高度大于2m时，每隔50~60m修筑一个通道或缺口，最小宽度为4m，使铲运机转弯半径不小于6m。上坡通道坡度一般为15%~20%，下坡极限坡度为50%，整个填筑作业完成后，所有进出口通道应予封填。

二、路堑施工

路堑开挖是路基施工中工程量最大、最普遍的施工内容，有多种施工机械，使机械优势得到充分发挥。所以，路堑开挖主要采用机械化施工。

（一）路堑施工的特点

从作业程序上说，路堑施工较为简单，按一定要求挖掘土并运到弃土地点，不像路堤填筑有材料选择、分层碾压密实等问题存在。然而，从以往施工经验和公路使用的角度看，路基上发生的问题大多出在路堑上。例如，路堑施工往往成为整个工程的控制工程，影响工期。施工中常发生塌方、落石等事故。在道路使用过程中，路堑地段又是塌方、滑坡、翻浆、冒泥、冻害等路基病害的多发区段，而这些又在很大程度上与路堑施工有着密切的关系。例如：由于开挖坡度不合适或弃土太近，使土体失去平衡而发生塌方；由于排水不良造成土体松软发生边坡溜滑；由于没有及时修筑挡土墙等防护工程而发生滑坡现象。因此，在路堑施工中，对采取的作业方式、开挖步骤、弃土位置等应予充分重视，进行全面规划，保证有较高的质量和效率。在挖掘作业特别是深挖掘作业时，应将粗加工和挖掘作业同时进行，使坡面作业尽量减少，并且必须经常不断地检查尺寸。单面挖掘、单面堆土时，应尽量避免土堆太高，即使设计上没有防滑措施，也要将基底面进行阶梯挖掘，才比较合理。

深挖掘的另一个特别需要注意的问题是：应保证施工过程中或竣工后的有效排水。一般应先开挖排水沟槽，并设法排除一切可能影响边坡稳定的地面水和地下水，为此，路基开挖作业时应注意以下几点：

1.由于水是造成路堑各种病害的主要原因，所以，不论采取何种开挖方法，均应保证开挖过程中及竣工后的有效排水，施工时均应先开挖截水沟，并设法引走一切可能影响边坡稳定的地面水和地下水。开挖路堑时，要在路堑的线路方向保持一定的纵坡度，以利于排水顺利和提高运输效率。

2. 开挖时应按照横断面自上而下，依照设计边坡逐层进行，防止因开挖不当而引起边坡失稳崩塌。对坡度较大、开挖厚度较薄的地形，由于挖削部分较薄，对坡体崩塌问题往往容易忽视。应按原有自然坡面自上而下挖至坡脚，不可逆转施工；否则，可能引起滑坡体滑塌。

3. 在地质不良拟设挡土墙的路堑中，路堑开挖应分段挖掘，同时修筑挡土墙或其他防护设施，以保证安全。

4. 路堑弃土应按要求，整齐地堆在路基一侧或两侧。弃土堆内侧坡脚（靠路堑一侧）至路堑边坡顶端距离不得小于5m。

5. 对于弃土运往他处时，挖掘工作面的运输散落土料，要及时清除。尤其是每个工作日作业结束时，更要注意及时用推土机将散落土清除干净，以防土遇雨积水，造成滑坡损害，以致发生崩塌事故。

6. 松软土地带或其他不符合要求的土质地段，要采取各种稳定处理措施，并注意地下水的上升情况，据需要应设置排水盲沟等。

（二）路堑的开挖

路堑开挖前，应做好现场伐树除根等清理工作。如果移挖作填时，还须将表层土壤单独掘弃，路堑的开挖方法根据现场施工条件，可采用以下几种基本方法：

1. 全断面开挖法

从开挖路堑的一端或两端按断面全宽一次挖性到设计标高，逐渐向纵深挖掘，挖出的土方一般都是向两侧运送。这种方法适用于深度不大且较短的路堑。

2. 分层横断面挖法

从开挖路堑的一端或两端按横断面分层挖至设计标高，每层都有单独的运土出路和临时排水设施，适用于开挖深而短的路堑。土方工程数量较大时，各层应纵向拉开，做到多层、多方向出土，可安排较多的劳动力和施工机械，以加快施工进度。每层挖掘深度视工作方便和安全而定，一般为1~2m。

3. 分段纵挖法

当路堑较长开挖深度不大时，把开挖路堑横断面分成若干段，并沿纵向条形开挖，一般出土于两侧。若是傍山路堑，一侧堑壁不厚，选择一个或几个地方挖穿路堑壁出土。

4. 分层纵挖法

如果路堑宽度及深度都不大，可以纵向分层挖掘。在短距离及大坡度时，可用推土机施工，较长的宽路堑则宜用铲运机作业。

5. 通道纵挖法

在开挖路堑全长上，沿路堑纵向先挖出一条通道，然后开挖两旁，这是一种快速施工的有效方法，通道可用于机械通行或运输土料车辆的运土。

（三）路堑开挖机械化施工

1. 推土机作业

推土机操纵灵活，运转方便，既可开挖土方，又能短距离运输土料，在路堑开挖作业中被广泛应用。

采用推土机开挖路堑，根据具体情况可有以下两种施工作业方法：

（1）平地上两侧弃土，横向开挖

用推土机横向开挖路堑，其深度以在 2m 以内为宜。开始时，推土机以路堑中线为界，向两侧用横向"穿梭"推土作业法进行，将路堑中挖出的土送至两侧弃土堆，最后再做专门的清理和平整。当开挖深度超过 2m 时，则须与其他机械配合作业。

此外，对上述施工作业，推土机也可采用环形作业法。推土时，推土机可按椭圆形或螺旋路线运行，这种运行路线可利用推土机本身对弃土堆进行分层压实和平整。

不论采用何种作业路线进行路堑开挖，都要注意不允许路堑的中部下凹，以免积水。在整个开挖段上，应做出排水方向的坡度以便排除降雨积水。在接近挖至规定断面设计线时，应随时复核路基的标高和宽度，避免出现超挖或欠挖。通常在挖出路堑的粗略外形后，多采用平地机整修边坡和边沟。

（2）纵向开挖山坡路堑

①开挖傍山半路堑。一般多用斜铲推土机进行。开挖时首先由路堑边坡的上部开始，沿线路行驶，渐次由上而下，分段、分层将土推送至坡下填筑路堤处。推土机的水平回转角根据土壤的性质来调整，在Ⅰ、Ⅱ级轻质土壤上作业时，可调至60°；在Ⅲ、Ⅳ级土壤作业时可调至45°。由于推土机沿山坡施工，要特别注意安全，推土机始终应行驶在坚实稳定的土壤上，填土部保持道路外侧高于内侧，行驶的纵坡角不宜超过推土机最大爬

坡角。

采用上述方法时,铲刀的平面角使土料沿刀身向填土部送出,当使用直铲推土机完成这种半路堑作业时,土料只能由推土机曲线行驶,方可卸土于填土部。这时,最好铲土数次,将几次铲起的土壤集至一处堆起,然后再将土壤一起推运到边坡前沿卸土。这样不但可提高推土机的生产效率,而且比较安全,直铲推土机进行开挖半路堑作业只适用于坡度不大（25°以下）的场合。

②开挖深路堑。开挖深路堑运土作为填土路堤作业时应首先做好准备工作,要在开挖路堑的原地面线顶端各点和填挖之间零点处,设置标记,同时挖半小丘,使推土机能顺利进入作业现场。如果推土机能沿斜坡驶至最高点时,则可以由路堑所在坡面上顶点处开始,逐层开挖至路堤处,开挖时可用1~2台推土机沿线路中线的平行线进行纵向推填。当路堑挖到设计深度的一半位置时,再用另外1~2台推土机,横向分层推削路堑斜坡。由斜坡上推削下来的土壤,仍由下面的推土机送至填土区段,直至路堑路堤全部完成为止。

这种深路堑的开挖顺序,每层均按沟槽运土法开挖,并尽量利用地形做到下坡推土。

2. 铲运机作业

铲运机开挖路堑也有两种作业方法:一是横向弃土开挖;二是纵向移挖作填。路堑应分层开挖,并从两侧开始,每层厚15~20cm。这样做既能控制边坡,又能使取土场保持平整,同时还应沿路堑两侧做出排水纵坡。

路堑在以下情形下,宜采用横向开挖,即堑顶地面有显著横坡,而上游一侧须设置弃土堆,阻挡地面水流入路堑;路堑中纵向运土距离太长,超过铲运机的经济运距,严重影响工效;不需要利用土方或利用有剩余时;长路堑由于施工条件的限制,机械只承担其中一段,两端又无法纵向送土时。横向开挖路堑的施工运行线路与路堤横向取土填筑类似。

铲运机纵向移挖作填,当路堑须向堑口外相接的路堤处运土填筑时,铲运机应当利用纵坡自路堑端部开始做下坡铲土,适用于并逐渐向堑内段延伸挖土长度,而填筑路堤也应做相应的延伸。

一般铲运机可在路堑内做180°转向,从路堑两端分别开挖。当延伸到路堑中部且长度在30m以内时,可改用直线迂回运行圈的方法,做纵向贯通运行,往返交替向两端挖运。如果地面纵坡过陡,铲运机不能运行时,应先用推土机在路堑的端部推出15°左右的缓坡。此外,在挖土区段内,每隔20~30m宽度为铲运机开通一条回驶上坡道,并延伸至填土区段内。这样铲运机可用较大功率下坡铲土,在填土区段上回驶坡道卸土填方,并逐步扩大通路宽度,直到工作面的全宽普遍具备正常运行条件。

铲运机纵向运土时,也可根据工地情况采取不同行走路线。当然,一次循环可以做两次甚至更多次取土、卸土，视作业面纵向长度而定，这样可获得更好的经济效益。

铲运机开挖路堑作业，应先从两侧开始，这样可避免造成超挖欠挖；否则，将大大增加边坡修整的工作量，特别是边坡大于 1 ∶ 3 且不能用机械修整时尤其应当注意。另外，采取先挖两侧的顺序，亦利于雨后排水。

（四）边坡作业

路堑挖土边坡施工的基本要求基本上与填土边坡类似，除了边坡坡度符合设计规范外，也应做好放样、布设标准坡面等工作。但是，与填方边坡相比又有自己的一些特点，首先表现为作业对象多——土壤土质的多样性。路堤边坡由于是由填土而成，所以，其工程性质差异不大。而路堑边坡则是由自然状态土、石方挖掘形成，随线路经过地带不同而有较大变化，其工程性质不仅不同，有时还差别很大，施工作业难易程度也就有一定的区别。根据以往施工经历，下面介绍路堑开挖边坡的几种类型及其施工要点：

1. 砂土边坡

挖出的斜坡要留有足够的余量，然后打桩定线进行坡面整修。具体做法是，先用机械开挖，留有 20~30cm 的余量，后用人工修整或用平地机修整，也可用小型反铲挖掘机修整。如果采用挖掘机修整边坡，要求操作人员有较高的技术水平；否则，很容易造成超挖或欠挖。

2. 岩石边坡

如果坡面是软岩，可用镐或风镐开挖；如果是硬质岩石，要用手动冲击式钻机，沿着需要修整的坡面先开炮孔，然后，注意不要使剩下的岩盘松动，装少量炸药进行爆破。在大型工程中，也可直接爆破成斜面，然后进行放坡作业。

岩石边坡施工，特别应注意地质变化岩盘和风化土界限实际高度与估计的不一样，施工时要视情况采取一定措施。总之，边坡一旦放好，是不容易变更的，所以，施工时，事先做好地质调查工作非常重要。

3. 碎石类土边坡

影响碎石类土挖方边坡的因素，主要是土体结合的紧密程度。其坡度要结合土壤、地质水文等条件确定。

碎石类土的潮湿程度及边坡高度，对边坡的稳定有较大影响。一般湿度大、边坡高时，宜采用较缓坡度；对密实度差的土体，应避免深挖。同时，要注意到由于边坡过缓，受雨水作用面积增大，故不宜过缓，并根据具体情况采取边坡防护和加固措施，确实做好排水工作，以免影响边坡稳定。

三、特殊路基处理

（一）一般规定及特点

1. 特殊路基施工，应进行必要的基础试验，编制专项施工组织设计，批准后实施。

2. 施工中若实际地质情况与设计不符或设计处治方案因故不能实施，应及时向监理、业主、设计院反映，申请设计变更。

3. 采用新技术、新工艺、新设备、新材料时，必须制定相应的工艺、质量标准。

4. 用湿黏土、红黏土和中、弱膨胀土作为填料直接填筑时，应符合下列规定：

（1）液限在40%~70%之间，塑性指数在18~26之间。

（2）采用湿土法制作试件，试件的CBR值满足规范要求。

（3）不得作为零填及挖方路基0~0.80m范围内的填料。

（二）黏土填筑路基施工

1. 当湿黏土液限不在40%~70%，塑性指数不在18~26之间填筑路基时，应进行处理，处理后CBR值和粒径大小应符合相关要求，且压实质量应符合规范规定。

2. 基底为软土时，应按设计要求进行处治。

3. 不同类的填料，不得填筑在同一压实层上。

4. 路堤填筑时，每层宜设2%~3%的横坡；当天的填土，宜当天完成压实。

5. 填筑层压实后，应采取措施防止路基工作面曝晒失水。

6. 水稻田地段路基施工，要符合下列规定：

（1）水稻田地段路基施工，不得影响农田排灌。

（2）施工前应采取措施排除公路用地范围内的地表水。疏干地表水确有困难时，应按设计要求进行处治。

（3）二级及二级以上公路路堑段，应在边坡顶适当距离外，筑埂并挖截水沟；土质、风化岩石边坡，应浆砌护墙或护坡；路堑路段宜加大边沟尺寸并采用浆砌。

7. 河、塘、湖地段路堤施工应符合以下规定：

（1）受水浸、润作用的路堤部分，宜用水稳性好、塑性指数不大于6、压缩性小、不易风化的透水性填料填筑。

（2）在洪水淹没地段的路堤两侧不得取土；三、四级公路，特殊情况下，可在下游侧距路堤安全距离外取土。

（3）两侧水位差较大的河滩路堤，根据具体情况，宜放缓下游一侧边坡，设滤水趾和反滤层，在基底设隔渗墙或隔渗层。

（4）防洪工程应在洪水期前完成，施工期间应注意防洪。

8. 多雨潮湿地区路基施工应符合下列规定：

（1）多雨潮湿地区施工，应注意排水。机具停放地、库房、生活区域应选在地势较高不易被水淹的地点，并有完善的排水防洪设施。

（2）多雨潮湿地区，应按设计要求对基底过湿土层进行处理。

（三）软土地基路基施工

软土一般指淤泥、泥炭土、流泥、沼泽土和湿陷性大的黄土、黑土等。通常其含水率大、承载力小、压缩性高，尤其是沼泽地，水分过多、强度很低，常规施工机械在软土地面上行走和作业都很困难。

由于软土具有与一般土不同的工程性质，往往不能满足路基及桥涵基础的要求，所以必须采取一定的加固措施。结合工地的施工条件，因地制宜，采取适宜的施工方法，尽可能利用现有的机械设备。

1. 软土的工程地质特性

软土的概念，目前尚无统一的定义。一般地，路基工程中软土是指相对密度小于0.33的松砂土和天然含水率大于液限（$w_L > 1.0$），孔隙比大于等于1.0的黏性土，由软土作为地基时称软土地基，其具有松软、易于变形的特征。

2. 填土的稳定与沉降

道路工程中，修筑路堤和其他构造物，目的是为上层路面提供一个均匀而坚固的基础，同时保持路面平整及处于良好的状态。在软土地基上筑填路堤或进行开挖作业，除了可能产生不均匀沉陷外，还可能由于软土的蠕变而导致路基或其他构筑物的失稳。

首先，在软土上面填土时，当超过某一高度时，可能使填土的部分发生崩塌、坡脚外侧地基隆起等，这种现象的产生，势必造成工程的大范围返工。如果坡脚附近有房屋、水管或其他工程设施，也将受到严重威胁，甚至被破坏或造成人身伤亡事故。

其次，即使不发生滑塌，但施工过程中，以至于填土完成以后，沉降将在相当长的时间内持续发展，即所谓的地基沉降。这种现象严重时，不仅增加填土工程量，而且在靠近填土部位的挡土墙、涵洞等会受到沉降或水平移动的影响。此外，完成铺装路面后的沉降，不仅对路面的纵横断面造成影响，不能保证其平整性，而且也会引起路面结构的破坏。边沟等排水设施也将受到不利影响，特别是桥梁、涵洞等结构物与填土相连接部分的不均匀沉陷，成为车辆行驶中的阻碍和发生事故的原因。

由此可见，在软土地基上修筑路基，主要存在的问题是路基的沉降与失稳破坏。有时单方面发生，有时则同时发生，这就需要在设计中予以充分考虑，分析地基的成层状态、排水条件、各层强度特性与固结特性，明确施工条件，进行沉降与稳定的有关计算，提出针对性的处理方法，进而在施工中付诸实施。

路基工程中，软土地基的处理，分为路堤、桥涵或挡土墙及沿线各种设施的沉陷处理和稳定处理。其中，沉降处理必须选择能有效控制剪切变形产生的沉降，或者采用能加速因固结变形引起的沉降的方法。对于稳定处理，必须增大路堤及地基强度，提高其抗剪切变形能力，所以可采用能提高路堤或地基早期强度的处理方法，或者采用能促进地基固结强度增长的处理方法。

3. 软土地基的处理

对于存在滑动破坏和固结沉降任一方面或同时存在（即同时不能满足要求）的情况，必须采取相应的处理措施。然而，处理软土地基措施的工程费用一般来说是比较高的，若选择方法不当，还可能起不到预期的效果。所以，要周密考虑地基条件、公路等级、施工条件等多方面的因素，尽量采用费用较低且技术上合理的方法。

软土地基施工措施，按照其原理不同，可采取多种不同的方法。各种方法的施工要点如下：

（1）表层排水法

这种方法是在路基填筑前，在地面开挖水沟，以排除地表水，同时降低地基表层的含水率，确保施工机械的作业条件。为了使开挖水沟在施工中发挥盲沟作用，常用透水性良好的砂砾回填。

①水沟的布置。水沟布设应全面考虑地形与土质情况，使排水畅通。

②水沟的构造。水沟尺寸一般宽0.5m，深0.5~1m。路堤填筑前，宜用砂砾回填成盲沟，若埋设管道，必须用良好的过滤材料保护。

（2）砂垫层法

这种方法是在软土地基上铺设厚度为0.5~1.2m的砂层（砂垫层），其作用是：作为软土层固结所需要的上部排水层和路堤内的地下排水层以降低堤内水位，改善施工时重型机械的作业条件。

施工时，要设置和砂垫层厚度相同的放样桩，一般用自卸汽车及推土机配合摊铺，应做到摊铺均匀，注意不要有很大的集中载荷作用。当路堤为粉土类土，透水性不好时，路堤坡脚附近砂垫层被路堤覆盖，可能会阻碍侧向排水，必须注意做好砂垫层端部的处理。

(3) 稳定剂处置法

即用生石灰、熟石灰、水泥等稳定材料，掺入软弱的表层黏土中，以改善地基的压缩性和强度特性，保证机械作业条件，提高路堤填土稳定及压实效果。

施工中应注意以下几点：

①稳定剂贮存。工地存放的水泥、石灰不可太多，以一天使用量为宜，最长不宜超过三天的使用量，应做好防水、防潮措施。

②压实与养生。压实要达到规定压实度，用水泥或熟石灰稳定处置土应在最后一次拌和后立即压实；而用生石灰稳定土的压实，必须有拌和时的初碾压和生石灰消解结束后的再次碾压。压实后若能获得足够的强度，可不必进行专门养生，但由于土质与施工条件不同，处置土强度增长不均衡，则应做约一周时间的养生。

第二节　路基压实、排水与防护加固

一、路基压实

路基压实是保证路基质量的重要环节，路堤、路堑和路堤基底均应进行压实，且技术等级越高的公路对路基的压实要求越严格。

路基压实的作用，是提高填料的密实度，减小孔隙率，增强填料颗粒之间的接触面，增大凝聚力或嵌挤力，提高内摩阻力，减少形变，为路基的正常工作提供良好的基础。

(一) 土质路基的压实

土质路基的压实过程，其本质上是土体在压力作用下，克服土颗粒间的内聚力和摩擦力，使原有结构受到破坏，固体颗粒重新排列，大颗粒之间的间隙被小颗粒所填充，变成密实状态，达到新的平衡。在施工作业中，表现为土壤的体积被压缩，而达到一定程度后，这个过程不再持续。这是因为在颗粒重新排列后，土中气体被挤出，由快变缓，最终趋于结束。这时，作用于土体的压力，只能引起弹性变形，而压力过大时，则可能使土壤产生剪切破坏，影响土体强度。

路基压实状况通常用压实度来表征，压实度与密实度容易产生概念上的混淆。密实度亦称理论密实度，是指单位体积内固体颗粒排列的紧密程度，即土的固体体积率越大，其干密度也越大。所以，有时也用干密度来表示土的密实度。但两者在物理意义上是有区别的，压实度是指土压实后的干密度与标准的最大干密度之比，用百分率表示，亦称干密度系数，或相对密实度。所谓标准的最大干密度，是指用标准击实试验方法，在最佳含水率条件下得到的干密度。

1. 影响压实效果的主要因素

影响路基压实效果的因素是多方面的，有内因也有外因，但与施工作业有关的主要因素有以下几点：

（1）土的含水率

任何有黏结力的土，在不同的湿度下，用同样压实功能来挤压，将获得不同的密实度和不同的强度。压实开始时，原状土相对湿度低，土颗粒之间的内摩阻力大，因而，外力难于克服，故压实的干密度小，表现出土的强度高、密度低；当相对湿度缓慢增加时，水分在土粒间起润滑作用，压实的结果，使被压材料（土粒）得以重新调整其排列位置，达到较紧密的程度，表现出密度增大，但与此同时，由于水的作用，内摩阻力有所减小，因而强度继续下降。当含水率继续增加，超过图中曲线顶点等最优值时，水的润滑作用已经足够，水分过多，使起润滑作用以外多余水分进入土粒孔隙中，反而促使土粒分离而不易得到良好压实效果，从而降低了土的干密度。又由于土粒间距增大，内摩阻力与黏结力减小，使土的强度也随之减小，在压实曲线中出现驼峰形式。这就是说，在一定功能的压实作用下，含水率的变化会导致土的干密度随之变化，在某一含水率（最佳含水率）下，干密度达到最大值（最大干密度）。一般地，土在天然状态下的含水率值很接近于最佳含水率。因此，在施工作业中，新卸填土应当立即推平压实。

（2）土的性质

不同土质的压实性能差别较大，一般来说非黏性土的压实效果较好，而且最佳含水率较小、最大干密度较大，在静力作用下，压缩性较小，在动力作用下，特别是在振动作用下很容易被压实。黏质土、粉质土等分散性土的压实效果较差，主要是由于这些细分散性的土颗粒的比表面大、黏聚力大、土粒表面水膜需水量大，最佳含水率偏高，而最大干密度反而偏小。

(3) 压实功能

压实功能是由碾压（或锤击）的次数及其单位压力（或荷重）所决定的，若在一定限度内增加压实功，则可降低含水率数值，提高最佳密实度的数值。

土在不同压实功能作用下的压实性质，是决定压实工作量和选择机具、施工方法的依据。

事实上，对任何一种土，当密实度超过某一限值时，欲继续提高它的密实度、降低含水率值，往往需要增加很大的压实功能。而过分加大压实功能，不仅密实度增加幅度小，还往往因所加荷载超过土的抵抗力，即土受压部位承受压力超过土的极限强度，而导致土体破坏。因此，对路基填土的压实，在工艺方法上要注意不使压实功能太大。

(4) 碾压时的温度

在路基碾压过程中，温度升高可使被压土中的水黏滞度降低，从而在土粒间起润滑作用，易于压实，但气温过高时，又会由于水分蒸发太快而不利于压实。温度低于0℃时，因部分水结冰，产生的阻力更大，起润滑作用的水更少，因而也得不到理想的压实效果。温度在正常温度（20℃）以上或以下时，土的含水率与可达到的密度的关系，说明同一种土壤的最佳含水率随温度不同而有所变化。

(5) 压实土层的厚度

土受压时，能够以均匀变形的深度（即有效压实深度），近似等于两倍的压模直径或两倍的压模与土接触表面的最小横向尺寸，超过这个范围，土受到的压力急剧变小，并逐渐趋于零，可认为此时土的密实度没有变化。

土所受的外力作用，随深度增加而逐渐减弱，当超过一定范围时，土的密实度将与未碾压时相同，这个有效的压实深度（产生均匀变化的深度）与土质、含水率、压实机械的构造特征等因素有关。所以，正确控制碾压铺层厚度，对于提高压实机械生产率和填筑路基质量十分重要。

(6) 地基或下承层强度

在填筑路堤时，若地基没有足够的强度，路堤的第一层难以达到较高的压实度，即使采用重塑压路机或增加碾压遍数，也只能是事倍功半，甚至使碾压土层起"弹簧"。因此，对于地基或下承层强度不足的情况，填筑路堤时通常采取以下措施处理：

①填筑路堤之前，应先碾压地基。

②若地基有软弱层，则应用砂砾（碎石）层处理地基。

③路堑处路槽的碾压，先应铲除30~40 cm原状土层并碾压地基后，再分层填筑压实。

2. 压实标准与碾压控制

（1）压实标准

压实标准包括两个方面：一是确定标准干密度的方法；二是要求的压实度。

标准干密度的确定方法，主要是采用重型击实试验法。土的最大干密度是土压实的主要指标，与路基的强度和稳定性有密切的关系，一般作为压实质量评价的依据。在路基压实施工中，由于受各种因素的影响和限制（气候、土的天然含水率等），所施工的路基实际干密度不能达到室内重型击实试验求得的最大干密度。但是为了保证压实质量的基本要求，必须规定压实后土基压实度范围。所谓压实度，即现场检查测得的土基干密度 ρ_d 与室内求得的最大干密度 ρ_{max} 之比，常用 K 表示。

$$K = \rho_d / \rho_{max} \times 100\% \qquad (1-1)$$

（2）路基压实工作的控制与检验

①确定不同种类填土的最大干密度和最佳含水率。

高速公路系带状构造物，一条公路往往连绵数十公里甚至上百公里，用于填挖路基的沿线土石材料的性质往往发生较大变化。在路基填筑施工之前，必须对主要取土场（包括挖方利用方），采取代表性土样，进行土工试验，用规范规定方法求得各个土场土样的最大干密度和最佳含水率，以便指导路基的压实施工。

②检查控制填土含水率。

由于含水率是影响路基土压实效果的主要因素，故须检测欲填入路基中的土的含水率 ω，当 ω 接近最佳含水率 ω_0 时，填筑碾压的质量才有保证。当 $\omega > \omega_0$ 时，表明土中含水率过大，碾压时容易起"弹簧"，应将土晾干或换干一些的土；当 $\omega > \omega_0$ 时，说明土太干，难以达到要求的压实度，应适当洒水再碾压，其加水率按下式计算：

$$m_1 = (\omega_0 - \omega) m_2 / (1 + \omega) \qquad (1-2)$$

式中：m_1——所需加水质量，kg；

m_2——需要加水的土的质量，kg；

ω——填土原有的含水率，以小数计；

ω_0——填土的最佳含水率，以小数计。

③正确选择和使用压实机械

a.压实机械的选择

压实机械的类型和数量选择是否恰当，直接关系到压实质量和工效，选择时应综合考虑以下几点：

第一，土的性质、状态。不同的压实机械，对不同的压实机具、不同土质的压实效果不同。例如：对砂性土，以振动式机械效果最好，夯击式次之，碾压式较差；对黏性土，则以碾压式和夯击式较好，而振动式较差甚至无效。而且，压实机械的单位压力不应超过土的强度极限，否则会立即引起土基破坏。选择机械时，还应考虑土的状态及对压实度的要求。一般来讲，土的含水率小，压实度要求高，应选择重型机械；反之，可选轻型机械。

第二，压实工作面。当工作面较大时，可采用碾压机械，较狭窄时宜用夯实机械。

第三，机械的技术特性与生产率。选择机械类型，确定机械数量，应考虑与其他工序的配合，使机械的生产能力互相适应。

b.压实机械的使用

为了能以尽可能小的压实功获得良好的压实效果，在压实机械的使用上应注意以下两点：

第一，压实机械应先轻后重，以便能适应逐渐增长的土基强度。

第二，碾压速度宜先慢后快，以免松土被机械推走，形成不适宜的结构，影响压实质量，尤其是黏性土，高速碾压时，压实效果明显下降。通常压路机进行路基压实作业行驶速度在4km/h以内为宜。

此外，在路基土的压实中，除了运用不同性能的各种专用压实机械外，还应特别注意尽可能利用其他土方施工机械和运输车辆进行分层压实，有计划、有组织地利用运土车辆碾压填方土料。施工中要注意采用合理的技术措施，一般应控制填土厚度不大于30cm，并用推土机或平地机细致平土，控制合适的含水率；同时，还要在机械的运行线路上使各次行程能大体均匀分布到填土土层表面，保证土层表面全部被压到。

④分层填筑、分层碾压

分层填筑。一方面，要把握每层填土厚度的大小。填土层厚度过大，其深部不能获得要求的压实度；填土层厚度过小，会影响工作效率和经济效益。一般认为，对于细粒土，用12~15t光轮压路机时，压实厚度不得超过25cm，用22~25t振动压路机时（包括液压振动），压实厚度不超过60cm。另一方面，每层填土应平整，且自中线向两边设置2%~4%的横向坡度，及时碾压，雨季施工时更应注意如此。

分层碾压。碾压前应对填土层的松铺厚度、平整度和含水率进行检查，符合要求后方可进行碾压。分层碾压的关键是控制碾压遍数。在大规模施工前，取100~200m路基填筑做试验段，确定达到要求压实度所需的碾压遍数。

在施工中，当含水率为最佳含水率时，还可采用下列经验值，对低黏质土压实所需的碾压遍数平均为4~6遍，对黏质土压实所需的碾压遍数平均为10~12遍。

一般压实遍数宜控制在10遍以内，否则应考虑减少填土层厚，经压实度检验合格后方可转入下道工序。不合格处应进行补压后再检验，一直达到合格为止。

⑤全宽填筑、全宽碾压

填筑路基时，应要求从基底开始在路基全宽度范围分层向上填土和碾压。压实路线为直线段，宜先两侧后中间，小半径曲线段由内侧向外侧，纵向进退式进行；横向接头，对振动压路机一般重叠0.4~0.5m，对三轮压路机一般重叠轮宽的1/2，前后相邻而区段（碾压区段之前的平整，预压区段与其后的检验区段）宜纵向重叠1.0~1.5 m，使路基各点都得到压实，避免土基产生不均匀沉陷。以往的施工实例表明，凡不注意全宽碾压的，当路堤填筑到一定高度时，均出现程度不同的纵向裂缝，严重的还影响到路面，使之也出现纵向裂纹。

使用夯锤压实时，第一遍各夯位宜紧靠，如有间隙则不得大于15cm，第二遍夯位应压在第一遍夯位的缝隙上，如此连续夯实，直至达到规定的压实度。

（二）填石、土石混填及高填方路堤的压实

1. 填石路堤

（1）压实质量标准

填石路堤不能用土质路基的压实度来判定路基的密实程度，我国现行《公路路基施工技术规范》（JTG/T 3610—2019）对填石路堤压实度也没有明确的数值要求。

填石路堤施工前，应先修筑试验路段，确定满足孔隙率标准的松铺厚度、压实机械型号及组合、压实速度及压实遍数、沉降差等参数。

在填石路堤施工过程中的每一压实层，可用试验路段确定的工艺流程和工艺参数，控制压实过程，用试验路段确定的沉降差指标检测压实质量。

（2）压实方法及检查

填石路堤在压实之前，应用大型推土机摊铺平整。个别不平处应用人工配合以细石屑找平，使石块之间无明显高差台阶才便于压路机碾压，或使夯锤下坠到地面时，受力基本

均匀，不致使夯锤倾倒。

填石路堤填料石块本身是密实而不能压缩的，压实工作是使各石块之间松散接触状变为紧密咬合状态。由于石块粒径较大、质量较大，必须选用工作质量18t以上的重型振动压路机，工作质量2.5t以上的夯锤或25t以上的轮胎压路机压（夯）实，才能达到规定的紧密状态。用振动压路机或夯锤压实能在压实时产生振动力和冲击力，可使石块产生瞬时振动而向紧密咬合状态移位，其压实厚度可达1.0m。当缺乏上述两种压实机具，只能采用重型静载光轮压路机或轮胎压路机压实时，应减少每层填筑厚度和石料粒径，其适宜的压实厚度和粒径应通过试验确定，但不应大于50cm。

填石路堤应先压两侧后压中间，压实路线对于轮碾应纵向互相平行，反复碾压。压实路线对夯锤应成弧形，当夯实密实程度达到要求后，再向后移动一夯锤位置。行与行之间应重叠40~50cm，前后相邻区段应重叠1.0~1.5 m，其余注意事项与土质路基压实相同。

填石路堤使用各种压实机具时的注意事项与压实填土路基相同，而填石路堤压实到所要求的紧密程度所需的碾压或夯压的遍数应经过试验段确定。采用重锤夯实时，重锤下落时不下沉而发生弹跳现象，可进行压实度检验。

填石路堤顶面至路床顶面80cm范围内应填筑符合路床要求的土，并按要求进行压实。

2. 土石混填路堤

土石混填路堤的压实方法与技术要求应根据混合料中巨粒土的含量百分比确定。当混合料中巨粒土（粒径大于200 mm的颗粒）含量多于70%时，其压实作业接近于填石路堤，应按填石路堤的方法和要求进行。当混合料中巨粒土的含量低于50%时，其压实作业接近于填土路堤，应按前述填土路堤的方法和要求进行。

土石路堤的压实度可采用灌砂法或水袋法检测。其标准干容重应根据每一种填料的不同，含石量的最大干容重做出标准干容重曲线，然后根据试坑挖取试样的含石量，从标准干容重曲线上查出对应的标准干容重。当采用灌砂法或水袋法检验有困难时，可根据填石路堤的方法进行检验，即通过18t以上振动压路机压实试验，当压实层顶面稳定，不再下沉（无轮迹）时，可判定为密实状态。

如几种填料混合填筑，则应从试坑挖取的试样中计算各种填料的比例，利用混合料中几种填料的标准干容重曲线查得对应的标准干容重，用加权平均的计算方法，计算所挖试坑的标准干容重。

土石路堤的压实度标准，可采用灌砂法或水袋法检验，并应符合填土路堤的压实度要求，也可按填石路堤的方法检验，并应用灌砂法或水袋法判定压实度是否合格。

3. 高填方路堤

高填方路堤的基底承受路堤土本身的荷载很大，因此，应对基底应进行场地清理，并按照设计要求的基底承压强度进行压实。设计无要求时，基底的压实度不应小于90%。当地基松软仅依靠对厚土压实不能满足设计要求的承压强度时，应进行地基加固处理，以达到设计要求。当基底处于陡峻山坡上或谷底时，应做挖台阶处理，并严格分层填筑压实；当场地狭窄时，压实工作应采用小型的手扶式振动压路机或振动夯进行；当场地较宽广时，应采用自行式12t以上的振动压路机碾压。

二、路基排水施工

路基以及沿线各种结构物，经常受到水的作用，严重时形成水害。因此，对路基的排水必须予以充分重视。

作用于路基的水有地面水和地下水之分。地面水能形成冲刷而破坏路基，也能渗入路基内部，使土体软化；地下水则可使路基潮湿引起边坡塌落、滑动、翻浆、冻害等。所以，路基必须具备完善的排水系统，保证迅速排泄路基范围内的地面水，并对影响路基稳定的地下水进行截流、降低水位或予以排除。各级公路应根据沿线的降水与地质水文等具体情况，设置必要的地面排水、地下排水、路基边坡排水设施，并与沿线桥涵相配合，形成一个有机的排水系统，以保证路基及其边坡的稳定。

（一）地面排水

排除地面水的各种设施，应充分考虑多方面进入路基范围的水流量，包括因降雨、降雪所产生的路面水流，以及从公路附近地区向道路范围流入的水流，还包括路堑边坡排水和农田横跨道路的排水工程，据此来确定排水设施的排水能力。

地面排水设施主要有边沟、截水沟、排水沟以及跌水和急流槽等。

1. 边沟（侧沟）

设置在路堑路肩两侧或路堤的坡脚外侧，用以汇集和排除路基范围内及流向路基方向的少量地面水的沟槽叫作边沟。边沟的断面形式，一般有梯形、三角形和矩形。通常土质边沟多用梯形，石质边沟用矩形，机械化施工时则采用三角形边沟居多。

梯形边沟边坡，靠路基一侧为1∶1.5~1∶1，另一侧与路堑边坡相同；三角形边沟边坡一般为1∶4~1∶2；矩形边沟用于石质地段或用块石铺砌时，边坡可以直立，亦可稍有倾斜，边沟深度一般取0.4~0.8m，边沟底宽不应小于0.4m，在水流较多的情况下，须适当加宽或加深。

一般情况下，边沟不宜与其他沟渠合并使用。为控制边沟中的水流不致过多，可以充分利用地形，在较短距离内即将边沟水排至路旁洼地、沟谷或河道内，一般每隔300~500m设涵沟一道，用以及时将边沟水排至路基范围的外侧。

通常，边沟的纵坡与路线纵坡相同，但不宜小于0.2%~0.5%，以免水流阻滞和使边沟淤塞。当纵坡大于3%时，应对边坡进行加固；当纵坡超过7%时，流速变大而冲刷严重，可采用跌水或急流槽的形式缓冲水流。另外，在平曲线区段内，应注意使边沟纵坡与平曲线平顺衔接，以保证水流畅通。在路基外侧，边沟开挖深度应适当加大，保证不致因平曲线引起边沟纵坡坡度变小，而妨碍水流畅通。在平曲线段内调整边坡确有困难时，也在平曲线上游段适当增设涵洞，减少曲线段边沟的水流量。

边沟的出水口，必须妥善处理。在路堑路堤结合处，应设排水沟沿路堑山坡将水流引出路基以外，以免冲刷填方边坡；或者用跌水、急流槽把水直接引到填方坡脚外。当边沟的出口与涵洞间高差较大，可以在涵洞进水口前设雨水井，或根据地形情况，急流槽与跌水并用将水流引入涵洞。若边沟出水口有桥头翼墙等建筑物，也可以用急流槽或跌水将水接引入河道。

2. 截水沟

截水沟应设在路基横坡上方的边坡上，垂直于水流方向（大致与线路平行），以截拦外部水流，并引入他处，保证路基不至于冲刷。截水沟必须排水迅速，不得在沟内积水或沿沟壁土层渗水；否则，会加剧路基病害，截水沟可能成为边坡塌方的顶边线。所以，截水沟应设有合适的纵坡度，最小不应小于0.2%~0.5%，亦不可超过3%，使截水沟边坡冲刷严重。一般取用1%，沟内应适当加固，以保证不渗水，在转弯处用平顺的曲线相连接，保证水流畅通。

截水沟的横断面形状，一般多为梯形，底宽不应小于0.5m，深度应根据拦截的水流量确定，不宜小于0.5m。边坡坡度视土质而定，一般土质可取1：1.5~1：1。

截水沟离路堑边坡坡顶边缘的距离d视土质不同而异，以不影响路堑边坡稳定为原则，一般取$d \geq 5m$。在截水沟与路堑之间，用土壤堆筑挡水土台。

山坡路堤上方的截水沟，应布置在路堤坡脚以外约2m处，截水沟与路堤之间修筑护坡道，顶面以2%的横坡向截水沟倾斜，如有取土坑，则在坑内挖沟，并加以修整。

如果路堑边坡坡顶边缘至分水岭的山坡不宽，坡度较缓，降水量也不大，土质良好且植被覆盖茂密，此时也可不设截水沟；反之，如坡面很长，降水量又大时，根据具体情况，可设一道或几道大致平行的截水沟，以分段拦截地面流水。

截水沟也应设有可靠的出水口，需要时应设排水沟、跌水或急流槽，将水引至自然沟及桥涵水流进口处。

3. 排水沟

设置排水沟的目的，在于将水流从路基排泄至低洼地或排水设施中。因此，其位置与地形等条件有关，灵活性较大。路堤有取土坑时，应挖成畅通的沟槽，起排水作用；没有取土坑时，应在路基横向坡度上方一侧，或横坡不明显而路堤较低的情况下，在路基的两侧挖纵向排水沟，用以截引流向路基的地面水流，不使滞积而危害路基。

排水沟一般为梯形断面，底宽不小于0.5m，深度根据流量而定，边坡坡度视土质情况取1：1.5~1：1，排水沟应尽量做成直线，如必须做成较弯时，其曲线半径不宜小于10~20m。排水沟长度根据地形情况视需要而定，当排水沟水流流入河道或其他沟渠时，应使水流平顺、流畅。

4. 跌水与急流槽

当排水的高差较大，距离较短或坡度陡峻时，应采用跌水和急流槽的形式，以防止过高流速的水流冲刷。

从水力计算特点出发，跌水和急流槽的构造分为进水、缓冲、出水三部分。跌水和急流槽一般用石砌或混凝土筑成，要求基础牢固，不渗水。

（二）地下排水

为了拦截、汇集和排除路基地下水，降低其水位，设置的地下排水设施有暗沟（盲沟）、排水管和排水涵洞几种形式，它们的布置可以在路基的不同部位。

地下水排水设施设置，应分析地下水侵入路基土体的途径，抓住关键性矛盾，有针对性地采取措施，路基土渗透水的途径有以下几项：

1. 从与道路相连接的高处向路堤渗透。

2. 由地下水通过毛细作用向上渗透。

3. 路面水向下渗透。

4. 由于路边土和路基土含水率不同，产生的抽吸渗透。

5. 路基土对地下水的抽吸。

6. 通过土孔隙，地下水蒸气上升。

针对具体情况，可采用不同形式的排水设施。

暗沟是常用的一种地下排水设施，其设置深度不应小于当地土壤冰冻深度，以保证冬季也起排水作用。填料应选用有较好透水性能的材料，常用的有碎石、砾石、粒砂等，选择时应考虑其级配和形状应有利于增强渗透能力。

另外，对于路基中来自外部的渗透水，不透水层在路面左右或更深时，可采用下层为不透水层的处理方法。

总之，排水系统设计根据降雨强度、地下水、地形、地质等情况综合考虑，合理布局，地面排水与地下排水应为一个完整有机的结合体。

三、路基防护与加固

路基的各种防护和加固措施，除去支挡路基的结构物外，大部分本身不具有或具有很少承受外力的能力，一般是附设在边坡表面起隔离作用，只是在路基基本稳定的前提下，才具有保护和加固的实际效果。如若路基本身具有缺陷而不稳定，则坡面防护（尤其是简易式的）达不到预期目的。工程较大的驳岸及挡土墙等，除应注意就地取材、简单实用之外，对于病害严重的路段，要注意根治病害。例如沿河路堤，当水流正面冲击或冲刷严重时，除应设置坚固的驳岸或浸水挡土墙外，有时还要因势利导，结合整治河道，改变水流方向，达到根治的目的；又如塌方严重处，除修筑永久性的挡土墙，还应注意加强排水和放缓边坡等。

各种类型的防护与加固措施，选用时应根据公路性质与使用要求，针对具体需要选择采用，还要注意结合当地自然条件及已有成功的实践经验，合理设置。

随着对高速公路质量要求的提高，路基的防护与加固工程，需要加倍重视，保证路基工程的总体质量。

（一）坡面防护

路基边坡受到降水、融雪、地下水、河水、风吹、日晒及其他自然力的作用，表层极易受到损害，边坡愈陡，土质愈软弱，受害就愈是严重，而且以水害更为突出。所以，边坡坡面防护与加固应和路基排水相结合，综合应用各种方法，对于保护路基效果会更为显著。

1. 植被防护

植被工程是指用植物所做的防护工程，其主要方法是铺草皮、种草或植树等，方法简单易行且又经济有效，目的是减缓地面水流速，调节表层土的水温状况，植被根系深入土中，在一定程度对表土层起着固结作用。

（1）种草

种草适用于边坡稳定、坡面冲刷轻微的路堤或路堑边坡，一般要求边坡坡度不陡于1∶1，边坡地面水径流速不超过 0.6m/s，长期浸水的边坡不宜采用。

采用种草防护时，对草籽的选择应注意当地的土壤和气候条件，通常应以容易生长、根部发达、叶茎低矮或有菊小茎的多年生草种为宜，最好采用几种草籽混合播种，使之生成一个良好的覆盖层。

播种的坡面应平整、密实、湿润，播种方法有撒播法、喷播法和行播法等。采用撒播法时，草籽应均匀撒布在已清理好的土质边坡上，同时做好保护措施。对于不利于草类生长的土质，应在坡面上先铺一层种植土，路堑边坡较陡或较高时，可通过试验采用草籽与含肥料的有机质泥浆混合，用喷播法将混合物喷射于坡面。采用行播法时，草籽埋入深度应不小于5cm，且行距应均匀。

种草应在温度、湿度较大的季节播种，播种前应在路堤的路肩和路堑的堑顶边缘埋入与坡面齐平的宽20~30cm的带状草皮。播种后，应适时进行洒水、施肥、清除杂草等养护管理，直到植物覆盖坡面。

（2）铺草皮

铺草皮适用于各种土质边坡。特别是当坡面冲刷比较严重，边坡较陡（可达60°），径流速度大于0.6m/s时，采用铺草皮防护比较适宜。铺草皮的方式有平行于坡面的平铺、水平叠置、垂直坡面或与坡面成一半坡角的倾斜叠置，以及采用片石铺砌成方格或拱式边框，方格式框内铺草皮等，可根据具体条件（坡度与流速等）选用。

铺草皮须预先备料，草皮可就近培育，切成整齐块状，然后移铺在坡面上。铺时应自下而上，并用竹木小桩将草皮钉在坡面上，使之稳定。草皮根部土应随草切割，坡面要预先整平，必要时还应加铺种植土，草皮应随挖随铺，注意相互贴紧。

铺草皮前，应将边坡表面挖松整平，尽可能在春、秋季或雨季进行，随挖随铺，成活率较高。不宜在冰冻时期或解冰时期施工。路堑边坡铺草皮时，应铺过堑顶部1m或铺至截水沟边。为提高防护效果，在铺草皮防护坡面上，尽可能植树造林，以形成一个良好覆盖层。

（3）植树

植树适用于各种土质边坡和风化极严重的岩石边坡，边坡坡度不陡于1∶1.5。在路基边坡和漫水河滩上植树，对于加固路基与防护河岸均有良好的效果，可以降低水流速度。在河滩上植树，可促使泥沙淤积，防止水流直接冲刷路堤。在风沙和积雪地面、林带植树，可以防沙、防雪，保护路基不受侵蚀。此外，还可美化路容，调节气候，改善高速公路的美学效果。

植树防护宜选用在当地土壤与气候条件下能迅速生长、根系发达、枝叶茂密的树种。用于冲刷防护时宜选用生长很快的杨柳类，或不怕水淹的灌木类。种植后在树木未成长前，应防止流速大于3m的水流侵害，必要时应在树前方设置障碍物加以保护。植树防护最好与种草结合使用，使坡面形成一个良好的覆盖层，才能更好地起到防护作用。高速公路边坡上严禁种植乔木。

2. 坡面处治

对于岩石边坡的防护，可以采用抹面、喷浆、勾缝、灌浆、嵌补或铆固等方法进行处治，以达到防护的目的。

抹面防护适用于易风化而表面比较完整、尚未剥落的岩石边坡。如页岩、泥岩、泥灰岩或千枚岩等，目的是防止表面风化成害。通常的做法是用石灰炉渣的混合灰浆、三合土或四合土（三合土为石灰、炉渣、黏土按一定比例混合而成，四合土则另加河砂）进行抹面，作业前，应对被处治的边坡加以清理，去掉风化层、浮土、松动石块，并填坑补洞，洒水湿润，以利牢固耐久，抹面后还要进行养生。

喷浆是一种施工简便、效果较好的方法，适用于容易风化和坡面不平的岩石边坡处治，喷射材料可以是水泥砂浆和混凝土，其厚度一般为5~10cm。对于气候条件恶劣或寒冷地区，应适当加厚，喷浆前也应对坡面进行清理，有条件时可将铁丝网固定在边坡上，之后进行喷浆。对于一般不重要的工程，可以采用水泥、石灰、河砂混合浆喷时，比较经济。

勾缝适用于比较坚硬，但节理裂缝多而细的岩石边坡处治，主要为防止水侵入岩层内造成病害。灌浆则适用于坚硬但裂缝较深和较宽的岩石边坡处治，它借助砂浆或混凝土使坡面表层形成一防水整体。

嵌补主要用于补平坡面岩石中较大凹坑，以防岩面继续破损碎落，以保证整个边坡稳定。

材料多使用浆砌块石，也可根据需要用钢筋穿牢，再灌入水泥混凝土。

（二）挡土墙

路基支挡防护，可以利用石料——干砌或浆砌石料形成挡土墙等结构物，其中，挡土墙结构类型多、适应性广，是山区公路重要结构物之一。永久性的挡土墙造价较高，应与路线位置移动、放缓边坡等措施结合，综合比较，选择使用。

1. 挡土墙的种类及其适用范围

靠回填土的一面为墙背，暴露在外的一侧为墙面（或称墙胸），墙的基底称为基脚，有时另设基础，基脚或基础外侧前缘部分称为墙趾，内侧外缘为墙踵。

按挡土墙的位置不同，可分为路肩、路堑、路堤和山坡式四种。其中，路肩或路堤挡墙，设在较陡山坡上，可保证填方稳定，缩小占地宽度，减少填方量，不拆或少拆原有建筑物。沿河路堤还可少占河床，防止水流冲刷路基。路堑或山坡挡墙，则可以少挖方，避免破坏原地层的天然平衡，降低边坡高度，放缓边坡，并支挡边坡，保证边坡的稳定。

按构造形式与特点的不同，挡土墙可分为重力式、悬臂式和扶壁式等，其中以重力式运用比较普遍，它结构简单，施工方便，有利于就地取材，但施工体积大，砌体较重，要求地基有较高承载力，在使用上受到一定的限制。

2. 挡土墙构造与布置

重力式挡土墙因其墙背不同，分为仰斜式、俯斜式、垂直式等。

仰斜式挡土墙所受土压力较小，墙身断面较为经济，用作路堑挡墙时，墙背与开挖的临时边坡比较吻合，开挖和回填的土石方量较少。但当墙趾处的地面横坡较陡时，如果采用这种形式，则会增高墙身和加大断面尺寸。因此，仰斜式适用于作为路堑挡墙，亦可用作墙趾处地面平坦的路肩挡墙或路堤挡墙。

俯斜式挡土墙所受土压力较大，通常在地面横坡较陡时选用，以利用陡直的墙面与填料之间的摩擦力，有利于减小墙高。如做成台阶式还可提高墙背挡墙的稳定性。俯斜式适用于做路肩或路堑挡墙，是常用的挡墙形式之一。

垂直式挡土墙，在其墙背上设有衡重平台，上墙俯斜，下墙仰斜，适用于做陡坡上的路肩或路堤挡墙，也可用于做路堑挡墙。因为墙身上设有平台，借助于上面填方的垂直压力，有利于墙的稳定，而且下墙仰斜，易与挖方边坡相吻合。上、下墙高比例，与平台宽度以及同上、下墙背斜坡有关，依照断面经济的原则，一般可取 2：3。

挡土墙基础以上的墙面，一般是稍向内侧倾斜的直线，倾斜度为 1：0.20~1：0.05，如果原地面比较平坦，可放缓至 1：0.4。在地势平坦处修建高度为 2~4 m 的矮墙时，墙面可以垂直。除此之外，通常均采用俯斜，以利于稳定，墙背斜坡，对于俯斜式不宜陡于 1：0.25。对于仰斜式最好同墙面一致，虽然仰斜墙背坡度越缓，越可以减小主动土压力，但也增加了施工困难。一般以 1：0.25 为宜，最缓不宜超过 1：0.36。对于垂直式挡土墙，墙面可直立，上墙背俯斜在 1：0.45~1：0.25 范围内，下墙背仰斜一般为 1：0.25。

挡土墙顶的最小宽度，浆砌块（片）石为 0.4m，干砌时为 0.5m。路肩挡墙加混凝土或粗料石台帽时，台帽的厚度不宜小于 0.4m，顶部帽檐悬出的宽度为 0.1m。高度在 6m 以上的挡土墙，连续长度超过 20m 时，必须设护栏。挡土墙顶设护栏时，不得占用路肩宽度，保证护栏内侧与路面边缘之间，具有规定的最小路肩宽度。

第三节　路基安全施工与质量通病处理

一、路基安全施工与环境保护

（一）一般规定

1. 工程开工前必须进行现场调查，根据施工地段的地形、地质、水文、气象、环境等，制定相应的安全技术和环境保护措施。施工中应及时掌握气温、雨雪、风暴、汛情等预报，做好防范工作。

2. 路基施工前，应了解施工范围内地下埋设的各种管线、电缆、光缆等情况，并与相关部门联系，制定合理的安全保护措施。施工中如发现有危险品及其他可疑物品时，应立即停止施工，报请有关部门处理。

3. 应按照国家有关规定配置消防设施和器材，设置消防安全标志，施工现场应设置醒目的安全、警示标志和安全防护设施。

（二）安全施工

1. 路基施工应制订安全预案，具备安全生产条件，确保施工安全。

2. 施工现场的临时用电应严格执行现行《施工现场临时用电安全技术规范》（JGJ 46—2021），夜间施工时，现场应设有保证施工安全要求的照明设施。

3. 施工便道、便桥应设立警示和交通标志。必要时应设专人维护，指挥交通，施工车辆必须遵守道路交通法规。

4. 施工作业人员，必须遵守本工种的各项安全技术操作规程。作业人员进入现场必须按规定佩戴和使用劳动防护用品。由人工配合机械进行辅助作业时，作业人员应注意观察，严禁在机械正在作业的范围内进行辅助作业。

5. 多台机械同时作业时，各机械之间应注意保持必要的安全距离。机械在路基边坡、边沟、基坑边缘、不稳定体（地段）上作业时，应采取必要的安全措施。

6. 在靠近结构物附近挖土时，必须采取安全防护措施，对于在路基范围内暂时不能迁移的结构物，应留出土台，土台周围应设警示标志。

7. 结构物基坑开挖，应根据土质、水文和开挖深度等选择安全的边坡坡度或支撑防护。

在施工过程中进行监测,并及时采取相应的处理措施。开挖弃土或坑边材料的堆放不得影响基坑的稳定。沟槽(基坑)开挖深度超过 2m 时,其边缘上面作业应按高处作业要求进行安全防护并设置警告标志。开挖沟槽(基坑)位于现场通道或居民区附近时,应设置安全护栏。

8. 采用围堰法施工沿河路基防护基础时,应制订针对出现洪水、渗漏水、流砂、涌砂、围堰变形等情况的安全预案。

9. 作业高度超过 1.2m 时,应设置脚手架。脚手架应通过专业设计,必须进行强度、刚度及稳定性等方面的验算。施工过程中,对脚手架应经常检查,发现松动、变形或沉陷应及时加固。

10. 用提升架运送石料时,应有专人指挥和操作,严禁超负荷运行,严禁使用提升架载人。临时起吊设备的制作、安装必须符合国家相关规定。

11. 砌筑作业时,脚手架下不得有人操作及停留,不得重叠作业。砌筑护坡时,严禁在坡面上行走,不得采用从上到下自由滚落的方式运输材料。

12. 喷浆作业时应密切注意压力表变化。出现异常时,应停机、断电、停风并及时排除故障,作业区内严禁在喷浆嘴前方站人。

13. 预应力张拉时,预应力张拉设备必须安装牢固。千斤顶近旁严禁站人,无关人员不得进入现场。

14. 预制构件安装前,应根据现场条件制订详细的吊装方案,所有起重设备必须符合国家关于特种设备的安全管理规定。

15. 拆除作业应制订安全可靠的拆除方案,拆除的废弃物应运到指定地点。

16. 爆破作业应注意以下几点:

(1)进行爆破工程设计时,应制定安全技术操作规程,爆破作业应严格执行现行《爆破安全规程》(GB 6722—2021),确保爆破安全。

(2)爆破作业人员必须持证上岗,进行爆破器材保管、加工、运输及爆破作业的人员,不得穿戴易产生静电的衣物。

(3)爆破器材应按规定要求进行检验,失效和不符合技术条件要求的不得使用。

(4)选择炮位时,炮孔应避开正对的电线、路口、结构物,严禁在残眼上打孔。

(5)爆破时,应清点爆炸数与装炮数量是否相符。发生哑炮时,必须按相关规定进行处理,如发现危坡、危石等,应按规定及时处理。未处理前,应在现场设立警戒或危险标志,无关人员不得接近。

(6)清方过程中,发现有哑炮、残药、雷管时,必须及时请爆破人员进行处理。

（7）已装药的炮孔必须当班爆破。

（8）夜间不宜进行爆破作业，遇雷雨时应停止爆破作业，所有作业人员应立即撤离爆破区。

二、质量通病处理和预防措施

（一）路基填筑施工

1. 路基填筑过程中中线偏位的控制

路基填筑过程中容易产生中线的偏位，造成此现象的原因主要是导线点受到破坏，施工过程中中线复测的频率不够，没有按要求设立保护控制桩。为防止此类现象的发生，在施工中可采取如下预防措施：

（1）进行导线复测，并加固导线点，一直保护至交工验收。

（2）路基施工前，应根据恢复的路线中桩、设计图表、施工工艺和有关规定，定出路基用地界桩和路堤坡脚、路堑堑顶、边沟、取土坑、护坡道、弃土堆等的具体位置桩。在距路中心一定安全距离处设立控制桩，其间隔不宜大于50m，桩上标明桩号和路中心填挖高度。

（3）在放完边桩后，应进行边坡放样。对深挖高填地段，每挖深或填高60~80cm应复测一次中线桩，测定路基标高和宽度，以控制边坡的坡度。

（4）机械施工中，应在边桩处设立明显填挖标志，并在不大于200m间距段落内，距中心桩一定距离设立控制桩。

处理措施：校核导线点，重新恢复中线，按规范要求保护设立的控制桩。亏坡的一侧按照规范要求开台阶补填，多余的一侧进行削坡处理。

2. 路基填前清表的控制

路基填前清表不彻底，潜伏着滑坡、差异沉降等隐患，在施工中可采取如下预防措施：

（1）对于路基附近的危险建筑应予以适当加固，对文物古迹应妥善保管。

（2）应将路基范围内的树根全部挖除，并将坑穴填平夯实。

（3）在填方和借方地段的原地面应进行表面清理，清理深度应根据种植土厚度决定，清出的种植土应集中堆放。填方地段在清理完地表后，应整平压实达到规定要求，重新测量地面标高，经监理工程师检查验收后，方可进行填方作业。

3. 路基压实度不够的防治

在施工中，路基压实度不能满足施工要求，主要原因包括：压实遍数不够；压路机质量偏小；填土松铺厚度过大；碾压不均匀，局部有漏压现象；含水率偏离最佳含水率，或超过有效压实规定值；没有对紧前层表面浮土或松软层进行处治；土场土质种类多，出现不同类别土的混填；填土颗粒过大（＞10cm），颗粒之间空隙过大，或采用不符合要求的填料，如粉质土、有机土及高塑性的黏土等。

采取的预防措施：

（1）确保压路机的质量及压实遍数符合规范要求。

（2）选用振动压路机配合三轮压路机碾压，保证碾压均匀。

（3）压路机应进退有序，碾压轮迹重叠，铺筑段落搭接超压应符合规范要求。

（4）填筑土应在最佳含水率±2%时进行碾压。

（5）当下层因雨松软或干燥起尘时，应彻底处治至压实度符合要求后再进行当前层施工。

（6）优先选择级配较好的粗粒土等作为路基填料；多雨潮湿地区当采用天然稠度小于1.1，液限大于40，塑性指数大于18的黏性土，用作本工程路床的填料时，应采取晾晒、掺加石灰粉等措施，使压实度达到标准。

（7）不同类的土应分别填筑，不得混填；每种填料层累计总厚度一般不宜小于0.6m。

（8）填土应水平分层填筑、分层压实，通常压实厚度不超过20cm，路床顶面最后一层的最小压实厚度不小于15cm。

4. 路基填料含水率的控制

（1）质量问题及现象

当填料含水率不均匀时，压实度也不均匀，会导致路基填筑层局部翻浆或碾压不实。

（2）原因分析

填料含水率不匀，或洒水量控制不严。

（3）处理措施

①翻浆处晾晒，换填适宜的填料或加生石灰粉调整含水率。

②当填料过干时，应计算确定含水率，拌和均匀后方可碾压。

（二）挖方路基施工

1. 路堑开挖前的准备工作

（1）场地清理。场地清理包含公路使用范围内的树木、灌木丛的砍伐、地表垃圾、有机物残渣、草皮、农作物根系、表层腐殖土的挖除，并堆放于指定的弃土场内，以免在移挖作填时，土中混入这些腐质、杂物而影响填方路基的质量。

（2）做好沿线土质、水文质情况的调查及相关试验工作、测量、放样、机械配备等分层开挖准备。

（3）做好开挖方案（石方应做好爆破方案并经监理工程师批准）、土石方调运计划，做到开挖移运，填挖、借、弃均须科学、合理。

（4）依据地形、山势的走向，并与设计上的永久排水设施相结合，做好临时排水工作，保持整修期间排水通畅、边坡稳定。

（5）对于地下管线、地下电缆、文物古迹等再做进一步的调查和保护。

（6）选择好弃土弃渣的指定地点、位置及防护方案。

2. 填、挖交界处路基产生差异沉降的防治

（1）质量问题及现象

在新修建的公路上，经常发现填方地段与挖方地段发生错台，整个路段产生不均匀沉降，致使路面也随之发生破坏。

（2）原因分析

①在山区公路施工中，路基填方与挖方结合处的填方一般处于一个"倒三角"的地形。这种地形填方时底部机械难以展开工作面，一般先采用倾填，到机械能及的位置后才进行碾压。倾填的部位由于大石料集中、填料的孔隙率大且极不稳定，尤其是基底未经过处理，基底的承载能力不均匀也导致了变形过大；而挖方地段基础处于天然密实状态，即使有沉降也是均匀的。

②高填方地段的工后沉降量大于挖方地段。

③填方时，填挖衔接处没有按要求挖台阶处理或者处理的宽度及高度不满足质量要求。

（3）预防措施

①填方前对基底处理，清除淤泥、腐殖土、杂草树根。

②做好临时排水设施。

③高填方路基倾填前，边坡应用较大石块码砌且高度不少于2m、厚度不少于1m；控制倾填料粒径，避免大石料过于集中；采用大吨位机械振动压实，避免出现过大的工后沉降。

④填方前，按规范要求挖好横向连接台阶，分层压实。

⑤做好挖方段的地表及地下排水工作，避免水对新填路基的危害。

（4）处理措施

①分析产生的原因，观察沉降的发展情况，设计处理措施方案。

②错台差异不大的地方，对开裂的路面使用沥青砂或者水泥浆进行灌缝处理，避免路面水浸入面影响路面基层强度，或者路基的整体强度。

③如果沉降已经稳定，视差异高度加铺一层路面结构或者重新填筑。

3. 路基开挖时，当遇到地质有变化时的处理

公路修建点多线长，在路基工程施工中，土质发生变化是常有的事情。由于设计文件中对地质勘查资料的掌握存有一定的局限性，对于土质变化难以预测，在遇到土质出现变化时，应进行如下处理：

首先应对开挖范围内的土质，如土质的类型、性质，有一个大致的了解，然后在开挖现场，通过目测观察大体上分辨出土质分界线和数量。

一般来讲，平原地区由于土质的形成条件基本相同。开挖时，在1~2m的范围内，除了层次颗粒之外，土质不会出现较大的变异，可根据开挖出的土质情况来决定是利用还是弃方。砂性土是修筑路基的最好材料，黏性土次之，粉性土是不良材料，容易引起湿软、翻浆等水稳定性病害。

山区公路在石方开挖时，由于沿线的岩层厚度、节理发育程度、岩石种类、风化程度的变化，需要根据岩层的上述性质来确定开挖（爆破）方案及临时排水设置。以挖作填时，可根据岩石的风化程度来划分，岩性相差较大的石料应分层或分段填筑。填石路堤所用石料的强度一般不应小于15MPa，强风化的软岩不得用于填筑路堤，也不得作为填缝料，易风化的软岩不得用于路堤上部或路堤浸水部分。

当挖方边坡较高时，可根据不同的土、石性质和稳定性要求，开挖成折线或台阶边坡。在台阶层式边坡的中部，高度每隔6~10m或变坡点处设一道边坡平台，平台宽度1~3m，并设置平台排水沟。

(三) 公路防护和排水施工标准和质量措施

1. 预防砌石防护工程中的墙面不平、线形不畅

(1) 质量问题及现象

砌石防护工程出现墙面不平整、线形不顺畅、表面粗糙凸凹不平的现象。

(2) 原因分析

①放线不准，挂线不牢，疏于检查。
②标准杆间距过大。
③未按规范施工，石料采集不当。

(3) 预防措施

①认真放样，立牢标准杆，挂线稳定，有专人全天候负责检查标准杆牢固情况。
②根据工程情况，确定恰当的标准杆距离，特别注意小半径弯道处的标准杆距，以防出现折角等问题。
③把好材料关，选用好的石料，片石厚度不小于15cm，石质坚硬，镶面石要平整，尺寸较大者要适当调整；块石厚度在20~30cm之间，形状大致方正，上下面平整，镶面石加以必要的修整，使表面平整规则。
④每位砌石工配备一把2m长直尺，随砌筑随检查，保证大面平整度不超限。

2. 预防砌石防护工程中勾缝脱落、勾缝不美观

(1) 质量问题及现象

砌石防护工程出现勾缝脱落，勾缝不协调、不美观。

(2) 原因分析

①勾缝前缝间湿润不足。
②勾缝未嵌入一定深度。
③砂浆强度不足，养生不良。
④勾缝过宽过厚，相邻构造物勾缝不一致，不协调。

(3) 预防措施

①认真清理砌筑缝，并在勾缝前湿润砌筑缝。
②勾缝砂浆要嵌入砌缝内2cm以上，缝面平整、缝内密实。

③勾缝要及时压面修整，勾缝砂浆要采用砂浆机拌和，计量准确，要采用覆盖并洒水养生。

④片石缝勾自然缝（通常称为云彩缝或虎皮缝），个别拐角过处可用假缝，一般缝宽不超过4cm，块石缝宽一般不超过3cm，缝厚一般以1.0~1.5cm为宜，块石砌筑质量较好适宜采用凹缝。

3. 砌石护坡发生鼓胀的原因及防治

（1）质量问题及原因

砌石护坡表面不平整，发生鼓胀。

（2）原因分析

砌石工程坡度较陡，内部土体压实很重要，压实达不到要求，遇水产生移动拥挤鼓胀；干砌石料咬扣不紧，产生移动拥挤鼓胀。

（3）预防措施

路基施工中，保证土体边坡内的严格压实，保证边坡坡度。砌体施工中，浆砌砌体砂浆必须饱满密实，干砌咬扣必须紧密、错缝，严格通缝叠砌和浮塞。砌体顶部要做好排水系统，严防雨水等渗入砌体下，根据需要和规范要求设置必要的泄水孔。

4. 保证边沟排水通畅

（1）质量问题及现象

边沟排水不畅。

（2）原因分析

边沟坡度小、断面小、边沟堵塞。

（3）预防措施

在边沟施工中，要严格按设计坡度和宽度施工，防止因断面不足引起的排水不畅。当边坡坡度无法满足排水要求时，可采用砂浆抹面等措施，减少水流阻力。

对边沟要加强养护，及时清理杂草等障碍物。边沟涵涵底标高要满足设计要求。

加强路政管理，严禁任何单位及个人将各种垃圾倾倒进边沟内。

5. 浆砌边沟渗水原因及处理措施

（1）质量问题及现象

浆砌边沟渗水。

(2) 原因分析

砌筑质量差、勾缝脱落、抹面开裂、边沟断面不整齐。

(3) 预防措施

在浆砌边沟施工中，浆砌片石工程所用砂浆配合比必须符合试验规定。砌体咬扣紧密，前方饱满，密实勾缝平顺无脱落。要加强养生，防止砂浆与石料分离产生孔隙。边沟断面要开挖整齐，基底没有松散、洞穴。

(4) 处理措施

若已发生渗水时，可进行砂浆抹面，抹面应平整光滑，抹面厚度以 2 cm 为宜，要加强养生，防止抹面开裂。

第四节　路基整修与检查验收

一、路基整修

路基土石方工程基本完工后，施工单位应会同监理人员，按设计文件要求检查路基中高程、宽度、边坡坡度和截（排）水沟系统，并根据检查结果编制整修计划，进行路基整修。

（一）路基表面整修

土质路基表面的整修，可用机械配合人工切土或补土，并配合压路机械碾压，不得有松散、软弹、翻浆及表面不平整现象。石质路基表面应用石屑嵌缝紧密、平整，不得有坑槽和松石。

（二）路基边坡整修

整修边坡时，深路堑土质边坡整修应按设计要求坡度，自上而下进行边坡整修，不得在坡上以土贴补。边坡需要加固地段，应预留加固位置和厚度，使加固完工后的坡面与设计边坡一致。当路堑边坡受雨水冲刷形成小冲沟时，应将原边坡挖成台阶，分层填补，仔细夯实。如填补厚度很小（10~20 cm），而又非边坡加固地段，可用种草整修的方法，以种植土来填补，但应做到美观、牢靠。石质路基边坡，应做到设计要求的边坡比，坡面上的松石、危石应及时清除。

填方路基边坡受雨水冲刷形成冲沟或坍塌缺口时，应自下而上，分层挖台阶加宽填补实，再按设计坡面削坡。弯道内侧路肩边缘，应修建路肩拦水带，在整修路堤边坡表面过程中，应将其两侧超填的宽度切除。如遇边坡缺土，可按上述路堑边坡的处理方法填补夯实。

二、路基的质量验收标准

（一）土方路基

1. 质量要求

（1）路基必须分层填筑压实，表面平整坚实，无软弹和翻浆现象，路拱合适，排水良好，压实度和路床的整体强度符合设计要求。

（2）挖方地段遇有树根、洞穴等必须进行处理。上边坡要平整稳定，路床土质强度及压实度必须符合规定。

（3）填方地段应在填土前排除地面积水和其他杂物，草皮、淤泥、腐殖土和冰块并平整压实。路堤边坡应修整密实、顺直、平整稳定，填料及路堤的整体强度必须符合设计要求。

（4）取土坑、弃土堆的位置适当、整齐，无水土流失和淤塞河道情况。

2. 质量标准

土方路基允许偏差及检查方法见表1-1。

表1-1 土方路基施工质量标准

序号	检查项目	允许偏差			检查方法或频率
		高速公路、一级公路	二级公路	三、四级公路	
1	路基压实度	符合规定	符合规定	符合规定	施工记录
2	弯沉	不大于设计值	不大于设计值	不大于设计值	—
3	纵断高程（mm）	+10，-15	+10，-20	+10，-20	每200m测4断面
4	中线偏位（mm）	50	100	100	每200m测4点弯道加HY、YH两点
5	宽度	不小于设计值	不小于设计值	不小于设计值	每200m测4处
6	平整度（mm）	15	20	20	3m直尺：每200m测2处×10尺
7	横坡（%）	±0.3	±0.5	±0.5	每200m测4个断面
8	边坡坡度	不陡于设计坡度	不陡于设计坡度	不陡于设计坡度	每200m抽查4处

（二）石方路基

1. 质量要求

（1）开炸石方应避免超量爆破，上边坡必须稳定，坡面的松石、危石必须清除干净。

（2）修筑填石路堤应认真进行地表清理，逐层水平填筑石块，摆放平稳，填筑层厚度及石块尺寸应符合设计和施工规范规定。填石空隙用小石或石屑填满铺平，采用振动压路机分层碾压填筑层，顶面石块应稳定，路基顶部填筑石块的最大尺寸不大于15cm。

（3）路基表面应整修平整，边坡应顺直。

2. 质量标准

石方路基允许偏差及检查方法见表1-2。

表1-2 石方路基施工质量标准

项次	检测项目		允许偏差		检查方法或频率
			高速公路一级公路	其他公路	
1	压实度		符合试验路确定的施工工艺		施工记录
			沉降差≤试验路确定的沉降差	水准仪：每40m检测一个断面，每个断面检测5~9点	
2	纵面高程（mm）		+10，-20	+10，-30	水准仪：每200 m测4断面
3	弯沉		不大于设计值		—
4	中线偏位（mm）		50	100	经纬仪：每200 m测4点弯道加HY、YH两点
5	宽度		不小于设计值		米尺：每200m测4处
6	平整度（mm）		20	30	3m直尺：每200m测4点×10尺
7	横坡（%）		±0.3	±0.5	水准仪：每200m测4个断面
8	边坡	坡度	不陡于设计值		每200m抽查4处
		平顺度	符合设计要求		

第二章 桥涵与隧道工程

第一节 桥涵工程

一、桥梁总体施工方案

(一) 桩基础施工方案

钻孔灌注桩选用 GPS-15、18 型泵吸反循环钻机，采用泥浆护壁、导管法灌注水下混凝土。陆地钻孔钢护筒埋深 2m，水上钻孔钢护筒下至淤泥层以下，以防止较厚的淤泥层造成坍孔事故。在钻孔附近开挖泥浆沉淀池，施工完成后，挖除泥浆晒干后掩埋。

(二) 承台施工方案

承台采用挖掘机开挖基坑，分步开挖，木板桩支挡围护；采用组合钢模板和商品混凝土，混凝土输送泵车浇筑，每个承台一次连续浇筑成型。

(三) 墩台柱施工方案

墩台柱施工全部采用定型加工的钢模板，模板按照墩台柱结构图纸在工厂精确加工，墩柱均以 2m 作为标准节，以 1.0m、0.5m 为调整节，每节按 2 块组合，钢板厚度为 δ =6mm，边肋板用 L63×6 角钢，其加工精度按钢结构、钢模板加工及验收规范验收。汽车吊配合立模，输送泵车连续一次性整体浇筑混凝土，插入式振捣器振捣。

(四) 梁部施工方案

T 型梁在预制梁场集中预制，60t 拖车运梁、架桥机架设大梁。

(五) 先简支后连续（结构）预应力混凝土 T 梁安装

1. 在经监理工程师验收合格的墩台顶面，按设计要求安装支座。在桥台及非联墩上设置永久支座，在联墩上设置钢砂桶临时支座，并安装永久支座。

2. 预制梁段安装于支座上成为简支状态，并及时设保险垛或支撑，将梁固定并与先安装好的大梁进行横向连接。

3. 连接梁端处预留钢筋，设置连续梁端接头波纹管并穿索。在日温最低时从桥梁每联的两端孔向中孔依次浇筑连续接头及横隔板接缝混凝土（桥面板以下）。

4. 当浇筑混凝土达到设计强度后，按批准的安装方案所规定顺序，张拉负弯矩区预应力钢束（预应力钢束均采用两端张拉，且横桥向对称于桥轴线均匀张拉），并压注水泥浆。

5. 按设计要求顺序浇筑桥梁湿接缝混凝土，待湿接缝混凝土达到设计强度后，放空钢桶内的沙子解除每联梁下全部临时支座，完成体系转换。

二、基础施工

桥梁基础有桩基础、明挖扩大基础两种，以桩基础为主，部分地质条件、地形条件适宜墩台采用了明挖基础。桩基础采用钻孔灌注桩，分陆地桩基础施工和深水桩基础施工。在岩溶地区，根据不同的地质情况选用明挖基础和桩基础。

（一）施工准备

1. 施工前，首先要进行施工图纸审核，确保桥位、标高设计合理，尺寸无误。
2. 加强便道维修与养护，确保便道畅通。
3. 现场合理规划泥浆池、沉渣池，要满足施工需要和环保要求。
4. 控制桩复测，完成各桩位的定位测量放样。
5. 平整场地，满足钻机就位和施工操作的需求。

（二）钻孔桩施工

1. 钻孔桩基施工

（1）场地平整及桩位放样

场地平整：在桩基施工前，对施工现场进行场地平整。场地平整采用推土机进行，保证施工机械的平稳放置及施工现场的文明与安全。

桩位放样：为保证桩基位置的准确性，施工前要进行精确放线。采用全站仪直接测设控制桩位，在测量的精确桩位处设置保护桩。

（2）护筒埋设及钻机就位

护筒采用5mm钢板制成，护筒高3m，直径比桩径大20~30cm，护筒埋深2.0m，顶部高出地面1.0m；护筒中心与桩位中心偏差不大于5cm，护筒埋设好后，钻机就位、稳固、平衡。

护筒埋设在旱地时,采用反铲挖坑埋设,护筒就位后,外侧用黏土回填夯实。护筒与工作平台固定,避免塌孔时护筒沉落或偏斜。

水上护筒安装埋设:在水上平台上,用钻机吊装护筒就位,在护筒顶部支垫方木,用反铲轻压使护筒至淤泥底部,调整护筒位置,使其满足规范要求。再用钻机吊锤将护筒打入基础,埋设深度至淤泥下 1~2m,测量并调整护筒位置,直至满足要求。

钻机采用反循环钻机造孔,泥浆护壁,泥浆液面高度不低于旱地或水面 1.5~2.0m,随时检查浆液比重是否符合设计或技术规范的规定。

(3)泥浆制备

泥浆制备采用泥浆搅拌机搅拌,泥浆选择塑性指数大于 25、粒径小于 0.005mm 的黏粒且含量大于 50% 的黏土制浆,泥浆比重控制在 1.1~1.25。

(4)钻进与清孔

根据现场地质情况,钻孔采用冲击钻机成孔,选派有经验的工程技术人员和管理人员负责钻孔施工。根据不同的地质情况,以合适的钻进速度钻进,钻孔过程中,做好钻孔记录,并对各地层与设计资料进行对比。若发现地质情况与设计不符时,及时通知建设方、监理工程师并提出相应措施,经建设方、监理工程师批准后加以处理。

钻孔达到设计深度后,进行孔内的泥浆稀释,利用泥浆泵通过吸浆管持续吸渣 5~15min,并用测深锤测沉淀层厚度,直到符合规范要求。

(5)钢筋笼制作和安装

按照设计图纸及施工规范要求进行钢筋笼的制作。主筋连接采用机械连接套筒,每间隔 3m 在钢筋笼四周对称焊接钢筋耳朵,保证钢筋笼有足够的保护层,并在笼顶对称焊接四根钢筋,以备固定钢筋笼。钢筋笼制作完成后,应检查各部尺寸,检查合格后方可使用。

清孔后及时吊放钢筋笼,钢筋笼各段之间的连接采用机械连接套筒,钢筋笼每 8m 一段,用汽车吊垂直吊入孔内。

(6)混凝土施工

采用导管法浇筑混凝土,对孔的中心位置、孔径、倾斜度、孔深进行检验,清孔、安装钢筋笼后,灌注水下混凝土。

混凝土浇筑前,提前搭设混凝土溜槽,安放储料斗、混凝土导管,导管用 Φ300mm 的钢管制成,各导管之间内螺丝连接,每节导管长 2.5m,同时放置隔水栓。

首批浇筑量要经过严格计算。即导管底部一次埋深 2 m 以上，浇筑混凝土连续进行。混凝土采用集中拌制、罐车运输、罐车直接卸入料斗。

在浇筑过程中要随时测量孔内混凝土面的高度，使导管在混凝土内的埋深在 2~4m 之间，最大埋深高度不得超过 6m。浇筑完毕后，在混凝土初凝前，拔掉孔口护筒，钻机移位至下一桩位。

（7）桩头处理，钻孔检测

待混凝土达到规定强度后，截掉和清除桩顶的不良部分混凝土，直至露出新鲜混凝土，桩头混凝土采用风镐凿除至设计高程。混凝土灌注桩的质量检查采用钻孔取芯法检测成桩质量。

2. 钻孔过程中常见问题的预防及处理

（1）塌孔

①塌孔的表征

塌孔的表征是孔内水位突然下降，孔口冒细密的水泡，出渣量显著增加而不见进尺，钻机负荷显著增加等。原因如下：

a. 泥浆比重不够或泥浆其他性能不符合要求，使孔壁未形成坚实护壁泥皮，孔壁渗漏。

b. 孔内水头高度不足，支护孔壁压力不够。

c. 在松软砂层中进尺太快。

d. 提住钻头钻进时，旋转速度过快，空转时间太长。

e. 清孔后泥浆比重、黏度等指标降低，反循环清孔，泥浆吸出后未及时补浆。

f. 起落钻头时碰撞孔壁。

②预防及处理原则

a. 保证钻孔时泥浆质量的各项指标满足规范要求。

b. 保证钻孔时有足够的水头差，不同土层选用不同的转速和进尺。

c. 起落钻头时对准钻孔中心插入。

d. 回填砂和黏土的混合物到坍孔处以上 1~2m，静置一定时间后重钻。

（2）钻孔偏斜和缩孔

①偏斜缩孔原因

a. 钻孔中遇较大的孤石或探头石，扩孔较大处钻头摆动偏向一方。

b. 在有倾斜度的软硬地层交界处，岩石倾斜处钻进或者粒径大小悬殊的砂卵石中钻进，钻杆受力不均。

c. 钻杆刚度不够，钻杆弯曲接头不正，钻机底座未安置水平或产生不均匀沉陷。

d. 在软地层中钻进过快，水头压力差小。

e. 全压钻进。

②预防和处理

a. 安装钻机时使底座水平，起重滑轮、钻头中心和孔位中心三者在一条直线上，并经常检查校正。

b. 倾斜的软硬地层钻进时，采取减压钻进。

c. 钻杆、接头逐个检查，及时调整。遇有斜孔、偏孔时，用检孔器检查探明孔偏斜和缩孔的位置情况，在偏孔、缩孔处上下反复扫孔。偏孔、缩孔严重时回填砂黏土重钻。

d. 全过程采用减压钻进方式。

（3）掉钻

①主要原因

钻进时强提强扭、钻杆接头不良或疲劳破坏易使钻头掉入孔中，另外，由于操作不当，也易使铁件等杂物掉入孔内。

②预防和处理

a. 小铁件可用电磁铁打捞。钻头的打捞应视具体情况而定，主要有采用打捞叉、打捞钩、打捞活套、偏钩和钻锥平钩等器具。

b. 在钻孔过程中除以上几种主要事故外，还须注意防止糊钻、扩孔、偏孔、卡钻、钻杆折断、钻孔漏浆等。

3.水下混凝土灌注事故的预防及处理

（1）导管进水

①主要原因

首批混凝土储量不足，或导管底口距孔底间距过大，混凝土下落后不能埋住导管底口以致泥水从底口进入。

②处理方法

将导管提出，将散落在孔底的混凝土拌和物用空气吸泥机清除，重新灌注。

（2）卡管

①主要原因

a. 初灌时隔水栓卡管，或由于混凝土本身的原因如坍落度过小、流动性差、粗骨料过大、拌和物不均匀产生离析、导管接缝处漏水、大雨中运输混凝土未加遮盖使混凝土中的水泥浆被冲走，粗骨料集中造成堵塞。

b. 机械发生故障和其他原因使混凝土在导管内停留时间过长，或灌注时间持续过长，最初灌注的混凝土已经初凝，增大了管内混凝土的下落阻力，混凝土堵在管内。混凝土灌注导管内外压力差不够。

②预防措施

准备备用机械、掺入缓凝剂，做好配合比，改善混凝土的力学性能。

③处理办法

拔管、吸渣、重灌。

（3）坍孔

发生坍孔后，应查明原因采取相应措施。如保持或加大水头，排除振动源等防止继续坍孔，然后用吸泥机吸出孔中泥土，如不继续坍孔可恢复正常灌注，如坍孔不停止、坍孔部位较深，宜将导管拔除。保存孔位回填黏土，研究处理措施。

（三）挖孔桩施工

对于无地下水或者少量地下水，且土层或者风化岩层较密实，则采用人工挖孔桩，桩径 1.8m、1.6m、1.5m、1.2m 分别为 8、42、40 和 32 根。挖孔桩施工时，根据地质和水文地质情况，制订可行的孔壁支护方案，主要采用混凝土护壁。人工挖孔桩施工工艺如下：

1. 施工准备

平整场地，清除坡面危石浮土。坡面有裂缝或者坍塌迹象时应先加设必要的防护设施，铲除松软的土层并夯实。施测墩台的十字线，定出准确的桩孔位置；设置护桩并经常检查校核；孔口四周挖排水沟，做好排水系统；及时排除地表水、搭好孔口的防雨棚；安装提升设备；布置好出渣道路；合理堆放材料和施工机具，使其不增加孔壁压力、不影响施工。

井口四周用护壁围圈予以围护，第一节护壁高出地面 20~30 cm，防治土、石、杂物滚入孔内伤人。若井口地层有较大的渗水量时，采用井点降水法降低地下水位。

2. 挖掘顺序

对于单排桩，采用跳孔开挖。对于有四根桩基的群桩，采用对角开挖。

桥梁的桩基承台。采用先挖桩孔，后挖承台座基坑的方式。这样施工有利于排除地表水且施工作业场地宽敞，立架、支撑、提升、灌注等操作都比较方便。

3. 挖孔桩施工

（1）桩孔的出渣，采用电动卷扬机扒杆，以减轻工人的劳动强度，提高文明施工程度。

（2）在挖孔过程中，须经常检查桩孔的尺寸和平面位置；群桩误差不超过100mm，排架桩误差不超过50mm。直桩的倾斜度不超过1%，斜桩的倾斜度不超过±2.5%；孔径和孔深必须符合设计要求。

（3）挖孔时如果有渗水，则应及时进行孔壁支护，防止水在孔壁浸泡流淌造成塌孔。渗水采用井点降水或者集水泵排。

（4）桩孔挖掘和支撑孔壁两道工序必须连续作业，不宜中途停顿，以防塌孔。

（5）挖孔如遇到涌水较大的潜水层承压水时，可采用水泥砂浆压灌卵石环圈，或者集水泵排的方法进行排水。

（6）孔壁支护采用外齿式混凝土护壁。每挖掘1.2~1.5m深时，即立模浇筑混凝土护壁，护壁的厚度一般为10~15cm，强度等级一般为C15。有时为了赶工期，须加速混凝土的凝结，可掺入速凝剂。若土层比较松软或者须多次进行放炮开挖，可在护壁内设置$\varnothing$8mm的钢筋。护壁的模板采用钢模板或者木模板。

（7）挖孔达到设计孔深后，应进行孔底处理。孔底必须做到平整，无松渣、污泥及沉淀等软层。嵌入岩层厚度应符合设计要求。

（8）在开挖过程中应经常检查了解地质情况，如与设计资料不符，应提前与设计代表联系，提出设计变更。

4. 孔内爆破施工

为了确保施工安全，提高生产效率，孔内爆破施工应注意以下事项：

（1）导火线起爆采用电雷管起爆，以确保施工安全。如采用导火线起爆，要有工人迅速离孔的设备；导火线应做燃烧速度试验，据以决定导火线所需长度。

（2）必须打眼放炮，严禁裸药爆破。对于软石炮眼深度不得超过0.8m，对于硬岩石炮眼深度不得超过0.5m。炮眼的数目、位置和斜插方向，应按岩层断面方向来定，中间一组集中掏心，四周斜插挖边。

（3）严格控制用药量，以松动为主。一般中间炮眼装硝铵炸药1/2节,边眼装1/4~1/3节。

（4）有水眼孔要用防水炸药，尽量避免瞎炮。如有瞎炮应按安全规程处理。

（5）炮眼附近的支撑应加固或设防护措施，以免支撑炸坏引起塌孔。

（6）孔内放炮后应迅速排烟。采用高压风管或者电动鼓风机向孔内吹风进行排烟。

当孔深大于12m时，每次放炮完后立即测定孔内的毒气浓度；无仪表测定时，可将敏感性强的小动物先吊入孔底考验，经数分钟的观察，如其活动正常，人员方可下孔施工。

（7）一个孔内进行爆破作业，其他孔内的施工人员必须到地面安全的地方躲避。

5. 挖掘的安全技术措施

挖孔时应注意施工安全。挖孔工人必须配备安全帽、安全带、安全绳，必要时应搭设掩体。取出土渣的吊桶、吊钩、钢丝绳、卷扬机等机具，必须经常检查。井口周围须用木料、型钢或者混凝土制成的框架或围圈予以围护，井口周围应高出地面20~30cm，以防土、石、杂物滚入孔内伤人。为了防止井口坍塌，须在孔口用混凝土护壁，高约2.0m。挖孔时应经常检查孔内的二氧化碳含量，如超过0.3%，或孔深超过10m时，应机械通风。挖孔工作暂停时，孔口必须罩盖。井孔应安设牢固可靠的安全梯，以便施工人员上下。

6. 钢筋骨架的制作与安装

挖孔灌注桩的钢筋骨架在孔外预扎后吊入孔内，也可以在孔内绑扎。为使钢筋骨架正确牢固定位，应在钢筋笼主筋上设钢筋"耳环"或挂混凝土垫块。有关钢筋笼的制作要求，详见钻孔灌注桩部分。

7. 灌注混凝土

（1）从孔底及附近孔壁渗入的地下水的上升速度较小（参考值小于6mm/min）时，可采用在空气中灌注混凝土桩的方法。其技术要求除符合《公路桥涵施工技术规范》有关规定外，还应注意以下事项：

①混凝土坍落度。当孔内无钢筋骨架时，宜小于6.5cm；当孔内设置钢筋骨架时，宜为7~9cm。如用导管灌注混凝土，可在导管中自由坠落，导管应对准中心。开始灌注时，孔底积水深不宜超过5cm，灌注的速度应尽可能加快，使混凝土对孔壁的压力尽快大于渗水压力，以防水渗入孔内。

②桩顶或承台、连系梁底部2m以下灌注的混凝土，可依靠自由坠落捣实，不必再用人工捣实；在此线以上灌注的混凝土应以振捣器捣实。

③孔内的混凝土应尽可能一次连续浇筑完毕。若施工接缝不可避免时，应按照施工规范关于施工缝的处理规定处理，并一律设置上下层的锚固钢筋。锚固钢筋的截面积应根据施工缝的位置确定，无资料时可按桩截面积的1%配筋。施工接缝若设有钢筋骨架，则骨架钢筋截面积可在1%配筋面积内扣除；若骨架钢筋总面积超过桩截面的1%，则可不设锚固钢筋。

④混凝土灌注至桩顶以后，应立即将表面已离析的混合物和水泥浮浆等清除干净。

（2）当孔底渗入的地下水上升速度较大时（参考值大于6mm/min），应视为有水桩，按前述钻孔灌注桩用导管法在水中灌注混凝土。灌注混凝土之前，孔内的水位至少应与孔外稳定水位同样高度；若孔壁土质易坍塌，应使孔内水位高于地下水位1~1.5m。

（3）空气中灌注的桩如为摩擦桩，且土质较好，短期内无支护不致引起孔壁坍塌时，可在灌注过程中逐步由下至上拆除支护。

须在水中灌注摩擦桩时，应先向孔中灌水，至少与地下水位相平。随着灌注的混凝土的升高，孔内水位上升时，逐层拆除支护，利用水头维护孔壁。在水中灌注的柱桩，应尽可能不拆除孔壁支护。

（4）在空气中灌注混凝土柱桩，且地质条件许可拆除支护，而且是钢护筒或钢筋混凝土护筒需要拆除时，则在灌注混凝土和逐步拆除护筒过程中，始终维持混凝土顶面比护筒底端最小高出1.5~2.0m，以免拔护筒时，护筒底脚土粒掉入混凝土桩内，及孔外地下水从护筒底下间隙中渗入孔内。

三、桥面系工程施工

（一）防撞护栏施工

防撞栏杆采用分段安装，分段浇筑方法。用光面胶合板做面模，每段护栏混凝土一次成型。弯道处用50cm一节的模板，内贴宝丽板，可以确保弯道的线形和混凝土的外观质量。护栏钢管基座预埋件的标高和位置都要严格控制。

具体施工方法：

1. 放样：根据设计要求测设防撞栏杆轴线，并弹出两边线。
2. 钢筋安装：严格按设计要求与施工规范执行。
3. 模板安装：模板采用定型钢模板，模板安装严格控制轴线、标高、尺寸，模板接缝紧密，接头平顺。拉条对拉牢固。
4. 混凝土浇筑：混凝土采用洋铲喂料，插入式振捣器振捣。

（二）桥面铺装施工

由于预应力施工等原因，对桥面标高进行认真的测量，核实桥面铺装与T梁之间新旧混凝土之间的结合质量，所有的结合面必须按有关要求认真凿毛，并清洗干净。

桥面分左右幅，左右各分3条板块浇筑铺装层混凝土，每次在伸缩缝位置断开。尽量用干硬性混凝土，把钢纤维按比重加入强制式搅拌机均匀搅拌。具体施工方法如下：

1. 施工准备

清除梁体顶面杂物，凿除局部松散浮渣，用高压清水清洗面层尘埃，保证面板粗糙，确保桥面铺装层与 T 梁或空心板梁表面紧密结合。

2. 施工放样

按照桥面铺装层设计高程，在栏杆边缘每间距 1m，分别布设混凝土小支墩。小支墩标高严格按相应点位置桥面铺装层顶面标高控制，小支墩标高经过多次测设，找平调整，确保精度，目的把平整度控制在 3mm 误差以内，作为桥面铺装施工的质量控制。同时，在单幅桥两边线处每隔 4m 设置一个小支墩控制点，作为人工抹光找平时的水准控制点，保证桥面横坡准确度。

3. 钢筋制作与安装

钢筋制作、安装严格按设计要求与施工规范进行，钢筋网位置准确，网格尺寸标准，负弯矩筋布设准确，钢筋底面加垫混凝土小垫块，保证钢筋有足够的保护层。

4. 架设摊铺架

根据铺装层顶面高程与摊铺架实际高度，在已设置好的小支墩上铺设槽钢作为摊铺架行走轨道。槽钢应有足够的刚度，保证摊铺架行走时不变形，槽钢铺设经标高测定无误后，应加以临时固定。摊铺架安装时，摊铺架滚轮下缘应略高于铺装层顶面，高出多少应根据现场实验确定的混凝土松铺厚度控制。

5. 模板安装

为了保证桥面的宽度与深度，铺装层边缘线应线形平顺、圆滑及铺装层的密实度，模板采用胶合板，顶面高程严格与混凝土铺装层顶面高程相同。每一段落之间的施工缝同样采用角钢作模板，确保施工缝笔直、角钢安装牢固，角钢顶面高程按该处桥面设计横坡严格控制。

6. 混凝土配合比设计

在混凝土施工前，先按照设计文件要求的标号做混凝土配合比设计，配合比交由有资质的试验室承担。

7. 混凝土搅拌、运输、浇筑

浇筑混凝土由大型拌和站集中拌和，混凝土输送车运输，混凝土输送泵泵送浇筑。

8. 混凝土摊铺

混凝土采用单幅全桥宽同时展开逐段推进摊铺方式。摊铺时，先用人工初步摊平，再用粗刮架全幅宽粗刮，然后人工推动混凝土摊铺架前后慢速行走摊铺。摊铺架反复行进中，人工即时跟进局部找平，摊平后，采用滚筒调平架调平，并用 3 m 铝合金钢长尺进行纵、横向平整度再次找平。摊铺前应注意各种预埋件是否安装齐全，混凝土摊铺应严格按经验确定的混凝土松铺厚度摊铺，保证混凝土振捣密实后桥面铺装层各点高程满足设计要求与施工精度要求。

9. 混凝土振捣

混凝土振捣采用插入式与平板式振捣器，混凝土振捣横桥向逐行慢速推进振捣，前后行之间应有足够的叠合宽度，振捣应保证密实，以表面不出现面气泡，平坦为准。同时，振捣时应随时注意侧模板稳固情况，保证面板边线美观。

10. 修整

混凝土振捣后，及时采用真空吸水机吸取表面自由水，真空吸水的时间严格按试验确定。吸水后，推动抹光架，作业人员在抹光架上，采用抹光机提浆及粗平，然后再用镘刀和 6m 铝合金钢长尺对纵、横向平整度、坡度反复检测表面进行抹镘、精平，直到平整度符合要求为止。修整是桥面系施工的关键，施工人员必须根据工作量，配足配齐，施作人员应保证具有足够丰富的经验。抹镘精平工作必须确保混凝土初凝前完成。

11. 纹理制作

为保证桥面有一定的粗糙度以抗滑作用，在混凝土仍具有塑性时进行纹理制作，采用压纹工具在横坡方进行纹理制作，槽口宽度、深度相一致，并根据设计抗滑要求进行。纹理制作均不得扰动混凝土。施作人员不得直接踩在刚铺好的混凝土面上，应跟随抹光机架作业。

12. 养生

纹理制作后以手指按压混凝土无痕迹时即覆盖麻袋布，并均匀浇水，充分保持湿润，并连续洒水养护 7d 以上。混凝土浇筑好后要派专人看守，严防人践踏。

13. 防雨准备

桥面铺装是连续施工作业的，在施工过程中不可避免会突遇下雨。因此，施工前应准备好足够长的塑料篷布遮雨棚，以防刚铺好的桥面混凝土被淋雨破坏。

（三）伸缩缝装置安装

安装伸缩装置时，其缝宽值均应根据该季节的气温通过计算决定。伸缩缝施工要精工细作：一是要与预埋钢筋焊接牢固，补浇混凝土处要把原混凝土凿毛，用水清洗干净；二是标高要与两头桥面铺装高差不大于2mm，以免跳车。具体施工方法：

1. 清理预留槽，将杂物清理干净，预留槽的尺寸稍大于伸缩装置的总宽度和总高。

2. 安装时将伸缩装置设置在预留槽内，使伸缩装置的中心线与桥中心线一致，顶面与桥面标高相同，同时注意其纵横坡度与桥面坡度一致。

3. 伸缩装置就位后检查其尺寸是否符合安装温度要求，否则必须用千斤顶和夹具进行调整，直至符合设计要求，调整好后立即固定夹具。

4. 调整好尺寸后，将伸缩装置一侧的锚固筋与预留槽内的预埋钢筋焊接，保证伸缩装置定位。

5. 设置梁端模板及伸缩装置模板，模板按伸缩装置外形尺寸和预留槽的缺口制作，并安装严密，以防止砂浆流入支承箱，同时防止混凝土落入钢梁之间的空隙中。

6. 浇筑混凝土的高度与支承箱齐平，混凝土强度不低于该处结构混凝土的强度，并进行振捣，防止周边空洞产生。

（四）桥头搭板施工

桥台搭板一般在主体结构完成后安排进行施工，搭板采用现浇的方法进行。在测量组进行放样后，在原地进行钢筋的加工与安装。完成后，安装模板，模板采用建筑用钢模板，确保模板支撑牢固。混凝土浇筑时主要注意混凝土的振捣。振捣采用插入式振捣棒和平板式振捣棒交互进行，确保混凝土密实。在混凝土浇筑完毕后还要用压纹机进行压纹。

四、涵洞工程施工

（一）钢筋混凝土框架涵

钢筋混凝土框架涵，施工主要方法为：基坑开挖采用人工配合机械施工，墙身采用C20混凝土现场浇筑，模板采用组合钢模，混凝土由拌和站拌和，专用运输车运输。浇筑时采用插入式机械振捣，保证混凝土质量。

1. 施工准备

基坑开挖前须进行遮阳准备、排水准备。为防止基坑开挖后受日光的暴晒，须准备充足遮阳棚将基坑盖好，边施工边封闭。排水根据现场情况疏通出入口做排水沟或挡水堰将水沿原沟排走，基坑内排水可通过在基坑四边挖集水沟用水泵将水抽出。施工便道、施工场地布置好并做好充分的施工准备后，才能进行基坑开挖，以及基底的处理工作。

2. 基坑处理

（1）CFG桩施工

涵洞基地处理方式一般与路基处理相同，如采用CFG桩地基加固时，CFG桩施工与路基CFG桩同步进行。施工要点如下：

①技术人员测放好基坑开挖线后进行，按照施工设计图布孔，桩身直径0.5m，钻至硬层后对照基底设计标高，除桩头超封30~50cm后，预留足够空钻长度，施工时严格按照CFG桩的施工工艺进行。

②CFG桩施工完7d后，进行基坑开挖、破除桩头、铺设基础垫层等工作，桩头按照设计标高破除后，施工CFG桩扩大桩头，桩头上部为1m的圆形截面，高0.6m，下部与桩身混凝土连接，整个桩头为倒锥形结构。

③CFG桩扩大桩头施工完成，待桩头混凝土强度达到设计强度后，即可回填60cm碎石垫层，回填宽度为涵身底板尺寸两边各加宽0.5~1m，褥垫层回填时采用压路机或小型夯实机械夯实，每层夯实并经检测合格后即可进行下道工序的施工作业。铺设褥垫层填料，为避免碾压时对褥垫层中的土工格栅造成破坏，施工时应增设中粗砂保护层，即褥垫层的组成自上而下为25cm碎石垫层、5cm中粗砂、5cm土工格栅、25cm中粗砂碎石垫层。

④基坑开挖利用人工配合挖掘机进行，挖至距设计换填层底标高20~30cm后人工清理，采用垂直开挖，避免超挖。每边按涵身底部尺寸加宽50cm作为施工空间。开挖时，开挖弃土及时用自卸车运走，严禁在基坑周围存放，更不允许将弃土堆在周围草皮及农田内。同时，现场施工负责人应严格规范施工区域，严禁挖掘机和施工车辆进入施工区以外区域，以免破坏农田及庄稼。

⑤基地褥垫层施工后即可进行涵身进出口2m×1m、C20混凝土扩大基础的浇筑作业，浇筑前立好模板，经检查合格后即可进行混凝土的浇筑工作。

（2）测量放线

基坑开挖完成后，按要求利用全站仪进行测量放线。测放出涵身纵横十字线，以便控制涵身基础垫层的铺设范围，同时放好控制桩和护桩，以方便控制基础模板的位置。

（3）垫层的设置

出入口基础垫层设置可在人工将标高清到设计标高后，采用小型夯实机械先对基坑底进行夯实，后再分层夯填砂夹碎石垫层，分层厚度10~15cm，夯至设计标高后整平垫层表面，在报检合格后，即可立模进行出入口基础混凝土的浇筑工作。

涵身垫层采用C20混凝土进行铺设，垫层厚度10cm，在基底褥垫层施工至设计标高后，整平褥垫层顶面，按测放出的涵身十字线立好模板，进行涵身垫层的浇筑施工。

3.涵节施工

在涵节基础混凝土及垫层混凝土养护强度不小于2.5MPa时，再进行测量放线，测放出涵洞纵向中心线、涵身中心里程桩及横向中心线，按照设计尺寸挂好涵身纵向中心线、墙身内外侧钢筋绑扎线，即可依据配套钢筋设计图进行涵身底板钢筋绑扎作业，每米涵身配置8排钢筋，每排间距12.5cm，且同一截面上的接头不能超过50%（两钢筋接头相距在30cm以内或两焊接接头在50cm以内，或两绑扎接头的中距在绑扎长度以内，均视为同一截面，并不得少于50cm），且"同一截面"内同一根钢筋上的接头不超过1个。

涵身底板钢筋绑扎完毕后，经现场技术人员、质检、监理检查合格后，就可进行模板拼装，模板宜采用组合钢模板，采用5cm的砂浆保护层垫块控制混凝土的结构尺寸，以保证涵节形状尺寸、大面、端面平直。模板拼装好后经检查合格，方可进行混凝土的浇筑施工。涵身混凝土的浇筑分两阶段施工：先浇筑涵身底板（浇筑至涵身下倒角顶面处），待底板混凝土强度达到设计强度的50%后，再施工边墙及顶板。

混凝土浇筑时采用集中拌和，混凝土运输车运送至施工现场。浇筑时控制好混凝土的坍落度，混凝土坍落度严格控制在标准坍落度的±15mm范围内，混凝土的倾落高度不能超过2m，且不能将混凝土粘到还没有浇筑的模板板面上，避免造成板面上前期混凝土的凝结，影响混凝土结构物的外观质量。振捣采用插入式振动器，严格控制振捣时间，一般振捣时间不得小于20~30s，以保证混凝土的密实度。

在浇筑混凝土初凝后，将倒角处混凝土表面凿毛。夏季浇筑混凝土施工，要做好混凝土的养护工作，不能因混凝土内部早期水化热过高，造成混凝土表面开裂，影响混凝土工程的外观质量，洒水次数以混凝土面保持湿润为宜。

涵身施工时，先绑扎涵节两侧墙身钢筋，再进行涵节内膜和墙身内外模的拼装作业，内外侧模板均用钢管支架进行加固，在顶板处设置可调丝杠油托，以便调整顶板模板的高度及平整度。待墙身和顶板模板按设计及规范要求拼装加固好后，经检查无误，就可进行涵身顶板的绑扎工作。绑扎时按要求调整好各排钢筋的间距，且在钢筋与模板间垫好垫块，以防露筋。

在涵身混凝土浇筑作业中，对作业人员做到明确分工，使之各负其责，以保证混凝土浇筑施工能够顺利进行，确保工程施工质量创优。

4. 附属工程施工

翼墙、帽石采用现浇混凝土施工方法。技术人员测量放样立模控制边线，严格按线立模。模板采用组合钢模和木模配合使用，外露部分用钢模，要求搭配合理，拉杆及支撑紧固，面板顺直，接缝严密，下口加设海绵条，外侧用黏土或砂浆包严以防漏浆。混凝土由中心拌和站拌制，罐车运至工地，插入式振动棒振捣密实。严格控制入模温度和施工配合比，使翼墙内实外美。翼墙沉降缝及防水层施工与涵节处相同。

附属工程包括涵洞出入口铺砌、泄床、锥坡、边坡防护及垂群。涵洞出入口铺砌与路基排水沟、改沟应顺接通畅，排水有出路，做到涵洞内不积水。铺砌均采用M10水泥砂浆浆砌片石，下设厚10cm碎石垫层。

5. 沉降缝及防水层施工

涵身沉降缝嵌塞2cm厚的石棉水泥板留作防水之用，施工期间，用电焊将石棉水泥板与涵身钢筋骨架定好位置当作模板使用。沉降缝外侧涂刷聚氨酯防水涂料并粘贴防水卷材，且相邻涵节不均匀沉降差小于5mm。沉降缝内侧待涵洞施工完成后，再嵌入硫化型橡胶止水条。出入口翼墙与涵身间沉降缝内塞M20水泥砂浆15cm，中间如有空隙可填塞聚丙烯纤维网混凝土。

沉降缝防水层施工完后，经检查合格，即可进行涵洞两侧回填施工，以保证涵节稳定性。在涵洞两侧大于两倍涵洞净宽范围内，涵背回填两侧同时进行。每层厚度不超过30cm，人工用电夯机夯实。

（二）盖板涵洞工程

1. 施工安排

钢筋混凝土盖板涵洞结构，多数涵洞位于填方地段。为了尽快实现路基大面积填筑，必须优先施工涵洞工程。施工初期，先打通至涵洞的施工便道。根据涵洞的分布位置及工程量，组织涵洞施工队。

2. 盖板涵工程施工方法

（1）施工工序

施工放样→基础开挖、夯实基础→地基承载力试验→基础、铺底混凝土、台身片石混凝土→现浇盖板混凝土→帽石混凝土浇筑→板缝处理→砌筑进出水口→台背回填。

(2) 施工工序说明

①施工放样：涵洞测量放样时，注意核对涵洞纵横轴线的地形剖面图是否与设计图相符，涵洞长度、涵底标高的正确性。对斜交涵洞、曲线上的陡坡涵洞，应考虑交角加宽、超高和纵坡对涵洞具体位置、尺寸的影响。遇到与设计图纸不符的，应及时与监理工程师沟通，适当调整位置。施工过程中，应经常检查涵洞结构浇砌和安装部分的位置和标高，并做测量记录。

②基坑开挖：采取人工配合反铲开挖基坑，若施工机械无法进入涵洞施工现场时，采用人工开挖。基坑大小应满足基础施工的要求，有渗水土质的基坑坑底开挖，根据基坑排水需要及设计所需基坑大小而定。基坑壁坡度，按地质条件、基坑深度和现场的具体情况确定。

③基坑验收：基坑开挖并处理完毕，由施工质检人员自检并报请总承包部、监理工程师检验，确认合格后填写地基检验表。未经验收，不得进行下一道工序施工。

④基础、铺底：盖板涵基础、铺底采用C25钢筋混凝土，涵洞地基承载力要符合设计要求。不能满足要求时，按照监理工程师指示进行处理，基础按图纸要求设置沉降缝，采用泡沫板，沉降缝处两端面竖直、平整，上下不得交错、不得接触，在沉降缝处加铺抗拉强度较高的卷材（如油毡），加铺层数及宽度按图纸所示或监理工程师指示进行。

⑤台身：台身采用C20片石混凝土，台身设置沉降缝与基础一致。基础经验收合格后，方可进行台身片石混凝土施工。墙身模板采用组合钢模板立模，混凝土采用强制搅拌机拌和、人力推送或混凝土运输车运送混凝土，插入式振捣器捣固。

⑥台身及台帽混凝土施工完成后，采用850架子管搭设脚手架，架设现浇钢筋混凝土盖板模板，再安装盖板钢筋，验收合格后，浇筑盖板混凝土，浇筑方法与台身相同。

⑦涵洞进出口施工：浆砌用片石采用石方开挖段的合格石料；砂浆采用200 L砂浆搅拌机拌制，手推车运输。石料在砌筑前浇水充分湿润，表面如有泥土、水锈应清洗干净。

涵洞进出口建筑与路基的坡面协调一致。出水口的沟床整理顺直，形成顺畅的水流通道。进出口砌体分层砌筑，砌筑时必须按要求错缝，平顺有致，砂浆饱满，外表平整。砌筑工作中断后恢复砌筑时，已砌筑的砌层表面加以清扫和湿润。外露浆砌片石部分采用M7.5砂浆勾缝，缝采用凹缝，勾缝应嵌入砌缝内不小于10mm。

⑧台背回填：当涵洞砌筑及盖板安装完成后，且混凝土强度达到设计标号的70%时，才能进行台背回填。回填时涵洞两侧对称同时填筑，按要求水平分层填筑压实，每层松铺厚度不超过15cm，压实度按照规范的要求执行。填料采用透水性良好的砂砾土或砂质土壤，

不得采用含草、腐殖物的土。边角部位压路机无法压实的部位，采用小型压实机械进行压实，强度达到规范要求。

第二节　隧道工程

一、施工准备

（一）一般规定

1. 隧道施工前应熟悉设计文件，领会设计意图，做好现场调查和图纸核对工作。现场调查及图纸核对工作主要包括：

（1）隧道施工对地表和地下既有结构物的影响。

（2）施工场地布置与洞口相邻工程、弃渣利用、农田水利、征地等的关系。

（3）建筑物、道路工程、水利工程和电信、电力线路等设施的拆迁情况和数量。

（4）施工中和运营后对自然环境、生活环境的影响及需要采取的保护措施。

（5）施工前应全面熟悉设计文件，并做好图纸审核工作。

（6）在施工调查和设计文件核对完成后，应将结果及存在的问题，以书面形式呈送建设项目合同规定的相关建设管理单位。

2. 隧道施工前应加强地质勘探工作，重视跟踪地质调查与超前地质预报。

3. 应根据工程规模、技术标准等相关规范进行施工场地规划、驻地建设、拌和站和工地试验室建设，并通过相关单位组织的专项验收。

4. 隧道开工前，应完成洞口前可能干扰洞身施工的相关工程。

5. 隧道施工过程中，应完整收集原始数据、资料、做好施工记录，编写隧道技术总结。

（二）技术准备

1. 施工测量工作准备

（1）施工前应根据施工图纸和有关勘测资料，对交付使用的隧道轴线桩、平面控制三角网基点桩以及高程控制的水准基桩等进行详细的测量检查和核对，不得有误，并将测量成果报送监理单位。

（2）在放线中除公里桩、平曲线基本桩外，应设置必要加密桩；在工程实施中隧道中桩最大间距直线上不得大于20m，曲线上不得大于5m，并明确标出用地界桩、路面和排水沟中心桩、辅助基准点以及其他为控制正确放线的水平和垂直标桩。

（3）隧道进出口联测已完成，且贯通误差符合规范要求；测放出进洞控制桩，并保护良好；边、仰坡开挖边线，明暗洞交界里程等测量放样已按规范完成。

2. 施工方案准备

（1）根据总体施工组织设计结合本项目的具体情况、工期要求、施工队伍、机械设备、施工中的现场监控量测等因素，正确选定施工方案，制定施工顺序，编制实施性施工组织设计。编制的施工组织设计，应包括施工方法、工区划分、场地布置、进度计划、工程数量、人员配备、主要材料、机械设备、电力和运输以及安全、质量、环保、技术等主要措施内容。

（2）实施性施工组织设计应报监理工程师及相关部门，按照程序批准后实施。在实施过程中应根据客观条件、生产资源配置变化情况及时调整施工组织设计，并呈送监理工程师批准，实行动态管理。

（3）对于长大隧道、地质复杂的隧道，如不良地质隧道、高瓦斯隧道、水底（海底）隧道等，承包人应当编制专项施工方案并组织专家论证、审查，附安全验算结果。施工方技术负责人、监理工程师审查同意签字后实施，由专职安全生产管理人员进行现场监督。

（三）施工人员、材料和设备

1. 施工人员

（1）应对进场劳务分包队伍及其从业人员信息进行登记。

（2）应根据工程规模、工期和技术难度配备相应的管理、技术、测量、试验、环保、专职质量检查和安全管理人员。

（3）隧道施工的钻爆、运输、支护、模筑衬砌等作业均宜安排专业化队伍进行施工，施工前应根据施工进度计划、施工技术水平等制订详细的劳动力计划，及时组织上场，以满足施工需要。

（4）应加强现场施工人员（包括劳务人员）教育培训和考核工作。应当对管理人员和作业人员进行每年不少于两次、不低于40学时的安全生产教育培训，其教育培训情况记入个人工作档案。新进人员和作业人员进入新的施工现场或者转入新的岗位前，承包人应当对其进行安全生产培训考核。未经安全生产教育培训考核或者培训考核不合格的人员，不得上岗作业。

（5）承包人应当向作业人员提供必需的安全防护用具（如安全帽、安全带、口罩、耳塞等）和安全防护服装。

2. 材料采备

（1）隧道施工前应做好水泥、砂石料、钢筋（材）、外加剂、防水材料、透水管等各项材料的招标订购工作，并根据施工进度计划，制订材料供应计划；特别是做好隧道前期施工支护所需材料的采备工作。

（2）采购应严格按材料招投标程序进行，选择供应能力强、质量合格、价格优惠的供应厂家。

（3）进场前应严格进行检查验收和取样送检，试验合格经监理工程师认可后方可进料；杜绝不合格材料进入现场。

（四）施工供风、供水、供电

1. 施工供风

（1）风机应在洞口旁边选址修建，应有防水、降温、保温和防雷击等设施。

（2）压风站的供风能力须满足隧道正常施工需要，供风管路的布置应尽量避免压力损失，保证工作面使用风压不小于 0.5MPa。

（3）高压风管长度大于 1000m 时，应在管路最低处设置油水分离器，定时放出管道中的积油和水。

2. 施工供水

（1）在实施和维修工程期间，应按国家规定的施工和生活饮用水的有关标准，确保施工和生活用水设施的安装、保养及供水满足施工及生活需要。

（2）寻找水源，按施工需要的供水压力，合理选址修建高位水池，安装上、下水管路。

（3）对于修建高位水池困难的隧道，宜采用变频高压供水装置满足施工需要。

（4）供水管道前端至开挖面一般不超过 20m。

3. 施工临时供电

（1）对于短隧道应采用高压至洞口，低压进洞；长隧道及特长隧道应考虑高、中压进洞，以满足施工需要。

（2）隧道施工供电应采用三相五线供电系统；动力设备应采用三相 400/380V；照明电压一般作业地段不宜大于 36V，成洞段和不作业地段可采用 220V，手提作业灯为

12~24V；选用的导线截面应使低压线路末端电压降不大于10%；36V线不得大于5%；高压分线部位应设明显危险警告标志；所有配电箱和开关应全部进行责任人和用途标志。

（3）洞外变电站应设置防雷击和防风装置，且宜设在靠近负荷集中地点和设在电源来线一侧。当变电站电源线须跨越施工地区时，其最低点距人行道和运输线路的最小高度应满足：电压35kV时7.5m，电压6~10kV时6.5m，电压400V时6m。变压器容量应按电气设备总用量确定。

洞内变电站应设置在干燥的紧急停车带或不使用的横通道内，变压器与周围及上下洞壁的最小距离，不得小于300mm，同时，应按规定设置灯光、轮廓标等安全防护设施。洞内高压变电站之间的距离宜为1000m，由变电站分别向相反两方向供电，每一方供电距离宜采用500m。洞内高压变电站应采用井下高压配电装置或相同电压等级的油开关柜，不应使用跌落式熔断器，应有防尘措施。

（4）成洞地段固定的电线路，应采用绝缘良好的胶皮线架设；施工地段的临时电线路应采用橡套电缆；瓦斯地段的输电线必须使用密封电缆，不得使用皮线；涌水隧道的电动排水设备应采用双回路输电并有可靠的切换装置；动力干线上每一分支线，必须装设开关及保险装置；严禁在动力线路上加挂照明设施。

（5）照明和动力线路安装在同一侧时，必须分层架设。电线悬挂高度应满足：110V以下电线离地面距离不应小于2m，400V时应大于2.5m，6~10kV时不应小于3.5m。供电线路架设一般要求高压在上、低压在下，干线在上、支线在下，动力线在上、照明线在下。

（五）弃渣场、自办料场、危险品库

1. 弃渣场

（1）隧道弃渣必须运至确定的弃渣场弃置，不得随意乱弃。

（2）隧道施工前应详细调查，和业主及当地政府配合，选择出渣运输方便、距离短的场所作为弃渣场，场地容量应可容纳隧道弃渣量。

（3）弃渣场选址应不得占用其他工程场地和影响附近各种设施的安全；不得影响附近的农田水利设施，不占或少占农田；不得堵塞河道、河谷，防止抬高水位和恶化水流条件；不得挤压桥梁墩台及其他建筑物。

（4）弃渣场应按设计要求进行防护，当设计要求不能满足实际需要或设计无具体要求时，应对弃渣场的防护进行设计并报监理工程师批复，以确保边坡的稳定，防止水土流失、泥石流、滑坡等危害。

2.自办料场

（1）当隧道弃渣强度等指标符合规范要求、可作为结构用材料时，现场应建碎石场以充分利用隧道弃渣，加工碎石设备应采用带除尘装置的反击破碎石机并有配套的联合振动筛分设备。

（2）碎石场应专门配备锤式碎石机生产喷射混凝土骨料。日产量在100m³以上的碎石场宜配置自动或半自动水冲洗设备，以提高碎石质量。

3.危险品库

（1）火工品库房的建设及管理

①建立健全火工用品管理制度，严格控制火工用品采购、储存、领取、使用和退库的各个环节的管理和操作，做到全程监控，全程把关。施工单位要定期对炸药库管理有关台账进行认真检查和清对，监理工程师要加强监督检查。

②双洞中隧道及长隧道、特长隧道宜设置专用火工品库房，其他短隧道可结合其他隧道及路基、桥涵施工集中设置。

③应根据施工进度计划安排及月循环进尺核定火工品库库容量。

（2）其他危险品的管理

如氧气、乙炔、油料及剧毒、放射性物品等应单独建库存储，库房建设及管理应符合相关标准建设。

二、洞口及明洞工程

（一）一般规定

1.洞口工程施工应符合下列要求：

（1）施工宜避开雨季及严寒季节。

（2）隧道与相邻路基断面的宽度和高程差应在路基范围内调整。

（3）紧邻洞口的桥、涵、路基挡护等工程的施工，应结合隧道施工场地布置，及早完成。

（4）洞口施工应减少仰坡开挖高度，保护生态环境，减少植被破坏。

（5）洞口工程施工应采取微震动控制爆破，邻近建筑物时，应对建筑物下沉、倾斜、裂缝以及振动等情况做必要的监测。

（6）洞口临近交通道路的施工，应采取确保道路通行安全的防护和加固措施，并应对道路沉降、边坡稳定等进行监测。

2.施工便道的引入和施工场地的平整应尽量减少对原地貌的破坏和对洞口岩体稳定的影响。

3.洞外排水应符合下列要求：

（1）洞外施工期间排水应结合永久排水系统、辅助坑道设置统筹考虑，并以较短途径引排到自然沟谷中。

（2）洞外排水系统应避开不良、不稳定的地质体，当无法避开时，应先采取处理措施，消除隐患。

（3）洞外排水系统应避免对相邻工程及其基础产生冲击、冲刷、侵蚀及浸泡等不利影响；当难以避免时，相邻工程应采取措施。

（4）洞外排水沟渠的排水坡度按照设计排水沟渠的坡度施工，应避免流速过大导致沟渠毁损，或流水过小导致渠道淤积的现象，其采用的建筑材料应具有防冲刷的能力，必要时设置消能设施。

（二）边仰坡开挖前应完成截排水工程

洞顶地表水的处理应符合下列要求：

1.边坡仰坡截与排水沟应与洞外路基排水系统良好连接；纵坡较陡时，沟身应采取设缓坡段和基座等稳定措施，沟口应采取设防冲刷措施。

2.对不利于施工及运营安全的地表径流、坑洞、漏斗、陷穴、裂缝等，应采取封闭、引排、截流等工程措施。洞口自然冲沟、水渠横跨隧道洞口时，应设渡槽排水。

3.边坡、仰坡以上可能滑塌的表土、危石应全部清除，不留后患。

4.洞口边仰坡工程应自上而下逐级开挖支护，及时完成洞口边仰坡加固、防护及防排水工程。

（三）明洞工程

1.明洞位于陡峭山坡或破碎、松软地层时，宜先施作明洞衬砌轮廓外的整幅或半幅套（护）拱，必要时还应在外侧施作挡墙，然后在套拱护顶下暗挖明洞土石方，并及时支护边墙，成型后按暗挖隧道施作明洞衬砌。

2.明洞宜及早施作，明洞仰拱应安排在明洞拱墙衬砌施工前浇筑。隧道采用爆破开挖时，宜在洞身掘进适当距离后施作明洞；非爆破开挖时，宜先施作明洞，然后开挖隧道。

3.明洞基础应设置在稳固的地基上，两侧墙体地基松软或软硬不均时，应采取措施处理，防止地基不均匀沉降。

4. 明洞衬砌结构施工应符合下列要求：

（1）明洞衬砌不得侵入设计轮廓线，浇筑混凝土前应复测中线、高程和模板的外轮廓尺寸。

（2）明洞混凝土的浇筑应设堵头板、外模和支架。

（3）需要及时回填的明洞，内模板支架应在回填至拱脚位置且混凝土强度达到设计强度的 70% 后方可拆除。

5. 明洞防排水施工应符合下列要求：

（1）明洞外模拆除后应及时施作防水层及排水盲管，并与隧水层和排水盲管顺接，排水管应排水通畅。

（2）明洞防排水施工应和隧道的排水侧沟、中心水沟的出水口及洞顶的截、排水设施统筹安排。

（3）明洞外侧的排水盲管设置完成后方可填土施工，确保出水口通畅。

6. 明洞回填施工应符合下列要求：

（1）明洞回填应在明洞外防水层施工做完成后，且混凝土强度达到设计强度后进行。

（2）明洞回填应加强对防水层及排水系统保护，不得损坏防排水系统。

（3）侧墙回填应对称进行，石质地层中岩壁与墙背空隙较小时用与墙身同标号的混凝土回填；空隙较大时用片石混凝土回填密实。回填至与拱顶齐平后，再分层满铺填筑至设计高度。

（4）应用小型机械分层进行拱顶回填，分层厚度不大于 0.3m，两侧回填土面的高差不得大于 0.5m。夯填超过拱顶 1.0m 以上后方可采用大型机械回填。

（5）表土层须做隔水层时，隔水层应与边坡、仰坡搭接平顺防止地表水下渗。

（四）洞口段施工

1. 隧道洞口段应根据地质条件、对地面建筑物的影响以及保障施工安全等因素选择施工方法，不宜采用全断面法开挖，采用台阶法时，严禁长台阶施工。

2. 洞口段施工，应符合下列要求：

（1）进洞前应按设计施作超前支护。

（2）洞口段应加强初期支护，及时形成封闭结构，衬砌应尽早施作。

（3）洞口段的监控量测应适当增加量测频率。

3. 隧道洞口段处于偏压时，开挖前应按设计要求先完成洞门结构及回填施工。

4. 洞口段位于浅埋、地表坡度较平缓时，可采用地表锚杆。地表锚杆施工应符合下列要求：

（1）施工前应清除植被，夯平表土，清除危石。

（2）锚杆应按设计要求布置孔位，垂直向下施钻。

（3）成孔后应及时灌浆，灌浆管插入孔底。

（4）锚杆安装前应除锈矫直，锚杆插入深度应符合设计要求。

三、洞身开挖

（一）一般规定

1. 洞身开挖应根据隧道长度、断面大小、结构形式、工期要求、机械设备、地质条件等，选择适宜的开挖方案（包括开挖顺序、爆破、进尺深度、施工照明、通风、排水、支护、出渣等）。为了最大限度地利用围岩自承能力，必须采用有利于减少超挖、减少围岩扰动的开挖方法进行洞身开挖。

2. 开挖前，技术负责人对现场管理人员及作业工人进行全面的技术交底，开挖时应严格按照审核批准的专项方案组织施工。

3. 开挖作业应遵守下列规定：

（1）开挖断面尺寸应符合设计要求。

（2）合理确定开挖步骤和循环进尺，保持各开挖工序相互衔接，均衡施工。

（3）爆破后，应及时对开挖面和未衬砌地段进行检查，对可能出现的险情，应采取措施及时处理。

（4）开挖作业不得危及初期支护、衬砌和设备的安全，并应保护好测量用的测点。

（5）开挖后，应做好地质构造的核对和素描，地质变化处和重要地段应有照片记载，做好监控量测工作。

（6）开挖爆破作业应在上一循环喷射混凝土终凝后，并不少于 4h 时进行。

4. 爆破应采用光面爆破技术，必要时采用预裂爆破技术，施工中应提高钻眼效率和爆破效果，降低工料消耗。

5. 开挖爆破应选用适当的炸药品种和型号，在漏水和涌水地段应采用非电导爆管起爆。

6. 爆破作业及火药物品的管理，必须遵守现行的国家标准《爆破安全规程》的有关规定。对有瓦斯溢出的隧道，应根据实际地质情况、瓦斯溢出程度和设备条件，制订相应的施工方案。

7. 隧道双向开挖接近贯通时，两端施工应加强联系，统一指挥，并采取浅眼低药量，控制爆破。当两开挖面间距剩下15~30m时，应改为单向开挖，并落实贯通面的安全措施，直到贯通为止。

8.双洞开挖时，应根据两洞的轴线间距、洞口里程距离、地质条件及其他自然条件，选择适宜的开挖方法，确定好两洞开挖的时间差，并采取措施防止后行洞开挖对先行洞周壁产生的不良影响。

（二）开挖方案选择

1.开挖方案

应具有较大适应性，且必须与支护、衬砌施工相协调。如须变换开挖方法时应有过渡措施。

2.全断面开挖

（1）适用于Ⅰ～Ⅲ级围岩和较好的Ⅳ级围岩的双车道隧道和Ⅰ～Ⅲ级围岩的三车道隧道。

（2）施工顺序说明：全断面开挖—初期支护—全断面二次衬砌。

（3）施工要点：循环进尺宜控制在3~4m。采用大型机械配套作业；超前开挖导洞时，应控制好开挖距离。

3.台阶法开挖

（1）适用于Ⅲ～Ⅳ级围岩和较好的Ⅴ级围岩双车道隧道和Ⅳ级围岩三车道隧道。

（2）施工顺序说明：上台阶开挖→上台阶初期支护→下台阶开挖→下台阶初期支护→全断面二次衬砌。

（3）施工要点

①台阶不宜多分层，上下台阶之间的距离尽可能满足机具正常作业，并减少翻渣工作量；当顶部围岩破碎，须支护紧跟时，可适当延长台阶长度。

②施工亦应先护后挖，宜采用超前锚杆或超前小钢管辅助施工措施。开挖应尽量采用微震光面爆破技术。

③初期支护应紧跟开挖面；上台阶施工时，钢架底脚宜设锁脚锚杆和纵向槽钢托梁以利下台阶开挖安全。下台阶在上台阶喷射混凝土强度达到设计强度的70%后开挖。

④隧道两侧的沟槽及铺底部分应和下台阶一次开挖成型。

⑤台阶分界线不得超过起拱线，上台阶长度不应大于30m，下台阶马口落底长度不大于2榀钢拱架的长度，应一次落底，并尽快封闭成环。

4. 预留核心土开挖

（1）适用于Ⅴ级围岩双车道隧道以及Ⅳ级围岩三车道隧道。

（2）施工顺序说明：上弧形导坑开挖→拱部初期支护→预留核心土开挖→下台阶中部开挖→下台阶侧壁部开挖→仰拱超前支护→全断面二次衬砌。

（3）施工要点

①环形开挖留核心土法，将开挖断面分为上、中、下及底部四个部分逐级掘进施工，核心土面积应不小于整个断面面积的50%。上部宜超前中部3~5m，中部超前下部3~5m，下部超前底部10m左右。为方便机械作业，上部开挖高度控制在4.5m左右，中部台阶高度也控制在4.5m左右，下部台阶控制在3.5m左右。

②核心土与下台阶开挖应在上台阶支护完成后、喷射混凝土强度达到设计强度的70%后进行。为防止上台阶初期支护下沉、变形，其底部宜加设槽钢托梁，托梁与钢架连为一体，钢架底部应按设计要求设置锁脚锚杆，并与纵向槽钢焊接，锚杆布俯角宜为45°。

③每一台阶开挖完成后，及时喷射混凝土对围岩进行封闭，设立型钢钢架及锁脚锚杆，分层复喷混凝土到设计厚度，必要时各台阶设临时仰拱加强支护，完成一个开挖循环。

④对土质的隧道应以核心土为基础设立临时钢架竖撑以支撑拱顶和拱腰，核心土应根据围岩量测结果适当滞后开挖。

（三）钻爆与出渣

1. 机械设备选型配套

（1）机械设备应本着"性能先进、配套合理、着重工效"的原则，按大断面（长）隧道机械化施工技术要求选型配套。

一般隧道大断面开挖可采用多层钻孔平台配12~18台风动凿岩机钻孔；对于长大隧道宜采用性能先进的液压钻孔台车进行施工，宜配备专用炮泥机加工炮泥，保证装药堵塞质量。

（2）出渣运输设备的选型配套应保证机械设备充分发挥其功能，并应使出渣能力、运输能力与开挖能力相适应，应使装运能力大于最大的开挖能力。

长隧道无轨运输出渣，宜配备大功率、大容量、性能先进的装运机械设备，加快施工进度。

（3）装渣应选用在隧道断面内能发挥高效率的机具，装渣能力应与运输车辆的容积相适应。运输方式根据隧道长度、机具设备和施工条件，选用有轨或无轨的运输方式。在施工过程中承包人必须严格执行批准的运输方案,切忌二次倒运。

2. 施工要点

(1) 测量放样布眼

钻眼前应定出开挖断面中线、水平线,用红油漆准确绘出开挖断面轮廓线,并标出炮眼位置(误差不超过 50 mm),经检查符合设计要求后方可钻眼。

当开挖面凸凹较大时,应按实际情况调整炮眼深度,并相应调整装药量,除掏槽眼外的所有炮眼眼底宜在同一垂直面上。

(2) 钻眼

按照不同孔位定点定位。钻工应熟悉炮眼布置图,能熟练地操作凿岩机械,特别是钻周边眼,一定要由有较丰富经验的老钻工钻,有专人指挥,确保周边眼有准确的外插角,使两茬炮交界处台阶不大于15cm。同时,根据眼口位置岩石的凹凸程度调整炮眼深度,保证炮眼底在同一平面上。施工质检员和监理工程师应加强对炮眼角度、深度、密度和垂直度的检验,尤其要加强对边墙周边眼钻孔质量的控制。炮眼精度应严格控制在《公路隧道施工技术规范》(JTG/T 3660—2020)规定之内。

(3) 装药前,用高压风将炮眼内泥浆、存水及石粉吹洗干净

装药须分片分组,按炮眼设计图确定的装药量自上而下进行,雷管要"对号入座",要定人、定位、定段别,不得乱装药。已装药的炮眼应及时堵塞密封,周边眼的堵塞长度不宜小于 200 mm。严格控制周边眼的装药量,应使药量沿炮眼全长合理布置,宜采用小直径药卷和低爆速炸药。

(4) 联结起爆网路施工应按《爆破安全规程》(ＧＢ 6722－2021)的有关规定执行。

(5) 非点炮人员撤至安全地点后才能引爆。

爆破后必须经过通风排烟,其相距时间不得少于15min且洞内空气质量符合相关规定,并经过以下各项检查和妥善处理后,其他工作人员才准进入工作面:

一是检查有无瞎炮及可疑现象;二是检查有无残余炸药或雷管;三是检查顶板、两帮有无松动石块;四是检查支护有无损坏与变形。

爆破后必须立即进行安全检查,如有瞎炮,必须由原爆破人员按《爆破安全规程》的有关规定进行处理,确认无误后才能出渣。

四、初期支护

(一) 一般规定

1. 初期支护应配合开挖作业及时进行,并确保围岩稳定,确保施工安全。

2. 当掌子面自稳能力差时,应采取增加辅助工程措施或改变开挖方法等措施。

3. 软弱围岩地段施工必须坚持"先排水、短开挖、弱爆破、强支护、早衬砌、勤量测"的施工原则,初期支护紧跟掌子面。Ⅳ～Ⅵ级围岩初期支护必须保证尽早封闭成环。

4. 隧道支护宜根据现场监控量测结果,分析施工中的各种信息,及时调整支护措施和支护参数。

5. 施工中应做好地质描述、超前地质预报,根据围岩条件的变化,因地制宜,提前采取相应措施,做到安全可靠、经济合理。

6. 在浅埋、偏压、自稳性差的地段以及大面积淋水或涌水地段施工时,应采用稳定地层和处理涌水的辅助工程措施。

7. 辅助工程措施施工应符合下列规定:

(1) 应做好相应的工序设计。

(2) 准备所需的材料及机具,制定有关的安全施工措施。

(3) 施工中应注意观察地形和降水、地质条件和地下水的变化以及量测数据的突变等情况,预防突发事故的发生。

(4) 做好详细的施工记录。

8. 隧道施工作业人员应配备必需的安全防护用具(如安全帽、安全带、口罩、橡胶绝缘手套、绝缘防滑鞋等)和安全防护服装。作业人员的皮肤应避免与速凝剂、树脂胶泥等化学制剂直接接触;严禁树脂接触明火;作业区粉尘浓度必须符合相关规定及规范的要求。

(二) 喷射混凝土

1. 一般要求

(1) 喷射混凝土不宜采用干喷工艺,应采用湿喷工艺进行施工,鼓励采用混凝土喷射机组进行喷射混凝土施工,液体速凝剂应采用环保无碱速凝剂。

(2) 喷射混凝土配合比应通过试验确定并满足设计强度和喷射工艺的要求。

(3) 隧道开挖后应及时初喷,软岩地段初期支护应紧跟掌子面。

2.喷射混凝土施工要点

(1) 喷射混凝土作业前准备工作

①岩面有渗水出露时，应先引排处理。当局部出水量较大时，可采用埋管、凿槽、树枝状排水盲沟等措施，将水引导疏出后再喷射混凝土。混凝土中可根据试验结果增添外加剂以确保喷射混凝土质量。

②应埋设标志或利用锚杆外露长度以控制喷射混凝土的厚度，以确保最小厚度满足设计要求。

③检查材料、机具、劳力的准备情况，检查风、水、电等管线路，并试运转，作业面具有良好的通风和照明条件。

喷射设备应能连续均匀混料并喷射。混料设备应严格密封，以防外来物质侵入。在混合料中添加钢纤维时，宜采用钢纤维播料机。

(2) 混凝土原材料

水泥：宜选用硅酸盐水泥或普通硅酸盐水泥。特殊情况下可采用特种水泥，采用特种水泥时应进行现场试验，指标应满足设计要求。

粗集料：应采用连续级配、坚硬耐久的碎石，最大粒径不应大于13.2mm，其压碎值应≤16%，针片状颗粒含量≤25%，含泥量≤2.0%。

细集料：要求采用连续级配、坚硬耐久、颗粒洁净、粒径小于4.75 mm的河砂或机制砂，细度模数宜大于2.5，其含泥量≤5.0%。

外加剂：应对混凝土的强度及围岩的黏结力基本无影响，对混凝土和钢材无腐蚀作用，易于保存，不污染环境，对人体无害。外加剂使用前必须进行相应性能试验。凡喷射混凝土拟用于堵塞漏水灌浆，或要求支撑加固尽快达到强度值，可掺加早强剂于混合料中。为使喷射混凝土在喷射后达到速凝，可掺加速凝剂于混合料中。

速凝剂：应根据水泥品种、水灰比等，根据不同掺量的混凝土试验选择掺量，使用前应做好速凝效果试验，要求初凝不应大于5 min，终凝不应大于10min。应采用液体速凝剂，严禁采用粉体速凝剂。

水：应采用清洁的饮用水，pH值不小于4.5硫酸盐含量（以SOT计）不超过1%的清水（按重量计）。在喷射混凝土的用水中，含有的有机物和无机物应以不损害混凝土的质量为准。

外掺料：外掺料剂量应通过试验确定，加外掺料后的喷射混凝土性能必须满足设计要求。

(3) 喷射作业

①隧道开挖后应立即对岩面喷射混凝土,以防岩体发生松弛。

②喷射作业应分段、分片依次进行,喷射顺序自下而上进行。

③喷射混凝土作业须紧跟开挖面时,下次爆破距喷射混凝土作业完成时间的间隔不小于4h。

④喷射混凝土混合料应随拌随喷,回弹物不得重新用作喷射混凝土材料。

⑤一次喷射厚度应根据设计厚度和喷射部位确定,初喷厚度不小于40~60mm。复喷一次喷射厚度拱顶不得大于100mm、边墙不得大于150mm。首层喷混凝土时,要着重填平补齐,将小的凹坑喷圆顺。

⑥喷射作业应以适当厚度分层进行,后一层喷射应在前一层混凝土终凝后进行。若终凝后间隔1h以上且初喷表面已蒙上粉尘时,受喷面应用高压风水清洗干净。

⑦喷射混凝土作业时喷嘴应垂直岩面;喷嘴距岩面距离以0.6~1.2 m为宜,喷射料束与受喷面垂线成5°~15°夹角时最佳;喷射时,应使喷射料束螺旋形运动;喷射机工作压力应控制在0.1~0.15MPa。

⑧钢架与壁面之间的间隙应用混凝土充填密实;喷射混凝土应由两侧拱脚向上对称喷射,并将钢架覆盖、保证将其背面喷射填满,黏结良好。拱脚基础喷射混凝土要密实,严禁悬空。

⑨喷混凝土终凝2 h后,应喷水养护,养护时间不少于7 d;隧道内环境温度低于5℃时,不得喷水养护。

⑩冬季施工时,喷射混凝土作业区的温度不应低于5℃,混合料进入喷射机的温度不应低于5℃,在结冰的岩面上不得进行喷射混凝土作业。混凝土强度未达到6MPa前不得受冻。

(三) 锚杆

1. 一般要求

锚杆类型、规格、技术性能应满足设计要求。

(1) 为保证拱部锚杆的施作质量,要求对特殊锚杆采用专门锚杆机进行施作,锚杆机性能必须符合硬岩条件下的钻孔要求,一般锚杆可采用一般气腿式凿岩机钻孔。

(2) 锚杆施作位置用红漆进行标志。

(3) 隧道现场监理人应准备锚杆验收专用记录本。对每次锚杆的检查验收,应详细注明锚杆施作的里程桩号、围岩等级、锚杆施作情况、设计数量、实做数量等。每期锚杆计量必须附隧道现场监理人签认的锚杆验收记录复印件。

（4）垫板、螺母应在砂浆初凝后安装，垫板应与喷射混凝土紧密接触。Ⅳ、Ⅴ级围岩系统锚杆的垫板可在复喷完成后安装，以便锚杆质量检测。

（5）全长黏结式锚杆安设后不得敲击，其端部3d内不得悬挂重物。

2. 施工要点

（1）钻孔深度不应小于锚杆杆体有效长度，但深度超长值不应大于100mm。

（2）钻孔宜保持直线，系统锚杆钻孔方向宜与开挖面垂直，当岩层层面或主要结构面明显时，应尽可能与其成较大交角；局部锚杆应尽可能与岩层层面或主要结构面成大角度相交。

（3）空位允许偏差为±15mm，钻孔数量符合设计规定。

（4）锚杆材料应满足设计及规范要求。

（5）安装垫板时，应确保垫板与锚杆轴线垂直，确保垫板与喷射混凝土层紧密接触。当锚杆孔的轴线与孔口面不垂直时，可采用两种方法进行调整：一是在螺帽下安装楔形垫块；二是在垫板后用砂浆或混凝土找平。锚杆砂浆凝固前不得加力。

（6）普通水泥砂浆锚杆

①普通水泥砂浆锚杆与中空注浆锚杆施工顺序不同，施工顺序为成孔后先注浆再安装锚杆。

②普通水泥砂浆锚杆宜选用螺纹钢筋做锚杆。

③砂浆配合比应符合设计要求，设计无要求时为，水泥：砂：水宜为1：（1~1.5）：（0.45~0.5），砂的粒径不宜大于3mm。

④砂浆应随拌随用，一次拌和的砂浆应在初凝前用完，已初凝的砂浆不得使用。

⑤采用单管注浆工艺，灌浆管应插至距孔底50~100mm处，开始注浆后反复将注浆管向孔底送，使砂浆将孔内多余的水挤压出孔外，之后随水泥砂浆的注入缓慢匀速拔出。灌浆压力不宜大于0.4MPa。

⑥注浆开始或中途暂停超过30min时，应用水润滑灌浆罐及其管路。

⑦砂浆灌注后应及时插入锚杆杆体，锚杆杆体插到设计深度时，孔口应有砂浆流出，若孔口无砂浆流出，则应将杆体拔出重新灌浆。全长黏结锚杆应灌浆饱满。

（7）中空注浆锚杆

①对中空锚杆的注浆，监理必须要有旁站记录。

②中空注浆锚杆施工时应保持中空通畅，并留有专门排气孔。螺母应在砂浆初凝后拧紧，并使垫板与喷射混凝土面紧密接触。

③中空注浆锚杆应有锚头、垫板、螺母、止浆塞等配件。

④注浆过程中，注浆压力应保持在 0.3MPa 左右，待排气口出浆后，方可停止灌浆。

（四）钢筋网

1. 钢筋网材料应满足设计要求，钢筋在使用前应调直、清除锈蚀和油渍。

2. 应在初喷一层混凝土后再进行钢筋网的铺设。钢筋网宜随受喷面起伏铺设，并在锚杆安设后进行，与受喷面间隙宜控制在 20~30mm 之间。

3. 钢筋网应与锚杆或其他固定装置连接牢固，在喷射混凝土时不得晃动。

4. 钢筋搭接长度不得小于 35 倍钢筋直径，并不得小于一个网格长边尺寸。

五、辅助工程措施

（一）一般规定

1. 在浅埋、严重偏压、自稳性差的地段以及大面积淋水或涌水地段施工时，应按设计采用超前锚杆支护、超前小导管注浆支护、超前管棚支护、超前预注浆等稳定措施和处理涌水的辅助措施。

2. 辅助措施施工应符合下列规定：

（1）应做好相应的工序设计。

（2）必须坚持"先支护（强支护）、后开挖（短进尺、弱爆破）、快封闭、勤量测"的施工原则。

（3）应准备所有的材料机具，制定有关的安全施工措施。

（4）施工中应注意观察地形和降水、地质条件和地下水的变化以及量测数据的突变等情况，预防突发事故的发生。

（5）做好详细的施工记录。

（二）超前锚杆支护施工要点

1. 测量开挖面中线、标高，画出开挖轮廓线，并点出锚杆孔位，孔位允许偏差为 ±20mm。

2. 钻孔台车或凿岩机就位，对正孔位钻孔，达到设计要求后，用吹管、掏勺将孔内碎渣和水排出。

3. 超前锚杆安装

注浆或填塞锚固药卷：将早强锚固剂药卷放在水中，泡至软而不散时取出，再人工持炮棍将药卷塞满至孔深 1/3~1/2 处。注浆施工按照相关规定执行。

安装锚杆：用人工持铁锤将锚杆打入，以锚杆达孔底且孔口有浆液流出为止。

4. 将锚杆的尾部和系统锚杆的环向钢筋或钢架焊连，以增强共同支护作用。

5. 超前锚杆搭接长度应大于 1 m，锚杆插入孔内的长度不得小于设计长度。

6. 超前锚杆宜和钢架支撑配合使用，外插角宜为 5°~20°。锚杆长度宜为 3~5m，并应大于循环进尺的两倍。锚杆沿开挖轮廓线周边均匀布置，尾端与钢架焊接牢固，锚杆入孔长度符合要求。

7. 当超前锚杆和钢架配合使用时，宜先安装钢架，再穿过钢架腹部钻孔、安装锚杆，以利于钢架顺利安装。

（三）超前小导管预注浆支护施工要点

1. 超前小导管直径应按设计要求选用和加工，长度应满足设计要求，纵向搭接长度应不小于 1.0m。和钢架联合支护时，应从钢架腹部穿过，尾端与钢架焊接。

超前小导管沿隧道纵向开挖轮廓线向外以 10°~30° 的外插角钻孔，将小导管打入地层。亦可在开挖面上钻孔将小导管打入地层，小导管环向间距宜为 200~500mm。

2. 钻孔、安装小导管后，管口用麻丝和锚固剂封堵钢管与孔壁间空隙，管口安装封头和孔口阀，并能承受规定的最大注浆压力和水压。

3. 注浆前，应对开挖面及 5m 范围内的坑道喷射厚为 50~100mm 混凝土或用模筑混凝土封闭，以防止注浆作业时，发生孔口跑浆现象。

4. 注浆压力应为 0.5~1.0MPa，注浆按由下至上的顺序施工，浆液先稀后浓、注浆量先大后小。

5. 结束标准：以终压控制为主，注浆量校核。当注浆压力为 0.7~1.0MPa，持续 15min 即可终止。

6. 注浆后至开挖的时间间隔，应视浆液种类决定。当采用单液水泥浆时，开挖时间为注浆后 8h，采用水泥—水玻璃浆液时为 4h 左右。开挖时应保留 1.5~2.0m 的止浆墙，防止下一次注浆时孔口跑浆。

7. 对小导管注浆要有旁站记录，记录内容必须包含以下内容：施作里程范围、小导管根数、长度、最大单根注浆量、最小单根注浆量、总注浆量、注浆控制压力（注浆量以使用水泥袋数或 kg 为单位）。同时，对小导管、管棚的安装和注浆必须有影像资料。严禁未注浆行为。

（四）超前管棚支护

1. 超前管棚支护的长度和钢管外径应满足设计要求。纵向搭接长度应不小于 3m。在钢架上沿隧道开挖轮廓线纵向钻设管棚孔，其外插角以不侵入隧道开挖轮廓线越小越好。孔深不宜小于 10m，孔径比管棚钢管直径大 20~30mm，钻孔顺序由高孔位向低孔位进行。

2. 管棚钢管外径宜为 70~180mm，单根长度宜为 4~6m。接长管棚钢管时，接头应采用厚壁管箍，上满丝扣，丝扣长度不应小于 150mm。接头应在隧道横断面上错开。钢花管上按设计要求钻孔。

3. 管棚定位：以套拱内预埋的孔口管定向、定位，严格控制其上抬量和角度。

4. 钻孔施工采用管棚钻机，利用套管跟进的方法钻进、长管安装一次完成。为保证长管棚施工质量，在拱脚部位，选两个孔作为试验孔，找出地层特点，并进行注浆和砂浆充填试验。

5. 安装钢管时，先打有孔钢花管，注浆后再打无孔钢管。每钻完一孔便顶进一根钢管。

6. 为确保注浆质量，在钢花管安装后，管口用麻丝和锚固剂封堵钢管与孔壁间空隙，钢管自身利用孔口安装的封头将密封圈压紧，压浆管口上安装三通接头。

7. 用双液注浆泵按先下后上、先单液浆、再双液浆，先稀后浓的原则注浆。注浆量由压力控制，初压 0.5~1.0MPa，终压为 2.0MPa。达到结束标准后，停止注浆。

8. 注浆后，扫排管内胶凝浆液，用水泥砂浆紧密充填，增强管棚的刚度和强度；对于非压浆孔，直接充填即可。

（五）处理涌水措施

1. 处理涌水的原则

隧道涌水处理应符合"预防为主、疏堵结合、注重保护环境"的原则。涌水处理措施主要包括：超前围岩预注浆堵水、开挖后补注浆堵水、超前钻孔排水、坑道排水、井点降水等。下面介绍常用的集中处理涌水措施。

2. 超前钻孔排水

（1）超前钻孔排水或坑道排水一般用于开挖面前方有高压地下水或有充分补给源的涌水，且排放地下水不会影响围岩稳定及隧道周围环境条件。

（2）超前钻孔排水和坑道排水是防止承压水突然袭击的措施。为了达到较好的效果，应对地质和水文地质进行详细调查分析，判明地下水流方向，估计可能发生的涌水量，然后布置钻孔位置、方向、数目和每次钻进深度。应备足抽水设备，在钻口预先埋管设阀，控制排水量，以防承压水冲击人身及机械设备，以及淹没坑道等意外险情发生。必要时施工人员撤出危险区。

（3）应保证钻孔排出的水迅速排至洞外。

（4）应使用轻型探水钻机或凿岩机钻孔。

（5）钻孔孔位（孔底）应在水流上方。

（6）超前钻孔深度不宜小于10m，一般宜在20~50m之间，且满足孔底超前开挖面1~2倍循环进尺。

3.井点降水

（1）当降水深度为3~6m时，可采用井点降水；深度小于5m时，可采用单排井点。

（2）井点降水的方法、设备应满足降水要求，并编制降水施工方案。滤水管应深入含水层，各滤水管的高程应相同。

（3）降水后水位线应低于隧底开挖线0.5~1.0m。

（4）降水过程中应设水位观测井，及时测定动水位。调整降水参数，保证降水效果。

（5）重视降水影响范围内地表环境的保护，建立监控量测体系，制定回灌措施，防止地表超限下沉。

六、防水与排水

（一）一般要求

1.隧道施工防排水设施应与营运防排水工程相结合；应按设计做好防水混凝土、防水隔离层、施工缝、变形缝、诱导缝防水，盲沟、排水管（沟）排水通畅；防排水材料应符合国家、行业标准，满足设计要求，并有出厂合格证明，不得使用有毒、污染环境的材料；隧道防排水不得污染环境，隧道排水不得直接排入饮用水源。

2.隧道施工防排水应遵循"防、排、截、堵相结合，因地制宜，综合治理"的原则进行施工，保证隧道结构和运营设备的正常使用和行车安全，并对地表水、地下水妥善处理，形成一个完整通畅的防排水系统。

3.隧道施工前应根据工程地质、水文地质资料制订防排水方案。施工中应按现场施工方法、机具设备等情况，选择不妨碍施工的防排水措施。

4.洞内出现的地下水，经化验确认对衬砌结构有侵蚀性时，应按图纸要求针对不同侵蚀类型采取相应的抗侵蚀措施。设计无要求时，应及时上报变更处理。隧道进洞前应先做好洞顶、洞口、辅助坑道口的地面排水系统，防止地表水的下渗和冲刷。

5. 要加强衬砌背后的防排水设施，强调结构自身防水，对可能的疑点进行封堵及引排。衬砌背后防排水设施施工应根据隧道的渗水部位和开挖情况适当选择排水设施位置，并配合衬砌进行施工；隧道侧沟、横向盲沟等排水设施亦应配合衬砌等进行施工。

如图纸无特殊要求，衬砌背后之流水均应排入隧道内侧排水沟。若有压浆时，不得将排水设施堵塞。

6. 防水层应在初期支护基本稳定时施工。软岩地段衬砌和开挖距离近时，须做好防水板的保护工作；硬岩地段应组织开挖、铺防水层、二衬平行作业，以加快施工进度。

7. 停车带、洞室与正洞连接处的防排水工程应与正洞同时完成，其搭接处应平顺，不得有破损和褶皱。

8. 加强成品保护工作，开挖和衬砌作业不得损坏防水层，当发现层面有损坏时应及时修补；防水层在下一阶段施工前的连接部分，应采取措施保护。

（二）施工防、排水

1. 地表防、排水

（1）隧道洞口及辅助坑洞（井）口应及时做好排水系统，完善防排水措施。

（2）隧道进洞前应做好洞顶、洞口、辅助坑道口的地面排水系统，防止地表水的下渗和冲刷。对于覆盖层较薄和渗透性强的地层，地表水应及早处理。

（3）边坡、仰坡坡顶的截水沟应结合永久排水系统在洞口开挖前修建，其出水口应防止顺坡面漫流，洞顶截水沟应与路基边沟顺接组成排水系统，应防止水流冲刷弃渣危害农田和水利设施。

洞外路堑向隧道内为下坡时，路基边沟应做成反坡，向路堑外排水。必要时还应在洞口外适当位置设横向截水沟。

应做好防止洞口仰坡范围内地表水下渗和冲刷的防护措施。

2. 洞内顺坡排水

洞内顺坡排水一般采用临时排水沟。临时排水沟断面应满足隧道中渗漏水和施工废水的需要，并经常清理排水设施，防止淤塞，确保水路畅通。水沟位置应远离边墙，宜距边墙基脚不小于1.5m。

在膨胀岩、土质地层、围岩松软地段等特殊或不良地质地段隧道中，排水不宜直接接触围岩，宜根据需要对排水沟进行铺砌或用管槽代替，排水沟中不得有积水。

台阶法施工时，上台阶应在下台阶开挖前架槽（管）将水引排至下台阶排水沟内，横向分幅开挖时应挖横向排水沟将水引至未开挖一侧，严禁漫流浸泡下台阶基坑。

3. 洞内反坡排水

对于反坡排水的隧道，可根据距离、坡度、水量和设备等因素布置排水管道，或一次或分段接力将水排出洞外。接力排水时应在掌子面设置临时集水坑，通过水泵逐级抽排至洞口。

抽水机功率应根据排水量大小选用，并应有备用抽水机；做好停电时的应急排水准备工作；集水坑容积应按实际排水量确定，其设置的位置不得影响洞内运输和安全。

4. 洞内水量较大时的处理措施

洞内有大面积渗漏水和股水时，宜集中汇流引排。可采用钻孔集中汇流引排，并将钻孔位置、数量、孔径、深度、方向和渗水量等做详细记录，在确定衬砌拱墙背后排水设施时应考虑上述因素。

在地下水发育的易溶性岩层中施工，为防止水囊、暗河及高压涌水的突然出现，开挖工作面上应布设超前钻孔，并制定防止涌水的安全措施。

明挖基坑和隧道洞口处，应保持地下水位稳定在基底开挖线 0.5 m 以下，必要时采取降水措施。如洞内涌水或地下水位较高时，可采用井点降水法和深井降水法处理。

（1）承压水的排放

当预计开挖工作面前方有承压水，而且排放不会影响围岩稳定，或进行注浆前排水降压，可采用超前钻孔或辅助坑道排水。

超前钻孔及辅助坑道应保持一定的超前距离，最短亦应超前 1~2 倍掘进循环长度。

（2）地下水的处理

地下水不大时可引入临时排水沟内排出。

地下水较丰富，无法排出或排水费用昂贵，以及不允许排水的情况下，经技术、经济比选，可采用注浆堵水措施。根据隧道埋深，或采用地面预注浆，或开挖工作面预注浆。

（3）高压涌水的处理

隧道施工中遇有高压涌水危及施工安全时，宜先采用排水的方法降低地下水的压力，然后用注浆法进行封堵。

封堵涌水注浆应先在周围注浆，切断水源，然后注浆，将涌水堵住。

5. 防涌水安全措施

隧道施工前应制定涌水的安全措施。制定防涌水的安全措施时，应在开挖面布置超前钻孔，预防水囊、暗河、高压涌水等的危害。应对工程地质和水文地质做详细的调查分析，先判明地下水流方向，再确定钻孔位置、方向、数目和钻孔深度，并应采取下列措施：

（1）非施工人员必须撤出危险区。

（2）应及时测算水量、水压、流速、含泥量等，备足配套的抽水设备。

（3）在钻孔前预先埋管设阀，控制排水量，防止承压水冲击及淹没坑道等意外险情发生。

（4）水平钻孔钻到预期的深度尚未出水时，可会同设计单位进一步进行地质和水文的勘测工作，重新判定地下水情况。

第三章　沥青与混凝土路面工程

第一节　沥青路面工程

一、沥青路面工程概述

沥青路面是指在矿质材料中掺入路用沥青材料铺筑的各种类型的路面。沥青结合料提高了铺路用粒料抵抗行车和自然因素对路面损害的能力，使路面平整少尘、不透水、经久耐用。因此，沥青路面是道路建设中一种被最广泛采用的高级路面。

（一）沥青路面类型

沥青路面有多种分类方法。按集料种类不同分为沥青砂、沥青土、沥青碎（砾）石混合料等；按沥青材料品种不同分为石油沥青路面、煤沥青路面、天然沥青路面和渣油路面。

较普遍的分类方法是按其施工方法、技术品质和使用特点分为：沥青混凝土路面、厂拌沥青碎石路面、沥青贯入式路面、路拌沥青碎（砾）石混合料路面、沥青表面处治路面和彩色沥青混凝土路面。

（二）优点与缺点

1. 沥青混凝土路面

由适当比例的各种不同大小颗粒的集料、矿粉和沥青，加热到一定温度后拌和，经摊铺压实而成的路面面层。

（1）碾压式

沥青混凝土混合料多用热拌热铺法制备，其路用性质比较好，故对制备工艺和原材料要求也较高，大多采用集中厂拌法。用得较普遍的沥青混凝土混合料为碾压式类型，即混合料须经重型机械压实后才能成型，故有的国家称它为碾压式地沥青。成型以后路面平整、密实、少尘，有一定粗糙性，因而有较好的行车舒适性和外观；且有较好的耐老化性、耐磨性、温度稳定性和抗行车损坏的能力。使用寿命一般较长，当采用石油沥青做结合料时，大修年限常在 15 年以上。

（2）冷铺式

沥青混凝土热拌冷铺，有的国家也称为冷地沥青。常用于养护小修或须远距离输送混合料的工程，所用沥青比热拌热铺者为稀，用量亦较少，以求在常温时有适当的松散度和黏性，但其使用寿命不及热拌热铺者。

（3）摊铺式

热拌热铺的沥青混凝土混合料可以不用重型机械压实即能成型，常称作摊铺地沥青。为了使摊铺地沥青混合料在摊铺时有适当流动，能通过轻度的捣实和墟平即可密实，在混合料中要求有较多沥青和矿粉的混合物，即沥青胶泥，其强度主要依靠沥青胶泥的黏结力。因集料颗粒面已被较厚的胶泥所隔开，其锁结力和内摩阻力已减低，所以摊铺地沥青较少用于车行道。

2. 厂拌沥青碎石路面

也称黑色碎石路面或开级配沥青混凝土路面。其加工工艺和铺筑工艺接近沥青混凝土路面，但其孔隙较大（两者的分界线并不严格，中国以孔隙率 10% 为分界）。沥青碎石混合料可以热拌热铺，也可热拌冷铺。热铺质量较好，用得较普遍。集料的颗粒有同颗粒及有级配之分，多采用有级配者。和沥青混凝土相比，沥青碎石的细集料和矿粉含量较少，粗集料的比例较大，沥青用量相应也较少。沥青碎石混合料的热稳定性主要依靠集料颗粒间的锁结力，故对沥青用量、稠度、混合料的配合比和集料级配的变动范围可比沥青混凝土宽，而仍能保持其热稳定性。但因多孔之故，路面容易渗水和老化，故沥青碎石常用于面层的下层、联结层、整平层和基层。若用于路面的上层时，须加沥青封层或嵌撒细粒沥青混合料，但也有把它铺在密实的沥青面层之上，做透水的防滑层用的。沥青碎石路面的使用寿命一般短于沥青混凝土路面，但其工程造价常较低廉。

3. 沥青贯入式路面

是浇洒成型的一类沥青路面。把沥青浇洒在铺好的主层集料上，再分层撒布嵌缝石屑和浇洒沥青，分层压实，形成一个较致密的沥青结构层。浇洒施工的优点是设备简单，运料方便。其缺点是施工受气候的影响较大，而且最终成型需要一定时间，成型后的路面不如厂拌沥青混合料路面平整和美观，成型期又多浮动灰砂，并可能泛油。为了克服这一缺点，可把最后一层浇洒沥青和撒布石屑改为铺筑预拌细粒沥青混合料，以加速成型和减少浮动灰尘，并有利于表面排水。贯入式路面的热稳定性主要依靠粗集料间的锁结力，故对沥青用量和沥青稠度也没有沥青混凝土路面那样敏感，其路用性质和适用层位与沥青碎石路面相接近。沥青贯入式路面可热法施工，也可冷法施工。热法施工时用加热的黏稠沥青浇在冷集料上，路面成型较快，适用于城市道路和交通繁忙的公路。冷法施工时用乳化沥青冷浇，但须待乳化沥青的油水分裂、水分蒸发后才能初步成型，适用于养护小修及设置加热设备有困难的长距离公路。贯入式用的集料颗粒宜为接近同粒径集料，以便沥青能充分渗入主层，并使嵌缝层厚度均匀。主层集料的最大粒径应接近面层厚度或为面层厚度的0.7~0.8倍。集料应洁净无灰，表面干燥。

4. 路拌沥青碎石混合料路面

路拌法是堆料于路床上，浇洒适量沥青，然后用机械或人工拌匀，并铺平压实。由于在路床上的集料无法加热，因此需要采用稠度较稀的沥青乳液或液体沥青做结合料，拌和时乳化沥青不常加热，液体沥青闪点高者可以加热。气候潮湿时，还需要在沥青中加入抗剥落剂或采用阳离子沥青乳液，或在混合料中掺入水泥、石灰等，以增加潮湿集料与沥青的黏着力。路拌沥青混合料因受各种条件限制，其路用性质不如厂拌沥青混合料，但可节约就地沙石料的往返运输费和能耗，常用于次要的公路或农村道路。

5. 沥青表面处治路面

表面处治的施工工艺和路用性质接近贯入式，但因其层厚较薄（一般为1~3cm），故不用主层集料，而是将沥青直接浇洒在洁净干燥的下层上，然后依次撒布集料和浇洒沥青，最后压实成型。表面处治按浇洒沥青和撒布集料的遍数不同，分为单层式、双层式、三层式。表面处治路面的使用寿命不及贯入式路面，设计时一般不考虑其承重强度，其作用主要是对非沥青承重层起保护和防磨耗作用，而对旧沥青路面，则是一种日常维护的常用措施。施工中第一次撒布的集料颗粒一般较大，然后逐层缩小粒径；但也有相反的工艺，即先逐层用较细的集料修筑一层薄的表面处治层，待积累到一定厚度后，用粗集料压入，形成较厚而热稳定性较好的表面处治层；或先用细集料处治形成一层不透水的封层，然后再用较粗的集料处理，使表面粗糙。

6. 彩色沥青路面

彩色沥青混凝土路面是指脱色沥青与各种颜色石料、色料和添加剂等材料在特定的温度下混合拌和，即可配制成各种色彩的沥青混合料，再经过摊铺、碾压而形成具有一定强度和路用性能的彩色沥青混凝土路面，也称作彩色沥青路面。它具有良好的路用性能，在不同的温度和外部环境作用下，其高温稳定性、抗水损坏性及耐久性均非常好，且不出现变形、沥青膜剥落等现象，与基层黏结性良好；色泽鲜艳持久、不褪色，能耐77℃的高温和-23℃的低温，维护方便；有较强的吸音功能，汽车轮胎在马路上高速滚动时，不会因空气压缩产生强大的噪声，同时还能吸收来自外界的其他噪声；具有良好的弹性和柔性，"脚感"好，最适合老年人散步，且冬天还能防滑，再加上色彩主要来自石料自身颜色，也不会对周围环境造成大的危害。

二、路面结构层及作用

沥青路面结构层可由面层、基层、底基层、垫层组成。沥青路面的沥青类结构层本身，属于柔性路面范畴，但其基层除柔性材料外，也可采用刚性的水泥混凝土，或半刚性的水硬性材料。

面层是直接承受车轮荷载反复作用和自然因素影响的结构层，可由1~3层组成。表面层应根据使用要求设置抗滑耐磨、密实稳定的沥青层；中面层、下面层应根据公路等级、沥青层厚度、气候条件等选择适当的沥青结构层。

基层是设置在面层之下，并与面层一起将车轮荷载的反复作用传布到底基层、垫层、土基，起主要承重作用的层次。基层材料的强度指标应有较高的要求。基层视公路等级或交通量的需要可设置一层或两层。当基层较厚须分两层施工时，可分别称为上基层、下基层。

底基层是设置在基层之下，并与面层、基层一起承受车轮荷载反复作用，起次要承重作用的层次。底基层材料的强度指标要求可比基层材料略低。底基层视公路等级或交通量的需要可设置一层或两层。底基层较厚须分两层施工时，可分别称为上底基层、下底基层。

垫层是设置在底基层与土基之间的结构层，起排水、隔水、防冻、防污等作用。

沥青路面通常用于铺筑路面的面层，它直接受车辆荷载作用和大气因素的影响。同时沥青混合料的物理、力学性质受气候因素与时间因素影响较大。因此，为了能使路面给车辆提供稳定、耐久的服务，要求沥青路面具有以下几个重要的特征：

（一）高温稳定性

高温稳定性即沥青路面抵抗流动变形的能力。由于沥青路面的强度与刚度随温度升高而显著下降，为了能够更好地保证沥青路面在高温季节行车荷载反复作用下不致产生诸如波浪、推移、车辙、壅包等病害，沥青路面应具有良好的高温稳定性。

（二）低温抗裂性

低温抗裂性指的是沥青路面抵抗低温收缩裂缝的能力。由于沥青路面随温度下降，劲度增大，变膨能力降低。在外界荷载作用下，使得一部分应力来不及松弛，应力逐渐累积下来，这些累计应力超过材料抗拉强度时即发生开裂，从而会导致路面的破坏。所以，沥青路面在低温时应具有较低劲度和较大的抗变形能力来满足低温抗裂性能。

（三）水稳定性

水稳定性指的是沥青路面抵抗受水的侵蚀逐渐产生沥青膜剥离、掉粒、松散、坑槽而破坏的能力。这是由于水分的存在一方面降低了沥青本身的黏结力，另一方面也破坏了沥青路面中沥青与矿料间的黏聚力，从而加速了剥落现象发生，造成了道路的水损害。所以说，沥青路面一定要具有水稳定性，这样才能够保证路面的耐用。

（四）耐疲劳性

耐疲劳性指的是沥青路面在反复荷载作用下抵抗破坏的能力。它是由于沥青路面在使用期间经受车轮荷载的反复作用，长期处于应力应变交迭变化状态，致使路面结构强度逐渐下降。当荷载重复作用超过一定次数以后，在荷载作用下路面内产生的应力就会超过强度下降后的结构抗力，使路面出现裂纹，产生疲劳断裂破坏。所以，沥青路面应该具有耐疲劳性。

三、施工原材料

沥青路面是将沥青混凝土加以摊铺、碾压成型而形成的各种类型的路面。沥青混凝土是用具有一定黏度和适当用量的沥青材料与一定级配的矿物集料，经过充分拌和形成的混合物。沥青混凝土作为沥青路面材料，在使用过程中要承受行驶车辆荷载的反复作用，以及环境因素的长期影响。所以沥青混凝土在具备一定承受能力的同时，还必须具备良好的抵抗自然因素作用的耐久性。也就是说，要能表现出足够的高温环境下的稳定性、低温状况下的抗裂性、良好的水稳定性、持久的抗老化性和利于安全的抗滑性等特点，以保证沥青路面良好的服务功能。

沥青混凝土适合修筑路面的沥青材料主要为石油沥青和煤沥青，此外，还有天然沥青。有些国家和地区亦有采用或掺用天然沥青拌制的。

按所用集料品种不同，可分为碎石的、砾石的、砂质的、矿渣等数类，以碎石采用最为普遍。沥青的性质和标号要求，随沥青路面种类、地区的气候和路段的交通情况不同而异。热拌或热法浇洒以及在炎热地区和重交通道路上宜选用较稠的沥青；冷拌或冷法浇洒以及在寒冷地区和轻交通道路上宜选用较稀的沥青。

按混合料最大颗粒尺寸不同，可分为粗粒（35~40mm 以下）、中粒（20~25mm 以下）、细粒（10~15mm 以下）、砂粒（5~7mm 以下）等数类。

按混合料的密实程度不同，可分为密级配、半开级配和开级配等数类，开级配混合料也称沥青碎石。

（一）沥青结合料

沥青结合料是在沥青混合料中起胶结作用的沥青类材料（含添加的外掺剂、改性剂等）的总称。它将矿质粒料黏结成整体，增加强度和增强路面抵抗行车破坏的能力，并使路面具有抗水性。

（二）集料

集料是沥青路面材料中矿物质粒料的通称，在路面材料中起骨架作用和填充作用。有时须数种粗、细粒料混合组成所需要的粒径级配。集料中把粒径在 5mm 以上的称作粗集料，5mm 及以下者称为细集料。根据来源不同，集料可分为天然集料和人造集料两大类。天然集料有碎石、砾石、砂、石屑等；人造集料有烧矾土、稳定的坚实冶金矿渣等。沥青路面用的集料应洁净无泥，粗集料的颗粒宜接近立方体，多棱角，少扁片长条，其抗压强度不宜小于 60MPa，做重车道面层者，不宜小于 80MPa，而且能耐磨耗。集料和沥青材料应有良好的黏着力，不易经水的侵蚀而剥落，如集料和沥青黏着不良，应掺入有效的抗剥落剂改善。选配集料时，分层铺浇的应为粒径相近的各档同粒径集料；拌制混合料的则常须有大小粒径按规格配合的级配集料，这类集料也可采用分档不同的同粒径集料按比例掺和而成。

（三）矿粉

矿粉是粒径小于 0.074mm 的矿质粒料，多用于沥青混凝土和沥青碎石路面，其作用为填充空隙，防止热沥青流淌，增强沥青材料的黏结力和热稳定性。矿粉也要和沥青有良好的亲和力（即黏着力），能抵抗水的剥蚀作用。最常用的矿粉为石灰石粉。

（四）配料

沥青路面公路按照集料和矿粉混合比例的不同，可以分为多碎石沥青混凝土面层（SAC）和沥青玛蹄脂碎石混合料面层（SMA）两种。

多碎石沥青混合料是采用较多的粗碎石形成骨架，沥青砂胶填充骨架中的孔隙并使骨架胶合在一起而形成的沥青混合料形式。具体组成为：粗集料含量69%~78%，矿粉6%~10%，油石比 5% 左右。经几条高等公路的实践证明，多碎石沥青混凝土面层既能提供较深的表面构造，又具有传统 I 型沥青混凝土那样的较小空隙及较小透水性，同时又具有较好的抗形变能力（动稳定度较高）。

四、主要施工方法

（一）工艺流程

1. 施工准备

首先是沥青施工原材料的选用。

（1）沥青材料的选用。在道路施工过程中，沥青材料的选用一定要根据道路所在地区的地形、气候、人口数量等因素，综合各种因素选用合适的沥青材料。

（2）粗集料的选用。在道路沥青路面施工的过程中，粗集料的选用应该严格按照《城镇道路工程施工与质量验收规范》（CJJ1—2019）的相关规定进行选取。在选取粗集料的时候一定要保证材料的清洁、干净、干燥，保证材料具有更大的强度和抗磨损能力。

（3）细集料的选用。沥青细集料的选取一定要严格按照《城镇道路工程施工与质量验收规范》的相关规定，保证材料干净、无杂质。

（4）沥青路面填料的选用。在填料的选用中要把石灰岩的矿粉作为首选，在利用之前应该取出里面的泥土杂质清除，保证干净。

2. 原料制备

在沥青路面施工过程中，沥青混合材料的重要性能主要包括：水稳定性、抗疲劳性、高温稳定性和耐久性。在沥青混合料的配比中，为了能够增加沥青的高温稳定性，就要增加集料的颗粒，减少油的使用量，但是颗粒大了容易造成路面出现裂缝的现象，耐久性差。要进一步克服裂缝的问题，就必须使用用量较多、针入度比较大的沥青加之比较细的混合料，但是同时在高温时节会出现车辙问题。为了保证沥青路面的粗糙程度，要采用抗滑性能比较好的沥青。为了保证沥青路面的耐久性，还要根据路面施工地区的气候、温度、地形等情况来确定沥青的配合比例。

在热拌沥青混合料的配比过程中一般包括三个主要方面：目标配合比设计、生产配合比设计以及生产配合比验证。

在热拌沥青混合料的过程中一定要选取和技术规范相符合的材料，充分利用以往道路施工的经验，通过相应的配合比例设计出沥青混合料的用量和材料品种，保证混合料的配比质量。同时，配合比设计的每个阶段都要进行马歇尔试验，根据《公路沥青路面施工技术规范》的相应规范进行比例设定，在设定过程中，对每台沥青混合料拌和机，都要严格按目标配合比设计、生产配合比设计和试拌试铺配合比调整等三个阶段做好沥青混合料配合比的设计工作。

在沥青混合料搅拌的工序中，要注意以下几点：

（1）要选择适宜的搅拌场地，一般都是在拌和场进行搅拌。

（2）在沥青混合料的配比中，要根据室内的配合比例进行搅拌，保证沥青用量、搅拌时间以及加热温度的适合，从而确保沥青混合料的质量。

（3）在沥青混合料搅拌的过程中，一定要根据配料单进料进行搅拌，保证沥青以及各种材料的加热温度，保证搅拌的均匀度，防止花白、成块、粗细分离问题的出现。

（4）在搅拌工作完成之后，相关技术人员一定要抽样做沥青混合料、矿料级配组成的沥青用量试验。如果发现沥青混合料与要求不相符合，那么应该及时进行调整，保证混合料的正常使用。

3. 沥青路面混合料组成设计

首先是实验室配合比的有关设计。

（1）优化矿质混合料的配合组成设计。在沥青路面施工中，对矿质混合料配合进行相关设计，主要是为了能够选配一个具有足够密实度和内摩阻力的矿质混合料，然后采用级配理论，通过数据分析得出需要的矿质混合料的级配范围。为了应用已有的研究成果和实践经验，通常是采用规范推荐的矿质混合料级配范围来确定。

（2）确定出沥青混合料的使用量。如果想得出精确的沥青混合料使用量，可以通过计算得出。通常情况下有两个基本的方法：马歇尔法和维姆法。我国一般还是采用JTG F40—2019规定的技术方法，这是在对生产实践和研究成果经验进行总结的结果。

（3）进行沥青生产配合比设计。在目标配合比确定之后。应利用实际投入施工的拌和站进行试拌以确定施工配合比。在试验前，首先应该根据相关情况选择振动筛筛号，从而能够使得几个热料仓的材料不会差别太大。比例最大筛孔要确保排出超粒径料，从而能够使最大粒径筛孔通过量符合设计的基本要求。在试验的过程中，相关人员要按试验室配合比设计的冷料比例，进而进行筛选，选择出与试验室配合比设计一样进行矿料级配计算，从而得出最佳油石比，供试拌试铺使用。

4. 摊铺方法

沥青混合料配比搅拌之后，下一道工序就是进行沥青混合料的摊铺工作。在这个环节

中,要注意以下几个重要的方面:

(1)在进行路面沥青摊铺之前,一定要清除路面基层上的杂物,保证路面基层的干燥、干净。同时,要保证基层路面密实度、厚度的合理性,为沥青摊铺工作奠定重要的前提基础。在基本路面的整理中,要及时修整基层路面存在的坑槽、松散等问题。

(2)进行粘层、透层沥青的浇洒工作。在施工过程中,为了能够更好地保证基层和面层黏结好,在面层铺筑工作的 5~8 个小时之前,要用 1.0~1.2kg/m^2 的沥青量对基层表面进行浇筑,这样就有利于面层和基层的相互黏合。如果路面的基层是水泥混凝土路面或者是陈旧的沥青路面,为了保证面层和基层的黏合,要在旧路面上喷洒一层黏度比较大的沥青。

(3)摊铺沥青混合料。在沥青混合料的摊铺过程中,沥青混合料摊铺机摊铺的过程是自动倾卸汽车将沥青混合料卸到摊铺机料斗后,然后根据沥青路面的基本情况,通过链式传送器将混合料往后传到螺旋摊铺器。随着摊铺机不断往前移动,螺旋摊铺器即在摊铺带宽度上均匀地摊铺混合料。沥青混合料摊铺之后,然后用振捣器进行振动挤压,最后通过熨平板整平。

5. 路面压实

沥青混合料进行摊铺工序之后,就进入了压实环节。沥青混合料的压实是沥青路面施工的重要方面,是非常重要的一道工序,在路面压实的过程中,一定要配备充足的大吨位压实设备,尽量选用当前最为先进的双轮振动压路机。

沥青路面的压实环节一般包括以下几个方面:路面的初压、路面的复压以及路面的终压。

(1)路面的初压

初压是路面压实的首要环节,本环节一般是在混合料摊铺之后直接进行的,此时的温度较高,一般先采用振捣器进行振动挤压,振动之后关闭振动装置,慢慢地碾压 2~3 遍,初压环节的温度一般保持在 110℃~140℃ 之间。所以说,只要吨位比较小的压实设备就能够起到很好的效果。一般情况下,采用 6~8 吨位的双钢轮压路机就可以。在碾压的过程中,驱动轮要匀速前进,后退的时候要按照前进时候的碾引移动。在沥青路面进行初压的时候,初压后要有相关的技术人员对路面的平整度、路拱进行检查,一旦发现问题要立刻纠正。如果在路面碾压过程中出现推移现象,这个时候可以等到温度变低之后再进行碾压,如出现横向裂纹,应检查原因并及时采取纠正措施。

（2）路面的复压

路面的复压是压实环节的重要阶段，通过复压主要是保证沥青混料的稳定成型，所以说，复压环节一般是在高温下并紧跟初压工序之后进行的。通常情况下，路面的复压环节温度应该保持在120℃~130℃。一般是通过双轮振动压路机进行路面的碾压，在碾压方式上可以采用与初压相同的方法，碾压的次数应该在6次以上，只有这样才能够保证路面的稳固和结实。

（3）沥青路面终压

终压是消除轮迹、缺陷和保证面层有较好平整度的最后一步。由于终压要消除复压过程中面层遗留的不平整，又要保证路面的平整度，因此，沥青混合料也需要在较高但又不能过高的碾压温度下结束碾压。终压结束时的温度应该大于90℃。在路面终压的环节里，终压常使用静力双轮压路机并应紧接在复压后进行，碾压遍数为2~3遍。通过路面初压、复压、终压三个方面的相互结合，进而保证沥青路面的光滑、稳定和厚实，提高了沥青路面的整体质量。

（二）施工方法

1. 表处式和沥青贯入式施工工艺

用撒布法施工的沥青路面面层有沥青表面处治和沥青贯入式两种。沥青表面处治是用沥青和细料矿料分层铺筑成厚度不超过3cm的薄层路面面层，通常采用层铺法施工。按照撒布沥青及铺撒矿料的层次的多少，可分为单层式、双层式和三层式三种，单层式和双层式为三层式的一部分。

（1）三层式表面处治施工

清理基层。在表面处治施工前，应将路面基层清扫干净，使基层的矿料大部分外露，并保持干燥；若基层整体强度不足时，则应先予以补强。

撒透层（或粘层）沥青。撒布第一层沥青要撒布均匀，当发现撒布沥青后有空白、缺边时，应立即用人工补撒，有积聚时应立即刮除。施工时应采用沥青撒布车喷洒沥青，其撒布长度应与矿料撒布能力相协调。沥青撒布温度应根据施工气温以及沥青标号确定。一般情况下，石油沥青宜为130℃~170℃，煤沥青宜为80℃~120℃，乳化沥青宜在常温下撒布。

铺撒第一层矿料。撒布主层沥青后，应立即用矿料撒布机或人工撒布第一层矿料。矿料要撒布均匀，达到全面覆盖一层、厚度一致、矿料不重叠、不露沥青，当局部有缺料或过多处，应适当找补或扫除。碾压：撒布一段矿料后，用60~80kN双轮压路机碾压。碾压时，应从一侧路缘压向路中，宜碾压 3~4 遍，其速度开始不宜超过 2km/h，以后可适当增加。

洒第二层沥青，撒布第二层矿料，碾压，再撒第三层沥青，撒布第三层矿料，碾压。

初期养护。沥青表面处治后，应进行初期养护。当发现有泛油时，应在泛油部位补撒与最后一层矿料规格相同的嵌缝料并均匀；当有过多的浮动矿料，应扫出路外；当有其他损坏现象时，应及时修补。

（2）贯入式路面施工

沥青贯入式路面属多孔结构，为防止路表水侵入和增强路面的水稳定性，其面层的最上层应撒布封层料或加铺拌和层。而当沥青贯入层作为联结层时，可不撒布表面封层料。沥青贯入式路面适用于二级及二级以下的公路，其厚度宜为 4~8cm，但乳化沥青贯入式路面厚度不宜超过 5cm。当贯入层上部加铺拌和层的沥青混合料面层时，总厚度宜为 6~10cm，其中，拌和层的厚度宜为 2~4cm。

沥青贯入式路面的施工工艺流程为：清扫基层→洒透层或粘层沥青（乳化沥青贯入式或沥青贯入式厚度小于 5cm）→撒主层矿料→碾压→撒布第一遍沥青→撒布第一遍嵌缝料→碾压→撒布第二遍沥青→洒第二遍嵌缝料→碾压→撒布第三遍沥青→散封层料→碾压→初期养护。

2. 热拌沥青混合料路面施工方法

热拌沥青混合料路面施工可分为沥青混合料的拌制与运输和现场铺筑两阶段。热拌沥青混合料路面完工后待自然冷却，表面温度低于 50℃后，方可开放交通。

在拌制沥青混合料之前，应根据确定的配合比进行试样，试拌时对所用的各种矿料及沥青应严格计量，对试样的沥青混合料进行试验以后，即可选定施工配合比。

（1）热拌沥青混合料的拌制和运输

①沥青混合料必须在沥青搅拌厂（场、站）采用搅拌机拌和。

②城市主干路、快速路的沥青混凝土宜采用间歇式（分拌式）搅拌机拌和。

③拌制的沥青混合料应均匀一致，无花白料、无结团成块或严重的粗细料分离现象。

④为配合大批量生产混合料，宜用大吨位自卸汽车运输。运输时对货厢底板、侧板均匀喷涂一薄层油水（柴油：水为 1：3 的混合液），注意不得将油聚积在车厢底部。

⑤出厂的沥青混合料应逐车用地磅称重，并测量温度，签发一式三份的运料单。

⑥从搅拌锅往汽车中卸料时，要前后均匀卸料，防止粗细料分离。运输过程中要对沥青混合料加以覆盖。

（2）热拌沥青混合料的铺筑

基层准备和放样。铺筑沥青混合料前，应检查确认下层的质量，当下层质量不符合要求，或未按规定撒布透层、粘层沥青或铺热下封层时，不得铺筑沥青面层。为了控制混合料的摊铺厚度，在准备好基层之后，应进行测量放样，即沿路面中心线和四分之一路面宽度处设置样桩，标出混合料松铺厚度。当采用自动调平摊铺机时，应放出引导摊铺机运行走向和标高的控制基准线。

摊铺。热拌沥青混合料应采用机械摊铺，对高速公路和一级公路宜采用两台以上摊铺机联合摊铺，以减少纵向次冷接缝。相邻两台摊铺机纵向相距10~30m，横向应有5~10cm宽度摊铺重叠。沥青混合料摊铺机摊铺过程是由自卸汽车将混合料卸在料斗内，经传送器将混合料往后传到螺旋摊铺器，随着摊铺机前进。螺旋摊铺器即在摊铺带宽度上均匀地摊铺混合料，随后捣实，并由摊平板整平。

运料车的运输能力应较主导机械的工作能力稍大。城市主干路、快速路开始摊铺时，等候卸料的车不宜少于5辆。宜采用两台（含两台）以上摊铺机成梯队作业，进行联合摊铺。相邻两幅之间宜重叠5~10cm，前后摊铺机宜相距10~30m，且保持混合料合格温度。摊铺机应具有自动调平、调厚装置，具有足够容量的受料斗和足够的功率可以推动运料车，具有初步振实、熨平装置，摊铺宽度可以调整。城市主干路、快速路施工气温低于10℃时，或其他等级道路施工气温低于5℃时均不宜施工。摊铺沥青混合料应缓慢、均匀、连续不间断。用机械摊铺的混合料，不得用人工修整。

碾压。摊铺后紧跟碾压工序，压实分初压、复压、终压（包括成型）三个阶段。正常施工时碾压温度为110℃~140℃，且不低于110℃；低温施工碾压温度120℃~150℃。碾压终了温度不低于65℃~80℃，碾压速度应慢而均匀。初压时料温较高，不得产生推移、开裂。压路机应从外侧向中心碾压，相邻碾压带重叠1/3~1/2轮宽。碾压时应将驱动轮面向摊铺机。复压采用重型轮胎压路机或振动压路机，不宜少于4~6遍，达到要求的压实度。终压可用重型轮胎压路机或停振的振动压路机，不宜少于两遍，直至无轮迹。在连续摊铺后的碾压中，压路机不得随意停顿。为防止碾轮粘沥青，可将掺洗衣粉的水喷洒碾轮，严禁涂刷柴油。

压路机不得在未碾压成型并冷却的路面上转向、掉头或停车等候。也不得在成型路面上停放任何机械设备或车辆，不得散落矿料、油料等杂物，加强成品保护意识。碾压的最终目的是保证压实度和平整度达到规范要求。

压实后的沥青混合料应符合平整度和压实度的要求。因此，沥青混合料每层的碾压成型厚度不应大于10cm，否则应分层摊铺和压实，其碾压过程分为初压、复压和终压三个阶段。初压是在混合料摊铺后较高温度下进行，宜采用 60~80kN 双轮压路机慢速度均匀碾压两遍，碾压温度应符合施工温度的要求，初压后应检查平整度、路拱，必要时应予以适当调整；复压是在初压后，采用重型轮式压路式或振动压路机碾压 4~6 遍，要达到要求的压实度，并无显著轮迹，因此，复压是达到规定密实度的主要阶段；终压紧接着复压进行，终压选择 60~80kN 的双轮压路机碾压不少于两遍，并应消除在碾压过程中产生的轮迹和确保路表面的良好平整度。

（3）接缝施工

沥青路面的各种施工，包括纵缝、横缝和新旧路的接缝等处，往往由于压实不足，容易产生台阶、裂缝、松散等质量事故，影响路面的平整度和耐久性。接缝的内容、要求和注意事项如下：摊铺时梯队作业的纵缝采用热接缝。施工时应将先铺的已铺混合料留下 10~20cm 宽度暂时不碾压，作为后摊铺部分的高程基准面。纵缝应在后铺部分摊铺后立即进行碾压，压路机应大部分压在已先铺碾压好的路面上，仅有 10~15cm 的宽度压在新铺的车道上，然后逐渐移动跨缝碾压以消除缝迹。

摊铺梯队作业时的纵缝应采用热接缝。上下层的纵缝应错开 15cm 以上。上面层的纵缝宜安排在车道线上。相邻两幅及上下层的横接缝应错位 1m 以上。中、下层可采用斜接缝，上层可用平接缝。接缝应黏结紧密、压实充分，连接平顺。

半幅施工或与旧沥青路面连接的纵缝，不能采用热接缝时，宜加设挡板或采用切刀切齐。铺另半幅前必须将缝边缘清扫干净，并刷粘层沥青。摊铺时应重叠在已铺层上 5~10cm，摊铺后用人工将摊铺在前半幅上面的混合料铲走。碾压时先在已压实的路面上行驶，碾压新铺层 10~15cm，然后再逐渐移动跨过纵缝，将纵缝碾压紧密。上下层的纵缝应错开 15cm 以上。表层的纵缝应顺直，且位于车道的画线位置。

横缝应与路中线垂直。相邻两幅及上下层的横缝应错位 1m 以上。对高速公路和一级公路、中面层、下面层的横向接缝可斜接，但在上面层应做成垂直的平头缝，即平接。其他等级公路的各层均可斜按。铺筑接缝时，可在已压实的部分上面铺设一些热混合料使之预热软化，以加强新旧混合料的黏结。但在开始碾压前应将预热用的混合料铲除。

斜接缝的搭接长度与厚度有关，宜为 0.4~0.8m。搭接处应清扫干净并洒粘层沥青，斜接缝应充分压实并搭接平整。

平接缝应做到紧密黏结，充分压实，连接平顺。接缝处应清扫干净，切齐，边缘涂粘层沥青，并在其压实后用热烙铁烫平，再在缝口涂粘层沥青，撒石粉封口，以防渗水。

3. 改性沥青路面施工方法

为了提高公路的使用年限，预防路面早期破坏，表面层施工引入了改性沥青工艺，以迎合交通量的迅速增长、车辆大型化和严重超载问题的严峻考验。在中国广泛推广的改性沥青主要是掺加 SBS 改性剂或 SBR 改性剂，改性后沥青在物理性能方面得到提高，主要表现在软化点、针入度、脆点、延度等方面都得到改善。

改性沥青路面的原料通常选择坚硬、粗糙有棱角的优质石料，而花岗岩、石英岩、玄武岩等具备这些性质，但这些石料中往往属于酸性石料。沥青中含有沥青酸、沥青酸酐等，黏附性往往难以满足要求，为了增强沥青与集料的黏附性，在基质沥青中掺加 SBS 改性剂，就能满足黏附性的要求。在路面施工中，为了进一步提高改性沥青的黏附性，在改性沥青中还掺加了抗剥落剂。在填料中掺加水泥、生石灰粉等代替矿粉，增加沥青与石料的黏附性，大大地提高了沥青混合料的水稳性。

改性沥青的黏度较高，施工难度大，与常规沥青路面施工工艺存在较大差异，但施工实践表明，只要严格控制混合料的材料、配合比、拌和、摊铺和碾压等关键工序的质量，改性沥青路面的路用性能可以得到充分的保障。改性沥青混合料的出料温度高，一般取出料温度 170℃~180℃，因此矿料的加热温度宜取 180℃~190℃。改性沥青混合料的拌和时间应适当延长。一般拌和时间应大于 45s，其中含 3~5s 的干拌，以确保矿粉吸油的均匀性。拌和时间是否足够、拌和方法是否正确，是生产优质沥青混合料的关键环节。质量均匀的混合料表现为所有的集料颗粒完全均匀地被沥青膜裹覆，沥青均匀分布于整个混合料，以无花白石子、无沥青团块，乌黑发亮为宜。

五、主要通病及防治

（一）主要通病

1. 沥青路面的车辙

车辙是路面结构层及土基在行车重复荷载作用下的补充压实，以致结构层材料的侧向位移所产生的累积永久变形。

车辙属变形类，是指路面上沿行车轮迹产生的纵向带状凹槽，深度 1.5cm 以上。车辙是在行车荷载重复作用下，路面产生永久性变形积累形成的带状凹槽。车辙降低了路面平整度，当车辙达到一定深度时，由于辙槽内积水，极易发生汽车飘滑而导致交通事故。

产生车辙的原因主要是由于设计不合理以及车辆严重超载。影响沥青路面车辙深度的主要因素是沥青路面结构和沥青混凝土本身的内在因素，以及气候和交通量及交通组成等的外界因素。车辙产生的主要原因包括：

（1）沥青混合料油石比过大。

（2）表面磨损过度。

（3）雨水侵入沥青混凝土内部。

（4）由于基层含不稳定夹层而导致路面横向推挤形成波形车辙。

2. 推移壅包

主要是由于沥青混合料路面在水平荷载作用下抗剪强度不足所引起的。导致此类沥青混合料抗剪强度不足的内在原因主要有混合料用油量过大、细集料或填料过多、沥青标号选择不合适、在沥青混合料铺筑之前表面平整度差、上下层间光滑接触、无层间黏结力等，实际的原因则是其中一种或数种原因的共同作用。其外界原因可能是夏季高温时间长、交通量大、车速慢，特别是刹车较多的路段，易产生推移、壅包等。

3. 泛油

泛油是指沥青混合料内部多余的沥青在车辆荷载作用下向沥青路面表面迁移的结果。泛油的主要原因是沥青用量过大或压实沥青混合料的残留孔隙率太小。

4. 裂缝

沥青路面开裂的主要原因可分为两大类：一种是由于行车荷载的作用而产生的结构性破坏裂缝，一般称之为荷载型裂缝；另一种主要是由于沥青面层温度变化而产生的温度裂缝，包括低温收缩裂缝和疲劳裂缝，一般称之为非荷载型裂缝。

（1）非荷载型裂缝

①横向收缩裂缝。位于路面面层的沥青混合料结构层，直接受到气温变化的影响，待温度应力积累到超过沥青混合料的极限抗拉强度时，路面就将出现裂缝，以便将应力释放出去。另外，接近表面的沥青比内部沥青更易老化。沥青混合料的极限拉伸应变小，应力松弛性变差，也是容易产生裂缝的一个重要因素。沥青材料在较高温度条件下，具有良好的应力松弛性能，温度升降产生的变形不至于产生过大的温度应力，但当气温大幅度下降时，沥青材料逐渐发硬并开始收缩。由于沥青路面宽度有限，收缩受路面结构的相互约束小，所以低温裂缝主要是横向的。

②温度疲劳裂缝。产生低温裂缝的是沥青混凝土层，这种裂缝主要发生在日温差大的地区。由于温度反复升降导致沥青面层温度应力疲劳，使沥青混合料的极限拉伸应变（或劲度模量）变小，加上沥青的老化使沥青劲度增高，应力松弛性能降低，最终达到极限抗

拉强度使路面产生裂缝。

③反射裂缝。沥青材料在较高温度条件下，具有良好的应力松弛性能，温度升降产生的变形不至于产生过高的温度应力。但在冬季气温骤降时，土基和路面基层由于受温度变化，冬季冰冻产生的膨胀，导致路基和基层产生裂缝并反射到沥青面层，沥青混合料的应力松弛赶不上温度应力的增长。同时劲度急剧增大，超过混合料的极限强度或极限拉伸应变，便会产生开裂。那就是由于水泥、石灰、粉煤灰稳定类的半刚性基层的收缩中，或者已经开裂了的半刚性基层在裂缝部位的应力集中与沥青面层的低温收缩、荷载作用产生的综合作用，使温度裂缝较多地产生。这些裂缝实际上是温缩裂缝和半刚性基层收缩裂缝的反射裂缝的综合裂缝。

半刚性路面的反射裂缝和对应裂缝：冬季或在寒冷地区，在结合得好的沥青面层下，开裂的半刚性基层的水平位移使得直接在裂缝上的面层内产生大的拉应力或拉应变，由于在较低温度下沥青面层通常较硬，它只能承受小的拉应力或拉应变，因此容易被拉裂，并且裂缝的扩展途径是由下至上的。沥青面层的厚度越薄，反射裂缝形成得越早和越多。

由半刚性基层干缩开裂引起的反射裂缝或对应裂缝：对于新铺的半刚性基层，随着混合料中水分的减少，要产生干缩和干缩应力；水分减少得越多越快，产生的干缩应力和干缩应变就越大。在已经产生干缩裂缝的半刚性基层上铺筑沥青面层，在较薄沥青面层的情况下，半刚性基层的裂缝会由于温度应力而使面层底部先开裂，并较快形成反射裂缝。

④冻缩裂缝。主要是路基冻胀及收缩产生的开裂。这种裂缝在路面与路肩交界处最常见。

影响沥青混合料低温抗裂性的主要因素包括：材料特性如沥青的感温性、感时性、老化性能等，路面结构几何尺寸如面层的厚度等，气温环境因素如温差等。

（2）荷载型裂缝

①沥青路面的结构性破坏裂缝主要原因是行车荷载。在车轮荷载作用下，大于半刚性基层材料的抗拉强度时，半刚性基层的底部就会很快开裂。在行车荷载的反复作用下，底部的裂缝会逐渐扩展到上部，并使沥青层也产生开裂破坏。影响拉应力主要因素有面层的厚度、基层本身的厚度、基层的回弹模量和下承层的回弹模量。选取不同的沥青面层厚度和半刚性基层厚度，通过试验得出半刚性基层底部的拉应力与半刚性材料回弹模量间的关系曲线。

②在半刚性基层下采用半刚性材料做底基层，可使基层底面由行车荷载产生的拉应力明显减小，甚至还小于半刚性底基层底面产生的拉应力，这对半刚性基层承受行车荷载的

反复作用是十分有利的。

(3) 裂缝产生因素

①沥青和沥青结合料的性质是影响沥青路面温度开裂的最主要原因。沥青的品种和等级也是影响沥青路面开裂的重要因素。在长期的实践经验中，选用高黏度、低稠度的沥青，其温度敏感性较低，能延迟温度裂缝的产生。

②基层材料的性质。基层材料的收缩性越小，面层裂缝越少。基层上有透层油以加强与面层的黏结对抗开裂是有好处的，基层材料种类对沥青面层的裂缝率有明显影响。

③气候条件：沥青未达到符合本地区气候条件和使用要求的质量标准，低温抗变形能力较差，致使沥青面层在低温下产生收缩开裂。若地基处理不当，路基碾压不均匀，会造成路基沉降不均匀。

④交通量和车辆类型：随着交通运输的高速发展，原有的路面强度日趋不足，路面满足不了交通量迅速增长和汽车载重明显增大的需求，沥青路面过早产生疲劳破坏，沥青路面很快开裂。

⑤原结构设计不合理，未充分考虑到各种不利因素，施工质量不好，沥青路面面层厚度不足，沥青路面原材料的品质不符合设计规范要求，路面强度明显不能满足行车要求。在行车作用下，特别是超大吨位车辆的频繁碾压，沥青路面很快开裂。

⑥施工因素主要指半刚性基层材料的碾压含水率，半刚性基层完成后的暴晒时间等因素。

5. 沥青路面的松散

松散是直接影响行车安全的路面病害，松散可能出现在整个路面表面，也可能在局部区域出现，但由于行车作用，一般在轮迹带比较严重。其产生的主要原因包括：

（1）局部路基和基层不均匀沉降引起路面破坏。

（2）碎石中含有风化颗粒，水侵入后引起沥青剥离。

（3）随着使用时间的增多，沥青结合料本身的黏结性能降低，促使面层与轮胎接触部分的沥青磨耗，造成沥青含量减少，细集料散失。

（4）机械损害或油污染。

6. 沥青路面的水损害

沥青路面在存在水分的条件下，经受交通荷载和温度涨缩的反复作用。一方面，水分逐步侵入沥青与集料的界面；另一方面，由于水动力的作用，沥青膜渐渐地从集料表面剥离,并导致集料之间的黏结力丧失而发生路面破坏。沥青路面产生水损害的原因主要有材料、设计、施工、土基和基层、超载车辆等。沥青路面（松散类）脱皮是指路面面层层状脱落,面积达 $0.1m^2$ 以上。沥青路面脱皮主要是因为水损害。

7. 沥青路面的冻胀和翻浆

沥青路面产生冻胀和翻浆主要是在冻融时期,因为水的侵入和路基土的水稳定性能差,由于冰冻的作用,路基上层积聚的水分冻结后引起路面胀起并开裂。道路翻浆是水、土质、温度、路面和行车荷载五个主要因素综合作用的结果。其中,水、土、温度构成翻浆的三个自然因素,缺少任何一个因素都不可能形成翻浆。

8. 沥青路面的沉陷

沉陷是路面变形中最普遍的一种,特点是面积大,涉及的结构层次深,主要出现在挖方段和填挖交界处。

其产生的主要原因是：

（1）土质路堑排水不畅,路床下部路基过湿润而产生不均匀沉降,引起路面局部下沉。

（2）路面强度不能适应日益增长的交通量,易发生疲劳破坏。

（3）路基、基层强度不足或填挖路基强度不一致,在车辆荷载作用下,路基或基层结构遭破坏而引起沉陷。

（4）桥头路面沉降不均匀而引起沉陷并与桥面发生错位。

（二）防治措施

针对以上分析的沥青路面病害的原因,主要从施工材料、设计、施工、养护和交通管理等五个方面采取相应的预防措施。

通过路面结构设计和厚度计算可以满足沥青路面强度和承载能力要求,基本解决荷载型裂缝产生的问题。对于如何避免或减轻非荷载型裂缝的产生,应从设计与施工两个方面来进行考虑。

1. 材料方面

合理确定沥青路面结构,沥青面层的裂缝主要由沥青面层本身的低温收缩引起的。选用低温劲度小、延度大、温度敏感性小、含蜡量低的优质沥青,精选矿料,准确级配沥青面层的矿料和合理配置沥青混合料配合比。配制出性能优良的沥青混合料,控制沥青用量,保证沥青混合料性能优良,均可有效减少裂缝。

集料：集料应首选高质量的集料，特别是表面两层沥青混合料，应采用坚硬、表面粗糙、破碎、颗粒接近立方体的集料。

沥青结合料：有关研究认为，就沥青对沥青混合料高温性能的影响来说，沥青含量的影响可能比沥青本身特性的影响更重要。对于细粒式或中粒式密级配沥青混合料，适当减少沥青用量有利于抗车辙。在考虑抗车辙因素时应综合考虑级配、集料对沥青的吸收性、集料与沥青间的黏聚力、混合料的孔隙率等。

2. 设计方面

进行半刚性路面设计时，在稳定度满足要求的前提下，优先选用针入度较大的沥青做沥青面层。沥青面层采用密实型沥青混凝土。采用合适的沥青面层厚度，确保半刚性基层在使用期间一般不会产生干缩裂缝和温缩裂缝。精心设计，对地形复杂地段做好地质调查工作。要特别注意加固地基，防止因地基软弱而出现不均匀沉降。使用合格填料填筑路基，或对填料进行处理后再填筑路基，确保路基有足够的强度和稳定性，以保证路面具有稳定的基础。选用抗冲刷性能好、干缩系数和温缩系数小及抗拉强度高的半刚性材料做基层；选用优质沥青做沥青面层；在稳定度满足要求的前提下，应该选用针入度较大的沥青做沥青面层。

3. 施工方面

精心施工，选择先进施工工艺和机械设备，制订完善的施工方案，确保压实度达到规范要求，严格按设计要求进行软基处理，提高软基处理的施工质量。严格控制半刚性基层施工碾压时的含水率，混合料的含水率不能超过压实需要的最佳含水率或控制在施工规范容许的范围内。半刚性基层碾压完成后，要及时养生，防止其产生裂缝反射到表面层，保护混合料的含水率不受损失。养生结束后，应立即喷洒透层油，并尽快铺筑沥青面层。

4. 养护方面

严格养护管理，加强路面保洁，确保排水性能良好。及时对裂缝进行科学处理，避免病害进一步扩展。

5. 加强交通管理

加强交通管理，限制大型超载车通行；在夏季连续高温时段，运营管理单位可将重车安排在夜间、凌晨路表气温较低时段通过；禁止带钉轮胎对路面的过度磨损或者限制使用。

第二节　混凝土路面工程

一、概述

水泥混凝土路面是以水泥混凝土为主要材料做面层的路面，简称混凝土路面，亦称刚性路面，俗称白色路面，是一种高级路面。水泥混凝土路面有素混凝土、钢筋混凝土、连续配筋混凝土、预应力混凝土、钢纤维混凝土和装配式混凝土等各种路面。

我国的飞机场跑道，几乎全部都采用混凝土道面。我国混凝土路面大多是用素混凝土按单层就地浇筑而成，但少数也有采用装配式预制板，或做成双层式，或配有钢筋。

（一）组成与分类

1. 组成

水泥混凝土路面由垫层、基层及面层构成。

垫层。在温度和湿度状况不良的城镇路面道路上，应设置垫层，以改善路面结构的使用性能。

基层。基层应具有足够的抗冲刷能力和较大的刚度，且抗变形能力强、平整、整体性好。

面层。水泥混凝土面层应具有足够的强度、耐久度、表面抗滑、耐磨、平整。

2. 分类

（1）素混凝土路面

在公路、城市道路及机场道面中，目前我国采用最广泛的是现场浇筑的普通混凝土路面。这类混凝土路面除接缝区和局部范围（边缘或角隅）外，不配置钢筋，亦称素混凝土路面。

用素混凝土或仅在路面板边缘和角隅少量配筋的混凝土，就地灌注成的路面结构，施工方便，造价低廉。素混凝土路面应沿纵向每隔5~6m设一缩缝，满足冬季缩裂要求；每隔20~40m设一胀缝，防止夏季热胀，板屈曲压裂或缝边混凝土挤碎；沿横向每隔3~4.5m

设一纵缝。由于横胀缝易引起路面板的破坏,增加施工和养护的麻烦,20世纪60年代中期以来,对夏季施工的混凝土路面,除在桥头、隧道口、道路交叉口小半径曲线或纵坡变换处,必须设置胀缝外,其他路段可少设或不设。纵横缝一般做成垂直相交,但也有把横缝做成与纵缝交成70°~80°斜角,并按4m、4.5m、5m、5.5m和6m的不等间距顺序布置。

胀缝间隙宽1.8~2.5cm,为防止渗水,上部5~6cm深度内应灌以填缝料,下部则设置用沥青浸制的软木嵌条。为传递荷载,混凝土板厚中央处设钢传力杆,杆径20~32mm,长40~60cm间距30cm。杆的半段涂沥青并套以套筒,筒底部填以木屑等材料。如不设传力杆,可在混凝土板下设置垫枕。

缩缝一般做成裂口深4~62cm的假缝形式,上部亦灌以填缝料,可不设传力杆。但在路基软弱或交通繁忙路段以及邻近长间距胀缝的两三个缩缝上,也应设置传力杆。纵缝可做成假缝、平头缝或企口缝形式,上部也灌以填缝料。为防止板块向两侧滑移,板厚中央可设置钢拉杆,杆径14~20mm,长40~60cm,间距80~1002cm。

素混凝土路面板大多做成等厚断面,厚20~252cm。由于板的边缘和角隅最易遭到破坏,可设置边缘钢筋和角隅钢筋予以加固,或做成厚边式断面,从靠路肩1m处开始厚度逐渐增加,至板边缘厚度较中间大25%。在高速公路和一级公路上,可做成由内侧向外侧边缘逐渐加厚的梯形断面。路面板大多做成单层式,当板较厚时也可做成双层式,上层厚度不小于6~7cm,下层使用品质稍差的材料做成低强度混凝土。为使上下层结合牢固,下层表面应清洁、粗糙并设凹槽。

(2)钢筋路面

在混凝土路面板内,沿纵横向配置钢筋网,配筋率为0.1%~0.2%,钢筋直径8~12mm,纵筋间距15~35cm,横筋间距30~75cm。钢筋设在板表面下5~6cm处,以减轻板面裂纹的产生和扩张。板厚和纵缝间距与素混凝土路面相同,但横缩缝间距可增至10~30m,并设传力杆。在路基软弱地段和交通特别繁重处,也可将钢筋网设在板底面之上5~6cm处,或设双层钢筋网。

(3)连续配筋路面

在混凝土路面板内大量配筋,配筋率达0.6%~1.0%,纵筋直径12~16mm,间距7.5~20cm,可连续贯穿横缝;横筋直径6~9mm,间距40~120cm。钢筋设在板厚中央略高处,与板表面距离至少6~7cm。

在连续配筋混凝土路面板的端部应设置端缝,它有两种形式:一为自由式,即连续设置 3~4 条胀缝，以便板端部自由胀缩；另一为锚固式，即在板底部设置若干根肋梁或桩埋入地基内，以阻止板的胀缩活动。与素混凝土路面相比，连续配筋混凝土路面板厚可减薄 15%~20%，缩缝间距可增长至 100~300m，但用钢多，造价高，施工较复杂。

（4）预应力路面

按路面构造不同分为三种：

①无筋预应力混凝土路面。在混凝土板两端设置墩座埋入地基内，墩座与板之间设置弹力缝，放入钢弹簧。板长中央设置加力缝，缝内设千斤顶，对混凝土板逐渐施加压应力至 5MPa，然后塞入混凝土预制块，取出千斤顶，用混凝土填塞缝隙。

②有筋预应力混凝土路面。在混凝土板厚中央预留孔，穿进钢丝束，张拉后将两头锚固，并在孔内注入水泥浆使钢丝束与混凝土粘牢。较窄的板可仅在板的纵向加力，较宽的板须在纵横向同时加力，或按与路中线成小于 45° 角的斜向加力。后者可以连续浇筑很长的板，在板的两侧施加应力。所加预应力，在纵向为 2~4MPa，在横向为 0.4~1.4MPa。

③自应力混凝土路面。用膨胀水泥制备混凝土铺筑路面，借配筋或在板的两端设置墩座，通过混凝土的膨胀施加预应力。

预应力混凝土路面板厚可减至 10~15cm，缩缝间距可增至 100~150m。但因施工工艺复杂，所需机具性能要求较高，除在某些飞机场建设中获得成功经验外，尚未普遍推广。

（5）钢纤维

于混凝土中掺入 1.5%~2.0%（体积比）的长 25~60mm、直径 0.25~1mm 的钢纤维，可使其 28d 极限抗压强度和极限抗弯拉强度较素混凝土提高 50% 以上，而且它的抗疲劳和抗裂缝能力也较素混凝土高。与素混凝土路面相比，钢纤维混凝土路面板厚可减小 30%~50%，缩缝间距可增至 15~30m，纵缝间距可增至 8m，胀缝可以不设。钢纤维混凝土路面施工工艺尚未定型，仍在试验阶段。

（6）装配式路面

在工厂中制成混凝土预制板，运至工地现场铺装而成的路面。装配式混凝土板一般做成边长 1~2m 的正方形或矩形，也可做成边长 1.2m 的六角形，板厚 12~18cm；还可做成宽 3.5m、长 3~6m 的大型板，但须有相应的运输和吊装机具来配合。板的边缘和角隅可配置钢筋，也可在全板面配设钢筋网。为提高混凝土的质量，可采用预应力、真空吸水、机械振捣和蒸汽养护等工艺。装配式混凝土路面板可以全年生产，不受气候影响，质量容易保证。而且铺装进度快，铺完即可通车，损坏后易于拆换修理。因此，较适用于停车站场及港口码头处，但其接缝多，整体性差，故在公路和城市道路干线上很少采用。

（7）材料要求

用作水泥混凝土面层的材料包括普通混凝土、钢筋混凝土、连续配筋混凝土、钢纤维混凝土、碾压混凝土等。

制备路面用混凝土，要采用强度等级 42.5 及以上的普通硅酸盐水泥，中砂或粗砂和Ⅰ、Ⅱ级碎（砾）石。混凝土 28d 极限抗压强度不低于 30~40MPa，极限抗弯拉强度不低于 4.5~5.5MPa，每立方米混凝土的水泥用量为 300~350kg。对双层式混凝土路面的下层材料，可适当降低要求。为提高混凝土的使用性能，可掺入少量早强剂、加气剂、增塑剂、减水剂或聚合物等外加剂（见混凝土外加剂）。

在接缝上部所浇灌的填缝料，常用沥青、矿粉、石棉屑、软木屑或橡胶粉，按适当配比制成的沥青胶泥（也称沥青玛脂）。亦有采用氯丁橡胶空心带、塑料嵌条或聚氯乙烯胶泥等做填缝料，效果较好。

3. 混凝土路面的优缺点

水泥混凝土路面是一种刚度较大、扩散荷载应力能力强、稳定性好和使用寿命长的路面结构，它与其他路面相比，具有以下特点：

（1）优点

①强度高。

②稳定性好。

③耐久性好。

④养护费用低。

⑤抗滑性能好。

⑥利于夜间行车。

（2）缺点

①水泥和水的需要量大，修筑 20cm 厚、7m 宽的水泥混凝土路面，每千米需要消耗水泥 400~500t 和水约 250t。

②接缝较多。

③开放交通较迟。

④养护修复困难。

二、施工方法及工艺

混凝土路面施工的一般工序是：安装边模、接缝嵌条、传力杆和钢筋网等→拌和混凝土混合料并运至工地→摊铺与振捣混凝土混合料→整平混凝土表面并刷毛或刻防划滑小槽→养生与填缝。

此外，还有试用真空吸水、振动碾压等工艺于混凝土路面施工中。

在早年，混凝土路面的施工使用钢制轨模，它一方面作为边模，另一方面又可供具有钢轮的混凝土拌和机、运料车、摊铺机和振捣机等行驶操作。20世纪40年代，一些工业发达国家混凝土路面施工已全盘机械化，从基础整形、轨模安装与拆卸、混凝土拌和、摊铺、捣实与整面，直到切缝、填缝与养生等工序，都使用专门机械，进行流水作业。

1960年出现了滑模式水泥混凝土路面铺筑机，机尾两侧装有模板随机前进，摊铺、振捣、整面与刻槽等作业顺序完成，成型的路面即在机后延伸出来。此外，还有一种混凝土路面联合铺筑机，它行驶一次即能使路基成型，并摊铺、压实基层，再于其上铺筑混凝土板。

（一）施工准备

1. 基层验收

基层表面应平整，表面高程、横坡度、宽度、平整度、密实度及强度等应符合设计要求，有现场监理工程师工序验收的合格签认。混凝土面层施工前应对基层做全面检查，建立严格的交接制度。

2. 人员配备

拌和站人员、配套机械设备、材料、原材料试验设备及人员都已齐备。经试拌、生产的混凝土符合要求。

3. 施工设备

混凝土施工现场配置三辊轴摊铺机、运输设备、测量仪器等。

4. 砂石料准备

沙子要求含泥量不超过3%，细度模数大于2.5，级配良好；石子要求级配良好，针片状含量控制在10%以内，最大粒径控制在30mm以内。

5. 水泥准备

宜用终凝时间不超过 6h 的普通硅酸盐水泥，结块水泥严禁使用。

6. 混凝土配合比

选择合适的混凝土配合比和外加剂，对所选用的砂石料、水、水泥抽检取样，进行试配，制作试样，根据试件养护 7d 的抗压强度，得出试配结果，作为控制指标。

7. 混凝土的运输

混凝土采用自卸车进行运输，车厢要求平整、光滑、严密、不漏浆，使用前后冲洗干净。混凝土拌和料在搅拌机出料后，篷布覆盖并运输过程中防颠簸导致离析，运至现场浇筑的时间最长不超过 1h，在气温 30℃~35℃时最长时间不得超过 45min。运到浇筑地点的混凝土，应具有符合规范要求的坍落度和均匀性。车辆倒车及卸料时，设专人进行指挥，分多堆进行卸料，卸料到位后运输车迅速离开现场。

（二）立模板

立模板：模板采用槽钢，槽钢高度与混凝土高度相同。每米模板应设置 1 处支撑固定装置。横向施工缝端模板应按设计规定的传力杆直径和间距设置传力杆插入孔和定位套管。两边缘传力杆到自由边距离不宜小于 150mm。每米设置一个垂直固定孔套。按照事先分好的板块铺设模板，模板安装稳固、直顺、平整、无扭曲，相邻模板连接应紧密平顺，不得有底部漏浆、前后错茬、高低错台等现象。模板应能承受摊铺、振实、整平设备的负载进行、冲击和振动时不发生移位。严禁在基层上挖槽，嵌入暗转模板。

模板安装检验后，与混凝土拌和物接触的表面应涂抹脱模剂，接头应粘贴胶带或塑料薄膜等密封。

模板上顶高程为混凝土路面高程，采用水准仪测量控制，控制模板顶面高程在允许范围内。

调试摊铺机械，依据路面宽度和规范要求协同监理和业主现场划分摊铺宽度。普通混凝土面板采用矩形，其纵向和横向接缝应垂直相交，纵缝两侧的横缝不得相互错位，纵缝应直顺。

（三）铺筑

1. 铺筑设备

（1）整平机的主要技术参数应满足施工需要。采用直径 168mm 的辊轴，轴长比路面宽度长出 600~1200mm 三辊轴机组。

（2）三辊轴机组铺筑混凝土面板时，同时配备 4~6 插入式振捣棒。当面板厚度较大和坍落度较低时，宜使用 100Hz 以上的高频振捣棒。

（3）其他施工辅助配套设施根据施工需要选配。

2. 铺筑工艺流程

（1）工艺流程：料→人工振捣→三辊轴整平→人工补料→精平饰面→切缝→养生→填缝。

（2）有专人指挥车辆均匀卸料。布料与摊铺速度相适应，不适应时配备适当的布料机械。坍落度为 30~50mm 的拌和物，松铺系数为 1.12~1.15。

（3）混凝土拌和物布料长度大于 10m 时，可开始振捣作业。

3. 整平机作业

（1）整平机按作业单元分段整平，作业单元长度宜为 20~30m，振捣棒振实与整平两道工序之间的时间间隔不宜超过 15min。

（2）滚压振实料位高差宜高于模板顶面 5~20mm。

（3）整平机在一个作业单元长度内，采用前进振动、后退静滚方式作业，宜分别滚压 2~3 遍，最佳滚压遍数经过试铺确定。

（4）在整平机作业时，有专人处理轴前料位的高低情况。

（5）滚压完成后，将振动相轴抬离模板，用整平轴前后静滚整平，直到平整度符合要求，表面砂浆厚度均匀为止。

（6）表面灰浆厚度控制在（4±1）mm，整平机前方表面过厚、过稀的灰浆必须刮除丢弃。

（7）刮尺、刮板或抹面机完成抹刀饰面的最迟时间，不得迟于规范规定的铺筑完毕允许最长时间。

4. 接缝施工

（1）纵缝施工

①纵向施工缝采用平缝形式，位置避开轮迹，与路线中线平行，并重合或靠近车道线，构造可采用平缝加拉杆型。拉杆采用螺纹钢筋，设在板厚中央，并对拉杆中部 100mm 范围内进行防锈处理。

②采用固定模板施工方式时，在振实过程中，从侧模预留孔中手工插入拉杆。

③当一次铺筑宽度大于 4.5m 时，采用假缝拉杆型纵缝，即锯切纵向缩缝，纵缝位置

按车道宽度设置,拉杆提前预埋。

④插入或置入的侧向拉杆牢固,不得松动、碰撞或拔出。若发现拉杆松脱、拔出或未插入,在横向相邻路面摊铺前,钻孔重新置入拉杆。

(2)横向施工缝

混凝土路面横向缩缝宜按已有路面和设计进行设置,不得随意调整板长。

钢筋支架具有足够的刚度,传力杆准确定位,摊铺之前在基层表面放样,并用钢钎锚固,宜使用手持振捣棒振实传力杆高度以下的混凝土,然后机械摊铺。

①混凝土面板所有接缝凹槽都按图纸规定,用填缝料填缝。填缝材料和填缝方法经监理工程师批准。

②缝槽在混凝土养生期满后及进填缝,填缝前必须保持缝内干燥清洁,防止砂石等杂物掉入缝内。填缝前经监理工程师检查。

③填缝料与混凝土缝壁黏附紧密,其灌注深度宜为缝宽的两倍。

④在开放交通前,填缝料有充分的时间硬结。

5. 拆模

(1)当混凝土抗压强度不小于5MPa方可拆模。当缺乏强度实测数据时可按照试验室试件强度做出判断。达不到要求,不能拆除端模时,可空出一块面板重新起头摊铺,空出的面板待两端均可拆模后再补做。

(2)拆模不得随坏板边、板角和传力杆、拉杆周围的混凝土,也不可造成传力杆和拉杆松动或变形。模板拆卸宜使用专门的拔楔工具,严禁使用大锤强击拆卸模板。

(3)拆下的模板应将黏附的砂浆清除干净,并矫正局部损坏。

6. 切缝与养生

水泥混凝土路面的切缝在模板拆除后进行,且在混凝土出现温缩裂缝前全部完成,同样按施工经验控制割缝时间,施工时根据现场及天气环境适当调整。切缝位置要预先放好墨线,切缝做到缝隙均匀、缝道顺直、切缝及时,严防因超出切割时间太长混凝土的温缩而引起断板现象发生。以上工作完成后,及时覆盖双层养生毯洒水进行养护21d,养生期间封闭交通。

7. 刻纹

刻纹前将工作面清扫干净,在平整度符合规范要求后,根据板块布置情况及刻纹机器性能,等间距放样弹墨线,然后进行横向刻纹作业。刻纹深度按照现场试验确定,槽宽3mm,槽间距在12~24mm之间随机调整。刻纹时要求线条顺直,直线接岔不错位,刻纹深度一致，方向与横向缩缝协调一致。

8. 灌缝

（1）清缝及路面清理

首先用清缝锯清除接缝中的砂石及凝结的泥浆，使用大于 0.5MPa 的压缩空气，彻底清除接缝中的尘土及其他污染物，确保缝壁及内部清洁、干燥。

（2）粘贴胶布

缝隙两边各 5cm 范围内粘贴一层 5cm 宽胶布，防止灌缝胶溢出污染路面。

（3）压条

采用专用压条工具，人工压入 1.0cm 宽多孔泡沫塑料背衬条，压入至距路面顶 1.5~2.0cm。

（4）灌缝

采用经监理工程师认可的聚氨酯类灌缝材料，用灌缝壶分两次进行。第一次灌入 12cm，15min 后继续第二次灌注，对应灌缝气温情况，进行适当灌注，达到饱满密实、均匀，厚度一致并连续贯通的要求。

（5）养护并开放交通

灌缝完成后，养生 24h，专人看护，禁止机动车及行人进入，养生期满后，方可开放交通。

9. 质量控制要点

（1）基层强度、平整度、高程提高检查频率，对不符规范要求的做彻底处理，同时严格检测弯沉值。

（2）原材料及配合比严格控制，避免不合格材料用于工程。定期对配料机校核，保证配合比计量准确。

（3）插入式振捣器在每一位置的振捣时间，以拌和物停止下沉、不再冒出气泡并泛出水泥浆为止，但不宜过振。振捣时要随时检查模板，如有下沉、变形、松动现象，要及时纠正。

（4）整平时，严禁用纯水泥砂浆填补、找平。

（5）锯缝时间和养生的掌握，避免混凝土收缩产生的断板。

（6）加强覆盖养生。

第四章　软基与滑坡处理技术

第一节　软基处理技术

公路软土地基的特点是地质条件复杂，荷载形式复杂多样，高速公路对路堤不变形的要求高。在软土地基上修筑公路，如果处理不当，将会带来路堤的位移滑塌、失稳、沉降变形和结构物与路堤接触部位的差异沉降等诸多工程问题，进而引起公路路面的早期损坏，影响和缩短公路的使用年限。

一、高速公路软基处理特点及处理技术

（一）高速公路工程的软土地基问题

1. 强度及稳定性问题

当软土地基的抗剪强度不足以承受路堤及路面外荷载时，地基可能会产生局部或整体剪切破坏，造成路堤塌方、失稳，引起桥台破坏。

2. 沉降变形问题

当软土地基在上部荷载及外荷载作用下产生过大的沉降变形时，会影响道路的正常使用。特别是产生过大的不均匀沉降时，路面会开裂破坏，构造物与路堤衔接处差异沉降，引起桥头跳车；涵身、通道凹陷、沉降缝拉宽而漏水；路面横坡变缓、积水等。

3. 地震、车辆震动等动力荷载可能引起地基软土

特别是饱和无黏性土的液化、失稳及震陷等。另外，由于外界水循环变化、温度变化等引起的管涌、冻融等也可能引起地基强度和变形的显著变化，从而影响道路的正常使用。

当道路工程特别是高等级公路工程中遇到上述问题时，必须采取地基处理措施，否则会引起质量问题。

（二）高速公路工程软基处理特点

（1）高速公路为大型线形工程，地基处理长度往往达几十公里，工程量大，地基处

理设计参数的每一点变化都会引起较大的经济影响，常规方法如强夯法中的动力置换、塑料排水板等往往不适用，因此必须对地基处理方法进行优化。

（2）高速公路沿线基础类型较多，如扩大基础、桩基础等。一般路段堤高变化大（2~7m），对地基处理要求也不一样，特别是一般路段和一般构造物常以变形作为设计控制标准，因此处理原则与方法应有针对性。

（3）高速公路往往穿越多种地貌单元，土层条件多变。同一种地基处理方法，也应根据土层变化进行调整。同时，沿线施工环境变化大，在施工顺序和施工方法上应重视对邻近已建和在建构筑物的影响。

高速公路地基处理质量检验方法应根据面广量大的特点，采用快速、经济、有效的方法，而常规的荷载试验、标准贯入试验等受到一定的限制。

高速公路工程软土地基处理的目的是利用夯实、置换、排水固结、加筋和热力学等方法对地基土进行加固，以改善地基土的剪切性、压缩性、振动性和特殊地基的特性，使之满足道路工程的要求。显然，对于交通量大、养护时间少的高等级公路，地基的处理直接关系到工程质量、投资和进度。因此，地基处理对节约基本建设投资、保证公路正常运营具有重要意义。

二、高速公路软基处理技术

当天然地基不能满足建（构）筑物对地基稳定、变形及渗透方面的要求时，需要对天然地基进行地基处理，以满足建（构）筑物对地基的要求，保证其安全与正常使用。

虽然地基处理的方法很多，但不管采用何种处理方法，处理后的地基必须达到以下几个方面的要求。

1. 强度要求：满足地基土在上部结构的自重及外部荷载作用下不致产生局部或整体剪切破坏。

2. 变形要求：满足地基土在上部结构的自重及外部荷载作用下不致产生过大的沉降变形，特别是超过建筑物所能容许的不均匀沉降变形。

3. 动力稳定性要求：满足地基土在动力荷载（如地震荷载）作用下不致发生液化、失稳和震陷等灾害。

4. 透水性要求：满足地基土的地下水不会由于施工而造成渗漏量或水力坡降超过容许值，而发生涌土、流沙、边坡滑动等事故。

5. 特殊土地基安定性要求：满足湿陷性黄土、膨胀土、内陆性盐土等特殊土上的建筑物不会由于不良土性而发生损坏。

(一) 软基处理的基本原则

1. 软基处理的基本原则

每一种地基处理方法都有其适用范围和局限性，不存在任何条件下都是最合理的万能处理方法。地基处理方案的选择，需要了解地基处理的目的、填筑路堤对地基的具体要求、设计要求的地基承载力、土的性质、施工工艺及设备、对施工周期的要求以及当地积累的施工经验、地方材料来源及单价、周围环境对施工的特定要求等。

一般来说，地基处理方案的选择必须具有地质报告等基本资料，必须了解周围环境对地基处理施工的要求，了解类似场地上同类工程地基处理经验，提供对地基处理设计的要求。

2. 软基处理方案的选择原则

（1）根据场地工程地质条件、建筑结构类型、使用要求、场地环境特点、施工设备、建筑材料来源及单价以及设计对承载力和变形的要求，初步选定几种可供考虑的地基处理方案。

（2）对初步选定的几种方案按技术可靠性、施工可行性、工期及造价等进行分析比较，并结合当地已有经验，确定最佳方案。

（3）注意软基处理方法的联合使用。特殊情况下，单靠一种处理方法难以满足工程要求，必须根据实际情况选择两种或几种处理方法联合使用。

(二) 高速公路工程施工中软基处理关键技术

软基处理技术种类众多，换填法、加筋法、预压法等都是较为常见的软基处理方式，不同的软土地基处理技术各有优点和特色，分别适用于不同的软土地基类型。高速公路工程施工中，一方面，要根据具体工程软基的实际情况，选择适合的软基处理方法，做到因地制宜，确保工艺技术选用科学；另一方面，要抓住软基处理技术要点，保证技术应用的规范、合理，达到预期的施工目标。

1. 换填法

换填法是一种常见的软基处理方式，适用于浅埋的软土地基，不适用于软土分布范围过大的情况。在施工前，需要组织技术交底，深入施工现场核对技术数据信息，明确施工工艺标准、检验标准等，确保技术人员熟悉设计图纸和工艺流程，规范指导路基换填施工。

换填的工艺流程包括测量放样、软土清除、回填、整平、压实、检测等环节。

开工前，需要确定路基换填的取料场，在施工现场换填路基两侧挖设临时排水沟槽，避免开挖软土期间地表水渗入。安排专门的测量小组进行测量放样，在软基换填边线放样时，需要对两侧加宽，对控制点复测以确认无误，再对中线和边线进行恢复。

换填前挖除不良土壤，软弱土层应确保清除干净，检测持力层的承载能力。基坑底部横坡坡度过大时，须开挖台阶。换填前需要对施工区域进行认真检查，使用水泵将积水抽干，将杂物清理干净并运出施工现场。对回填的材料，应进行检验以确认质量合格。在片石换填时可采用分层换填方式，按设计的换填厚度确定方格网尺寸，将片石换填到指定区域，最后用压路机反复压实。换填完毕后，可以撒细集料对缝隙找平，如需要设置隔离层可选用土工布。在一层换填质量合格后再铺筑下一层，保证铺筑平整再用设备碾压。压实过程要保持均匀的速度，碾压后应表面完整、无明显碾压痕迹，再进行质量验收。

2. 加筋法

加筋法适用于淤泥质土的地基中，尤其是坍塌路段的路基施工。通常在软土地基中添加具有抗拉能力的钢筋，增强路基承载力。加筋法的施工包括测量放样、清理场地、铺设土工布等一系列流程。

在加筋法开工前，需要对施工现场地表进行清理，通常清表厚度在30cm左右，再进行整平并填筑至原地面标高。施工中选用的土工布应满足交通运输部行业标准的要求，两幅土工布以缝合方式连接，叠合长度不小于30cm，两侧反包土工布在2.0m以上。

施工中砂砾垫层的作用在于排水，应选择级配好、强度高的材料，含泥量在3%以内，垫层应比路基边脚宽出50cm以上。铺设后，用压路机碾压使砂砾垫层密实度达标，两侧护砌可使用片石。

土工格栅铺设过程中，确保与路堤轴线方向垂直，铺设1.0m后用铆钉锚固，接缝靠近路基中间。铺土前，需要检查格室无破损部位。土工格栅施工用铁丝绑扎连接，固定在地面上，及时回填覆盖以免日晒影响格栅性能，回填时车辆不得在格栅上通过，回填后找平并压实。铺设下一层土工格栅时，使上下层错开并用下层格栅反包。格栅叠合长度、受力方向连接强度等满足设计要求，外侧用砂砾做保护层。

3. 预压法

软土地基中含有大量的水分，可以采用预压法对软基土层施压，将土层中的水分挤压排出，提高土层自身的密实度和稳固性。预压法通常采用堆载预压、真空预压的方式，排出软基中的孔隙水，加速软基沉降，使土体快速达到固结状态，承载力达到设计要求。预压法需要的时间较长，前期安装真空机、真空管，开挖密封沟，铺设密封膜，中期抽真空并预压，后期卸荷，都需要不短的时间，适用于工期较为宽裕的工程项目。

在施工准备阶段，应对预压处理的排水带进行施工，对土工膜、真空泵、中细砂等设备材料进行检查，确保施工设备和材料齐全，质量达标。其中，密封膜应布置两层，以聚乙烯薄树脂为原材料，压延或吹塑后通过热板焊接得到达标的薄膜。同时，密封膜上下面铺设土工布，以防薄膜损坏。排水管承担传递真空压力和排水的作用，主管使用PVC透水管，管壁上无孔洞，环向刚度达到$4kN/m^2$以上，沿纵向布置。滤管使用PVC花管，外包透水滤布，管壁上开正三角形孔，环向刚度同样不低于$4kN/m^2$，在加固区横向布置，间隔距离在6m以内。要对场地进行清理，使场地中间略高于四周，清表后铺设30cm的砂砾，再设置排水带和观测仪器。

铺设滤管时，按照鱼骨形布置，埋设到砂砾层中，相邻滤管用软接头相连，以免抽真空过程中地基变形使接头脱开。滤管铺设后，再在表面铺设20cm的砂砾，防止尖锐物刺穿密封膜。在密封沟开挖时，要按照设计要求规范作业，挖好的密封沟达到加固区边侧的透水层。铺设密封膜时，通常预压面积在$1000m^2$以上，由于是大面积施工，要注意预防搭接局部热合不佳等问题。在铺设作业过程中，要严格按照设计要求规范作业，在铺膜前捡出垫层表面的石子、碎渣，填补设置排水带时的孔洞，再按照土工布、密封膜、土工布的顺序铺设。铺好一层后，需要认真检查，及时补洞，确认质量合格后再开展后续铺设。铺膜施工时间建议选择在风力不大的白天，顺风向铺设，密封膜展开方向与包装标出方向一致，长宽应超过加固区两侧，每边有3m以上埋入土层中。如果风力过大，建议停止施工。回填料适宜使用无杂物黏土，确保回填密实。

安装真空泵时，先试运检查，真空吸力应达标。抽真空时吸力应保持在95kPa以上，真空泵安装要平稳，与滤管连接稳固，安装作业检查合格后才能接通电源。同时，真空管路应有适应排水要求的过水断面，可以承受径向压力，这要求真空管路之间连接点要有效密封，并安装止回阀防止停泵后真空度快速降低，停泵24h后关闭止回阀。施工过程中，如果联合使用真空预压与堆载预压两种工艺，可在真空度达到要求5~10d后进行堆载预压，以节省预压时间。堆载加载时第一层堆载厚度在40cm以上，堆载过程中避免强振碾压，控制压实度在90%左右。

4. 振动挤密砂桩技术

桩基础是软基处理的常见方式，具体可划分为很多种类，振动挤密砂桩是适用于淤泥质土层的桩基础施工技术。振动挤密砂桩处理后的软土路基位移量和沉降量小，可以显著提升路基承载能力，提高路基稳定性，增加高速公路使用寿命，具有施工成本低、对周边环境污染破坏小等优势，不仅对软基起到不错的控制作用，还具有较好的社会经济效益。本文以振动挤密砂桩为例介绍桩基础的应用要点。

在施工准备阶段，需要对相关人员进行技术培训，熟练掌握振动挤密砂桩法施工工艺。同时，做好施工机械的调试和维护，避免机械设备在使用过程中出现故障问题。使用全站仪等测量设备，放样标记软基处理范围，确定路基两侧桩位。桩管下沉前，用油漆标注沉管深度。桩机到位后，平稳安装，保持桩管竖立状态，使用全站仪调整避免桩身出现偏差。

砂桩布置采用等边三角形方式，桩身长度14m，桩身直径50cm，桩间隔1.2m，褥垫层50cm，路基填筑高度超过4m区域还应设置两层复合土工织布。振动挤密砂桩成型30d后，使用精密探测器检测桩身密实度和长度指标，判断桩身是否合格，合格后方可进行砂垫层施工。

堆载采用路基填筑材料预压，填筑过程中确保材料均匀、密实，压实度达标。碾压施工后，监测压实度和沉降量，完工后沉降量应在10cm以内，沉降量监测合格方可铺筑路面。为了解路基沉降量情况，需要对施工现场进行实时监测，组织技术人员入场按照图纸要求做好沉降监测、位移监测等工作，将监测数据汇总上传，评估软基处理效果。

振动挤密砂桩法加固过程中，受人员操作和外界因素影响，可能出现桩身倾斜、断桩、堵管等问题。桩身倾斜主要原因是沉桩前未使用全站仪监测桩身垂直、水平情况，或监测数据存在误差，导致下沉后大幅倾斜。为此，应认真做好沉桩前的桩身监测工作，确保全站仪监测数据的准确、可靠。断桩和堵管可能是塌孔或沉管活页打开不及时引起的，以及进入管内的砂料含水量过大使得无法及时降到底部。针对这些问题，需要认真按照施工工艺标准规定的要求作业，对施工过程中涉及的设备仪器、原材料等进行检测，避免因人员疏忽引发各种突发意外情况发生。

综上所述，高速公路工程施工质量直接影响高速公路的使用寿命和稳定运营，还关系到过往车辆人员的生命安全，以及社会经济的稳定发展。在高速公路工程施工中，需要高度重视软土地基的处理工作，不仅要结合工程实际选择适合的处理技术，做好软基处理技术方案设计，还要在施工过程中确保每个工艺流程符合规范标准，避免工程质量、安全问题的发生，保证软基处理效果。

三、公路路基路面设计中软基处理注意事项

（一）提高对软土地基处理的重视

现阶段，我国在进行公路工程建设的过程中，经常会遇到软土地基，大部分设计人员

没有前往施工现场对软土地基的情况进行深入了解，在进行路面路基的设计过程中表现得较为随意，最后就会造成处理效果达不到预期的问题。针对这种情况，应当有效强化设计人员对于软土地基的认识，明白软土地基的危害性，通过对实际情况进行分析来掌握软基土质的类型以及特点，同时在实际设计时采取最为有效的方式。此外，相关领导也应当积极发挥带头作用，在对工程项目进行规划时，必须对软土地基的施工提出相应的质量标准。同时，要针对软基处理问题召开会议，对具体处理措施进行分析，以此来为工程施工打下良好的基础。

（二）软基处理工作中需要注意的问题

在进行软基处理工作时，需要注意以下两点：

1. 严格控制石灰原料的处理工作

目前，石灰作为公路工程中应用最为普遍的填筑原料，在软基处理工作中也发挥着非常关键的作用，因此在应用石灰时，一定要确保其能够充分消解，如果消解程度不够，在后期遇到雨雪天气以后会使路基路面发生十分严重的膨胀问题，最终就会导致公路工程质量受到非常严重的影响。并且石灰作为一种容易受潮的材料，在进行保存时必须将防潮处理做到位。

2. 对湿土的含水量进行严格控制

在进行软土地基处理的工作中，含水量是最为关键的影响因素，如果地基的含水量过高，就会严重影响公路的稳定性以及使用寿命。同时，就算是施工环境周围有着很高的温度，路面的表面也十分干燥，但是内部还是有着很高的湿度，这也会对软土路基的处理质量造成严重影响，因此，一定要严格控制湿土的含水量。

（三）做好安全管理工作

在进行公路路基路面设计的过程中，设计人员也是其中的关键，设计人员的专业能力与设计工作的整体质量息息相关，所以，为了使设计的质量以及效果得到保障，就一定要对公路工程施工现场的地质条件进行充分掌握。在进行设计工作时，应当注意如果公路施工区域附近有河流与护坡问题，在进行方案设计的过程中应当对路基路面的稳定性进行充分考虑，同时需要对软土地基的含水量进行有效检测。此外，在进行勘察工作时，如果有施工条件达不到施工要求，就应当通过相应的措施进行改善，预防地基不均匀沉降问题，使施工现场的安全性得到进一步保障。

综上所述，为了进一步确保公路工程的施工质量，就必须加强软基设计工作。对公路质量来说，软基处理工作发挥着十分重要的作用，应当确保设计方案的有效性以及选择合适的施工技术，来保证软基处理质量，进而提升公路工程的整体质量，推动我国公路工程建设的进一步发展。

第二节　滑坡处理技术

滑坡是一种严重的地质灾害，也是最常见和最普遍的自然灾害之一，常常会给人类的生命财产安全带来重大威胁。滑坡可能导致交通中断、河道堵塞、城镇被淹没等灾害。边坡的稳定性直接决定着工程修建的可行性，影响着工程的建设投资和安全运行。

滑坡是一定地质、地形条件下，斜坡部分岩、土在自重作用下，受自然因素或人为因素影响失去稳定，沿着内部某一软弱面（或带）产生滑动变形的现象。滑坡治理设计要解决的根本问题是在边坡的稳定与经济之间选择一种合理的平衡，力求以最经济的措施使建筑物的边坡满足稳定性和可靠性的要求。

滑坡一般会有前兆，表现为：滑坡前缘出现横向及纵向裂缝，前缘土体出现隆起现象；滑体后缘裂缝急剧加宽加长，新裂缝不断产生，滑坡体后部快速下座，四周岩土体出现松动和小型塌滑现象；滑带岩土体因摩擦错动出现声响；滑坡前缘出现鼓丘等。同时，滑坡还常常伴随崩塌与泥石流，对工程施工和工后运营危害严重。

一、高速公路滑坡出现的原因

（一）地形地貌的影响

在进行高速公路项目施工的时候，由于路基开挖通常位于较低部位，特别是在滑坡体地段存在冲沟切割的问题，一旦雨水在此汇聚将严重影响岩体的强度。若是开挖坡度超过自然斜坡将产生临空面，加之受到重力的影响，边坡结构将极易出现松散与下滑等问题。

（二）地层岩土的影响

在实际施工过程中，滑坡上部的土体往往是全风化的粉砂岩，而下部的粉砂岩结构相对更加坚硬。对前者来说，其结构比较松散、黏性与抗剪性能均不佳，而该结构拥有较好的透水性能。但是对后者来说，其透水性能得不到保障，往往会发生地下水汇聚的问题，从而影响整体结构的硬度，提升滑坡发生的可能性。

(三) 水文地质的影响

由于施工会受到暴雨等自然因素的干扰，若是雨水掺杂至滑坡体中，除了会使土体重力变大，同时也会令岩土原本性能发生变化，从而引起粉岩层的软化，影响岩土的抗剪能力，导致滑坡事故的发生概率提升。

(四) 路面车辆及人类活动的影响

1. 在高速公路运营过程中，因为来往车辆的作用，道路所承受的荷载必然会出现大幅上升，从而影响着边坡结构的稳定，同时，因为来往车辆不断震动也将干扰边坡的稳定性能，从而导致滑坡事故爆发的可能性增加。

2. 施工环节中，施工人员开展工作的同时也会引起滑坡事故。比如，路基开挖工作将破坏土体的原本结构，从而导致其荷载力下降、岩土出现形变，路面土体分布不均匀，进而破坏整体结构的稳定性能。

二、高速公路防治原则与治理方案

(一) 高速公路滑坡防治原则

滑坡防治是一个系统工程包括预防滑坡发生和治理已经发生的滑坡两大领域。"预防"是针对尚未产生严重变形与破坏的斜坡，或者是针对有可能发生滑坡的斜坡；"治理"是针对已经产生严重变形与破坏、有可能发生滑坡的斜坡，或者是针对已经发生滑坡的斜坡。也就是说，一方面要加强地质环境的保护与治理，预防滑坡的发生；另一方面要加强前期地质勘察和研究，妥善治理已经发生的滑坡，使其不再发生，要保证做到"防中有治，治中有防"。同时，滑坡防治应采取工程措施、生物措施以及宣传教育措施、政策法规措施等多种措施综合防治，才能取得最佳防治效果。因此，滑坡防治应坚持"以预防为主、防治结合、综合防治"的原则。

(二) 高速公路工程预防"工程滑坡"的方案

所谓"工程滑坡"是指无古老滑坡迹象，但具有产生滑坡的地形地质条件，在工程施工中发生的滑坡。有开挖边坡形成的滑坡，也有填堤和弃土形成的滑坡，前者更为常见。预防滑坡更具有重要意义。

1. 预防边坡开挖形成滑坡的方案

高度大于 30m 的高边坡开挖后发生变形和滑坡的事例最多，因此是预防的重点。

(1) 高边坡的特点

高边坡是将地质体的一部分改造成为人为工程设施，因此其稳定性受控于坡体的地质结构（地形地貌、地层岩性及在边坡上的分布，地质构造和水文地质条件）及人为改造的程度（坡形、坡高、坡率，相应的排水和加固工程及施工方法）。高边坡设计对地质条件的依存性、预测性、风险性以及对科学施工的要求都是十分突出的特点。

(2) 设计原则

①查清坡体结构和岩体结构，正确预测边坡的破坏模式和范围是设计的基础。

②尽量减小边坡的总高度。高度小于30m的边坡设计符合岩土体强度条件的坡形和坡率。大于30m的边坡设计较陡坡率（应保持施工中稳定）结合排水和支挡加固工程以减少边坡的总高度。贯彻"固脚强腰"原则，既保整体稳定，又保局部稳定。

③保护环境与美化环境的原则。尽量减少植被破坏，避免"扒山皮"式刷方，加固和防护措施应与环境相协调。

④动态设计，信息化施工原则。随着边坡开挖揭露的地质情况，调整原设计使之符合边坡的实际条件。边开挖，边支护，防止坡体长期暴露、松弛、风化、雨水渗入而发生变形。

(3) 设计方法

由于高边坡地质结构的复杂性和多样性，其设计方法还是综合采用工程地质分析比拟法、力学计算法和经验法。因为高边坡尚未开挖，变形没有发生，其破坏模式和范围只能根据坡体结构进行预测，然后才能进行力学计算。除了类均质土坡可用滑面搜索法找出最不利滑面外，一般岩质边坡的破坏面（潜在滑动面）皆受控于结构面、软弱夹层和风化界面，只能通过工程地质调查分析确定。其破坏范围与开挖坡高有一定关系，一般水平计算长度为坡高的1.5~3.0倍。顺层边坡，当岩层倾角为10°~15°时，为4~6倍；大于15°时，可达6~10倍。可从当地类似条件已发生的变形进行比拟，然后进行推力计算。

坡形和坡率设计：一般设计为台阶形，土质边坡和全风化岩质边坡，每级坡高6~8m，其他岩质边坡8~10m，坚硬岩层也可10~12m或更高。每级边坡之间设2~3m宽的卸荷平台，对高度大于40m的边坡，最好中部（或岩性分界处）设宽4~6m的宽平台以调整坡脚应力。坡率设计参照有关规范和地区经验，有支挡工程的边坡可适当采用较陡的坡率。

(4) 高边坡的排水和支挡方案

①排水系统。完善高边坡周围的地表排水系统防止边坡变形已成共识。但地下排水工程由于前期地质资料不足常被忽视。实际上地下排水对保持边坡稳定是非常重要的。对地

下水特别发育的边坡，采用隧洞截水是必要的，例如：京珠高速公路粤北段 K108 高边坡、渝黔高速公路向家坡滑坡均在坡体上部设置了截水隧洞和渗管，对疏干边坡保持其稳定起了重要作用。一般边坡只要有地下水出露，在出水段设置仰斜排水孔排水是不可缺少的，但孔深应达到潜在滑动面以下，孔间距为 5~10m。

②支挡工程方案。支挡工程的布设必须贯彻"固脚强腰"的原则。坡脚应力和地下水集中，最易破坏而引起整个边坡失稳，应加强支挡，此为"固脚"。边坡中部支挡主要防止局部浅层滑动。由于支挡形式很多，以下只简单归纳 6 种类型：

a. 类均质土坡，总高度不足 30m，可能从坡脚滑出时，根据推力大小，可在坡脚做抗滑挡墙，或抗滑桩，渗水处设仰斜排水孔。

b. 当边坡较高，只有一层滑面从坡脚滑出且推力较大时，可在坡脚或一级边坡平台上设一排抗滑桩，并应先做桩，后开挖桩前土体，以保坡体稳定。

c. 近水平岩层下伏软弱岩层可能发生挤出型滑坡时，可用抗滑桩加固。也可对边坡用锚索加固，坡脚软岩用钢花管注浆加固。

d. 当有多个软弱夹层会发生多层滑坡时，可采用分层支挡，浅层用锚索或长锚杆束支挡，深层用锚索抗滑桩或桩与锚索相结合。

e. 当滑坡从边坡上剪出时，在坡脚做桩悬臂太高，不合理，可采用锚索支挡。也可采用半坡抗滑桩支挡，但必须保证桩的锚固条件，如桩前边坡用锚索加固。

f. 当滑体和滑床岩体较完整，滑带薄且推力不大时，可采用微型桩排（直径 100~300mm）加固，桩头必须用钢筋混凝土梁进行联结。

2. 路堤滑坡的处理方案

（1）变形类型

①陡坡填堤；②沟槽填堤；③软基上填堤。

（2）变形原因

下伏土层软弱，坡度较陡，地下水发育且处理不当，填方加载。

（3）防治方案

①软基处理。挖除换填或做其他处理。

②排水工程。地表截排水沟，堤体下盲水排水或仰斜孔排水。

③支挡工程：可根据具体地形地质条件采用以下措施：a. 路堤下侧反压护道；b. 抗滑挡土墙和支撑渗沟；c. 抗滑桩板墙或锚索框架；d. 滑坡钢锚管注浆加固（穿过滑带）。

(三) 高速公路滑坡治理方案应考虑的因素

高速公路滑坡治理方案应考虑的因素：

1. 滑坡的性质、规模和稳定状态是制订防治方案的地质基础

滑坡的类型、规模、地形地质条件、主要作用和诱发因素、破坏机理和模式、目前的稳定状态及其在人为和自然因素作用下的发展趋势的正确分析和判断，是制订防治方案的基础，设计人员必须深入了解和掌握。在以往防治失败的教训中，绝大多数是由于对滑坡定性不准或判断失误造成的。例如：漏判了古老滑坡，施工后滑坡复活；漏判了深层滑面，使抗滑工程埋深不足而变形；对人为活动影响估计不足缺少预防措施，施工中滑坡复活或新生；滑坡推力计算偏小，造成支挡工程被破坏；等等。

2. 防治的目的和原则是制订方案的根据

（1）保护对象的重要性不同，对滑坡稳定性的要求不同。例如：低等级公路与高等级公路，临时工程（如基坑）和永久工程，影响路基的滑坡与危害桥梁（特别是大桥）和隧道的滑坡，对滑坡治理后的稳定度要求不同，前者达 1.15~1.20 即可，后者常须达到 1.20~1.30，甚至更高。高地震烈度区的滑坡还应考虑地震作用下的稳定系数，库岸滑坡应考虑水位变动下的稳定度。

（2）滑坡的剧滑危险性和危害性不同，治理要求也不同。滑坡的滑面倾角陡，剧滑危险性大，灾害严重者，常须采取应急措施，例如：滑坡上部减重、前缘反压、地表和地下排水、夯填地表裂缝和加强监测等，防止剧滑破坏，并应尽快勘察，制订永久治理方案。对缓慢蠕动型滑坡，危害不很严重者，则可从容勘察和治理。前者安全系数取大值，后者则可适当减小。

（3）"一次根治，不留后患"已成共识。但对规模巨大、性质复杂的滑坡，短期内不易查清其性质，治理投资巨大、危害不很严重者，则加强监测，统一规划，逐步勘察，分期治理。

（4）是防治整个滑坡，还是只保建筑物安全？有些公路路基或桥梁位于滑坡的上缘，可以只保公路安全而不治理整个滑坡以节省投资。

3. 详细分析各种防治措施的适用条件及其对要防治的滑坡的适用性

防治滑坡的措施有改线绕避滑坡，局部改变线路平面位置和纵坡，减重、反压、排水和支挡工程等，必须结合要防治的滑坡的具体地形地质条件综合分析比选而形成合理的方案。如在选线阶段尽量避开大型滑坡和滑坡连续分布地段，岩层顺倾地段和厚层堆积层地段,否则应采取预防措施。减重、反压是治理滑坡见效快且经济的措施,但对环境保护要求高和有重要建筑物的地方不宜采用,只能采用支挡和排水措施。当地下水发育且分布比较清楚时,在滑体外或上部做隧洞截水是十分有效的,但地下水分布不清时则只能采用仰斜孔群排水,且孔深应穿过滑动带。当滑坡有多层滑面时,最好采用抗滑桩支挡,但当滑面在边坡上出露时抗滑桩悬臂太高,不经济,可用锚索框架或与桩联合支挡等。

4. 方案的可靠性、耐久性、先进性、经济性,对社会环境的影响及施工的难易等

综合分析以上各个因素,多方案比选,才能做出符合实际的优化方案。

(四) 高速公路滑坡治理方案的选择

首先应说明,除绕避滑坡的方案外,凡须治理的滑坡,其防治原则都是针对造成滑坡的主要原因采取主要措施,辅以其他措施进行综合治理。因此以下讨论均以主要措施为主。

1. 绕避滑坡的方案

贯彻"地质选线"的原则,详细查明滑坡的状况,尽量避开大型滑坡和滑坡连续分布地段,可以用桥梁跨河绕避,也可以用隧道绕避。但新改线路不应有新的大型滑坡。隧道洞顶依据岩体质量好坏距离滑动面应大于10~15m,不使隧道开挖影响滑坡稳定,或滑坡滑动影响隧道安全。

2. 线路通过滑坡的治理方案

当线路无法或不宜避开滑坡时,针对滑坡的不同情况可采用以下治理方案:

(1) 稳定性较高满足设计要求的滑坡,例如:某些崩塌性滑坡,滑动距离长,重心降低多,抗滑段较长,又无河(沟)水继续冲刷的,主要是控制人为作用因素,如:填、挖工程位置和数量,灌溉水及生产、生活用水防渗等。完善地表排水系统,一般可不做支挡工程。当滑坡前缘有河沟水冲刷时,应做防冲刷工程。

(2) 稳定性不满足设计要求的滑坡。目前处于稳定状态,但在人类工程活动下可能局部或整体失稳的古老滑坡,或已经活动的滑坡采用以下治理方案:

①有条件时局部调整线路平面位置和纵坡,不在滑坡的主滑段和牵引段填方,不在抗滑段挖方,或尽量减小填、挖高度,最好在主滑和牵引段挖方减载,在抗滑段填方增加其稳定性。稳定性不足时须设排水和支挡工程。

②当滑坡地下水发育时,应首先设置地下排水工程,降低滑坡地下水位和滑带土孔隙水压力,提高其稳定性,减少支挡工程量。

③桥梁通过滑坡的治理方案。桥梁是重要建筑物,一旦被破坏后果十分严重。因此,

一般不以桥梁通过滑坡。但近年来山区高速公路受地形限制，也为减少填方对滑坡稳定性的影响，采用了一些桥梁通过古老滑坡的方案，如云南保山至龙陵高速公路有多处滑坡是桥梁通过的。但桥梁对滑坡移动比路基更敏感，为保桥梁安全，可采用在桥墩山侧或河侧设一排抗滑桩或在每个桥墩前做三根抗滑桩保桥梁安全。有条件时，也可在滑坡前缘填土反压保滑坡稳定，并应先治滑坡后做桥梁墩台。

当桥梁位于上、下两级滑坡之间时，两级滑坡的滑动均可能危害桥梁，则须在桥梁山侧和河侧均设支挡工程。当填方高度不大时，不如将桥改为路基填方而设抗滑桩板墙更为经济。

④隧道通过滑坡的治理方案。隧道一般也不应穿过滑坡设置，不得已须穿越滑坡时，滑坡必须得到治理并确保稳定。

⑤减重和反压方案。在滑坡的主滑和牵引段挖方减重，在抗滑段及前缘反压是最经济有效的处理方案，尤其对已经有变形迹象的滑坡能取得快速稳定滑坡的效果。与支挡工程结合，能减小滑坡推力，减少支挡工程量，节约投资，在有条件时应尽量采用。

减重不能引起上部和两侧山体新的变形（如浅层滑坡滑动）。对多级牵引式滑坡不能因前级减重引起后级滑动。

反压应有一定高度，不能造成滑坡"越顶"滑动。填土下应做透水垫层或盲沟排水，不能堵塞地下水通道。

⑥只保工程安全而不处理整个滑坡的方案。当线路从滑坡后缘附近通过时，可在线路外侧做一排锚索抗滑桩或锚拉桩保线路安全而不治理整个滑坡。因为滑坡上部范围小，推力小，可节约投资。

⑦支挡工程方案的选择。支挡工程，包括抗滑挡墙、抗滑桩、锚索抗滑桩、锚索框架（地梁）、微型桩群和反压土石堤等，由于其稳定滑坡见效快，是大多数滑坡治理常采用的措施，但也是造价最昂贵的工程，它的合理选择非常重要。

a. 支挡工程位置的选择。抗滑支挡工程一般设在滑坡的抗滑段滑体较薄处，充分利用滑坡自身的抗滑力而减少支挡工程量。但当被保护的对象如路基、桥梁、建筑物等位于滑坡的中、上部时，只能依据保护对象的需要选择支挡工程位置，已如前述。高速公路沿线的抗滑桩工程为保护环境和视角及施工中的安全，将桩埋入一级或二级边坡平台，是值得推广的方案。

b. 结构形式的选择。结构形式的选择取决于滑坡推力大小，滑面埋深和施工条件。当滑坡推力小于300kN/m，滑动面埋深小于2~3m时，可用抗滑挡土墙。当滑体含水量较高时，可与墙后支撑渗沟一起使用。墙高应保证滑坡不会"越顶"滑出。当滑坡推力为

300~1000kN/m 时，采用普通抗滑桩或锚索抗滑桩；滑坡推力为 1000~1500kN/m 时，最好采用锚索抗滑桩以减小桩身截面和埋深。更大的滑坡推力，则须设两排桩，或桩与锚索框架共同抗滑，或分级支挡。

当有多层滑面时，应分层计算滑坡推力，支挡工程应保证各层滑坡的稳定。

值得提出的是，多层滑面的滑坡，各层的活动状态和复活的可能并不相同，可采用不同的安全系数计算滑坡推力。当深层滑面在排水后无滑动可能时，抗滑桩不一定要锚入深层滑面以下。这样可减少桩长，节约投资。

三、高速公路滑坡工程处理措施

根据滑坡的成因，其处理措施通常有以下几种：

（一）削坡减载

削坡减载是边坡处理的常用措施之一，主要针对由边坡过高、边坡太陡导致的边坡失稳。通过削坡减载，去除一部分不稳定的土体，使土体边坡坡度放缓，达到提高稳定性的目的。

（二）加固

边坡加固方式通常有注浆加固、锚杆加固、土钉加固、预应力锚索加固等。

（三）支挡

支挡工程是边坡处理的基本措施之一，也是一种较为可靠的处治手段，它的优点是可从根本上解决边坡的稳定性问题。通常采用以下方法：

1. 抗滑挡土墙

中小型滑坡下滑力不大时，可设置抗滑挡土墙或片石垛，最常用的形式是重力式挡土墙。对于大型滑坡，宜采用加筋挡土墙、锚定板挡土墙以及预应力锚索、锚杆挡土墙等加固方法。

2. 抗滑桩

抗滑桩是借助桩与岩土体的共同作用，把抗滑推力传递到稳定地层的一种抗滑结构，例如：钢筋混凝土桩和钢管桩，具有抗滑力强、桩位灵活、拷工量小、施工简便安全等优点。

3. 锚固法

锚固法是指用预应力锚索或锚杆来加固滑体的一种方法，具有主动受力、施工简便、工期短、成本低等优点。锚杆加固多用于辅助工程，配合其他措施治理滑体，其中预应力锚索，多用于岩层滑坡。

（四）防护

边坡防护包括工程防护和植物防护两种。工程防护包括砌体封闭防护、喷射混凝土防护、挂网喷锚防护。植物防护是指在坡面上栽种树木、植被、草皮等植物，通过植物根系的作用起到固土、防止水土流失的一种生物防护作用。

（五）排水

排水工程包括地表排水和地下排水，其目的是把地表水截流排泄至滑坡体两侧天然沟谷，并把滑体内地下水引出体外，以减少滑坡体受水理作用而产生边坡失稳。地表排水形式主要为截水沟、排水沟。截水沟通常设置在边坡外缘，以防止边坡以外的水流进入坡体，对坡面造成冲刷；排水沟设置在边坡体内，使坡内水流能尽快排出坡体，避免水流对边坡稳定产生不利影响。浅层地下排水措施主要为盲沟和截水渗沟，其深度一般为数米。深层排水措施主要为仰斜钻孔、垂直钻孔、水平钻孔和集水井，其深度可达数十米。

四、高速公路滑坡治理措施

滑坡病害主要由膨胀土引起。滑坡所在地貌的地层上部为侵入岩，褐黄色，含有钙质结核，局部铁质成分聚集形成褐红色不规则图形，节理裂隙较发育，为块状或大块状，表层风化严重，呈碎块状；表层1~2m为风化破碎带。

产生路堤滑坡的原因有二：一是路堤填方相当于在古滑坡中后部加载，增加了下滑推力；二是河岸冲刷导致古滑坡前缘抗力减小，古滑坡前缘侵入河床内，滑动面在河床下2.5m左右，路堤坡脚位于河流凹岸顶冲区段，受雨季冲刷的影响，坡脚坍塌，阻滑段削弱，造成滑坡复活，使路堤失稳。

针对滑坡特点和产生原因，提出以下的治理措施：

1. 考虑到滑坡段路堤上裂缝满布，路基结构强度遭到破坏，为消除隐患，挖除已变形松散的填方路堤及部分滑床至高程1250m左右，对地基进行处理后重新填筑。

2. 对填筑碎石垫层进行强夯，以防止基底灰白色砂质粉土的振动液化，还可破坏原有的滑动面结构，增加地基承载力。

3.在路堤坡脚处设置一排预应力锚索抗滑桩(31根),抗滑桩伸入河床以下稳定地层里,防止河流冲刷继续淘蚀坡脚,使路堤失稳。

锚索抗滑桩可以嵌入滑动面以下稳定地层里,也可以悬臂外露一部分,起到防止河岸冲刷的作用,稳定填方路堤,阻止滑坡再次滑动。若用一般重力式挡墙,不仅承受不了滑坡及填方路堤侧向推力,而且基础需要很深,还要水下作业,质量实难保证。

第五章　边坡防护技术

第一节　概述

植被防护是随着时代进步而产生的一种防护形式，采用植被防护是保护公路环境的最佳方案。利用植被根系与土的紧密结合，使地表层土壤形成不同深度的、牢固的稳定层，极大地减缓了坡面径流水对边坡的冲刷，对边坡具有很强的加固作用，同时降低了公路对自然环境的破坏，使公路与大自然和谐地融合在一起。

一、边坡生物防护的设计原则

边坡生物防护设计包括植被设计、土壤设计、施工技术设计和养护方案设计。植被是边坡生物防护的主体，土壤是边坡生态系统的基础，施工技术是边坡土壤植被系统重建的关键措施，养护是边坡植被迅速恢复的重要保证，只有这四者达到相互协调，公路边坡生物防护的目的才能实现，路域生态系统才能恢复并达到稳定。

（一）植被设计原则

植物群落设计是边坡生物防护及路域生态恢复的关键之一。植物群落设计的核心是有针对性地选择施工路段拟种植的植物物种及其组合结构。对边坡来说，选择植物物种的最基本要求有两点：一是要保证在坡面上建植的植物群落有较高的存活率；二是要使恢复后的植物群落具有稳定性和能够自我维持、更新的能力。

边坡植被设计要遵循以下原则：

1. **因地制宜、适地适种原则**

因地制宜、适地适种的含义有三点：一是要遵循植物地带性规律，按照当地的气候特征和土壤特性选择物种，尽量选择乡土物种；二是要根据坡面的地形地貌，坡面组成物质的特征选择物种，例如：向阳坡和背阴坡应分别选择喜光耐旱（高羊茅、无芒雀麦、白羊草）和喜阴不耐旱（多年生黑麦草、早熟禾、紫羊茅、披碱草）的物种，坡度较陡的岩石坡面可选择能攀缘生长的藤本植物，不同坡度的边坡设计不同类型的群落（见表5-1）；

三是要考虑到后期管护的问题,选择抗逆性强、耐干旱和耐贫瘠的物种。

表 5-1 坡度和植物发育状态

坡度	植被生长发育状态
缓于 1:1.7（30°以下）	可以恢复以乔木为主的植物群落,周边的本地种容易侵入,植物生长容易,如能形成植被覆盖层,边坡表面几乎不发生土壤侵蚀
1:1.7～1:1.4（30°～35°）	35°以下的边坡如果不做植物防护,周边植物的自然入侵可以形成植物群落
1:1.4～1:1.1（35°～45°）	可以建造以草本覆盖地表,以中、低高度乔木为主的植物群落
1:1～1:0.8（45°～50°）	可以建造由低矮乔木和草本构成的植物群落,种植高大乔木会带来坡面不稳定
陡于 1:0.8（50°以上）	如恢复以草本为主的植被,必须结合加固坡面的工程措施

2. 物种多样性原则

物种多样性是生物多样性的重要组成部分,一般可以认为它是群落内物种数目和每一个物种的个体数量。把握物种多样性原则应注重三个问题:一是避免单一种的大量使用,尽可能地采用混播,例如,采取禾本科与豆科、菊科混播,乔、灌、草混播等。二是注重地区(大范围)物种的"绝对"丰富和地段(小范围)物种的"相对"丰富,即整个地区的群落类型和物种数目尽可能地多,局部路段的物种数目相对稳定。例如,植草的边坡,物种数目以 3~5 种为宜。这样可避免由于种间竞争导致的初期投入的很多物种发芽后难以存活。初期投入适量的物种作为先锋种,先达到覆盖地表,为整个生态系统恢复创造条件的目的,然后经过 4~5 年的自然竞争淘汰,邻近的本地群落的物种不断侵入,最终逐渐形成适合于当地地带性特征的植物群落。三是对外来种的引入要特别注意,确保生态安全。

3. 护坡效果原则

边坡生态恢复的主要目的是保护坡面和恢复生态。在进行植被设计时必须考虑到护坡对植物的要求:一是要求选用速生植物种,尽快在坡面形成植被覆盖层。因为只有当植被层迅速形成之后,外力对坡面的侵蚀才有可能被植被层阻挡而化解。二是要求选用根系比较发达的植物。因为发达的根系可以牢牢地抓住土壤,与植物的叶茎的覆盖作用相结合,达到保护坡面的效果。

4. 美化景观原则

要考虑边坡植被对道路的绿化美化作用。利用植物的形状、颜色、花期、绿期、空间布局等特点，使恢复后的边坡植被既能与周围环境相融合，又能对驾驶员的视线起到引导作用。

（二）土壤设计原则

从土壤的角度来看，挖方（路堑）边坡可分为三种：第一种是石质边坡，下伏基岩裸露，边坡表面没有土壤；第二种是石质土边坡，基本上为岩石的风化壳，掺杂有洪积物或坡积物，从严格的意义上来说，这些风化物或洪积物也不能算是土壤；第三种是土质边坡，土壤的有机质层被破坏，心土层或母质层外露，土壤的理化性质很差。对挖方边坡来说，如果不在其表层添加土壤改良剂或有机合成物质，只是简单地栽种植物，即便植物能够发芽，也难以正常生长并形成稳定的植被层。填方（路堤）边坡的情况要略好于挖方边坡，大部分的填方边坡或多或少会有一些沙质或泥质颗粒外露，但其养分情况也难以与该地的自然土壤相比，如果不对其进行改良，填方边坡的植被也很难迅速恢复，往往呈现出稀少、散落和发育不良的状态。

从工程施工来讲，边坡土壤与边坡植物有一个很重要的不同，植物播种可以多次实施，一次失败后还可以再次播种，施工成本并不太高，而边坡土壤改良只能在边坡生物防护工程中的改土阶段实施，也就是说只能在第一次植物播种前（或播种中）一次性解决，如果因土壤的养分或结构有问题而要重新施工，无论是施工难度和施工成本都很高。基于这样的原因，土壤设计原则如下：

1. 养分充足

人工配制的边坡土壤所含的养分一定要非常充足，能完全满足植物从播种发芽到覆盖层形成期间的养分需求。

土壤养分是指土壤中含有的植物生长所需要的养分。植物对土壤养分的需求可分为大量元素和微量元素，大量元素是指氮、磷、钾、钙、镁、硫等，微量元素是指铁、锰、锌、铜、硼、钼、钴、碘等。一般说来，植物所需要的大量元素氮、磷、钾在土壤中含量甚少，需要调节补充，而植物所需要的微量元素，土壤中的含量基本上可以满足植物生长的需求。

保证土壤养分充足的主要方法是添加各种肥料，包括无机肥料和有机肥料。无机肥料（化学肥料）的特点是养分含量高，肥效快，施用和贮运方便；有机肥料的特点是肥效慢，肥力持久，有利于土壤团粒结构的形成。对人工配制的边坡土壤应速效肥与缓释肥共用。

2. 酸碱适中

土壤酸碱性决定于土壤中氢和氢氧根的相对含量，当氢离子（H^+）含量过多时，土壤呈酸性，当氢氧根离子（OH⁻）过多时，土壤呈碱性。当氢离子与氢氧根离子数目相等时，土壤呈中性。我国长江以北地区的土壤多属中性至碱性土壤，长江以南地区的土壤多属酸性和强酸性土壤。人工配制的边坡土壤其酸碱度不宜比当地自然土壤更偏酸或更偏碱，一般说来以近于中性为宜。

3. 结构合理

土壤结构性是指土壤颗粒的空间排列方式及其稳定程度，以及与之相关的孔隙状况。常见的土壤结构有块状结构（缺乏有机质的黏性土、死黄土，常称为坷垃）、片状结构（砂性土、砂性壤土常出现的结皮、板结层）、柱状结构（半干旱地带的心土层和底土层，以碱土和碱化土最典型）、团粒结构（耕作土壤）。团粒结构是最理想的土壤结构，对土壤肥力有重要影响。

调整土壤结构的主要措施是增加土壤内有机质的含量，例如，施用有机肥，加入腐殖土、泥炭（草炭）。再就是使用土壤结构改良剂，例如，使用一些高分子聚合物——聚乙烯醇。改变土壤的砂黏比例也是方法之一。

4. 通透性强

土壤通气状况对植物根系的生长、种子萌发、植物对土壤水分和养分的吸收产生影响。土壤的通透性与土壤的质地和结构有关。黏性土，特别是从地下 3~5m 以下翻上来的生土，没有团粒结构，可塑性非常强，干时收缩，成为硬块，可以扯断植物的细根和根毛，并造成透风跑墒的裂隙；湿时膨胀，成为稀泥，使土壤难以透气、透水。砂土，没有膨胀性，保水保肥性能很差，在干旱季节砂土中的水分迅速蒸发，坡面上砂砾也很容易随外力移动，造成水土流失或风蚀。

改善土壤通透性的主要方法是黏性土掺入砂粒，砂土中加入一些黏土，即掺砂、掺黏。

5. 保水性强

对半干旱地区的公路来说，边坡土壤的保水性能对于保障边坡植被度过干旱期有重要作用。特别是在植被覆盖层形成以后，植物需水量大增，此时如果土壤水分严重缺乏，会造成植被大面积枯死，不仅影响护坡效果，也影响公路景观。

增强边坡土壤保水性的方法主要是合理使用保水剂，例如聚丙烯酰胺，此外，改善土壤结构也是改善土壤保水性的有效方法。

二、高速公路边坡稳定性影响因素

高速公路边坡的稳定性关系着高速公路的使用寿命，也影响着人们的出行安全，因此增强高速公路边坡稳定性成为一个重要课题。在实践中，很多因素会影响高速公路边坡的稳定性，如自然因素、施工技术等。施工部门应定期开展边坡稳定性影响因素分析，及时采取加固策略，确保高速公路边坡稳固、可靠。

（一）高速公路边坡稳定的重要性

边坡是高速公路常见的地质地貌环境，受自然、人为因素的影响，滑坡、崩塌、泥石流等问题会导致边坡变形失稳，给工程建设、人们的生命财产造成损失。同时，我国地形地貌复杂，三分之二的国土为山地，且处于环太平洋带、北半球中纬度环球灾害带的交会汇区，滑坡、崩塌、地面塌陷、地面沉降、地裂缝灾害在各省区普遍存在，给高速公路的建设和维护提出了新的要求。加强分析高速公路边坡稳定性影响因素，并采取有效的加固措施，一方面有利于防灾减灾，最大限度地减少地质灾害引起的损失；另一方面有助于总结边坡失稳的规律和机制，促进边坡加固技术的探索和进步，并在此基础上建立切实可行的加固防灾模式。

（二）高速公路边坡稳定性的影响因素

1. 施工技术

高速公路边坡一般可分为人造边坡和自然形成的边坡，边坡的坡度即坡面与地面的夹角，这一夹角越大则边坡的稳定性越差。在一些地区高速公路的施工中，受地形、地质等因素的影响，边坡坡度设计受限或不合理，给边坡失稳埋下了隐患。另外，边坡预防性施工是保持边坡稳定性的重要因素，边坡加固、防灾治理等措施是否落实到位也会影响边坡的稳定性。

2. 自然条件

自然地理条件对高速公路边坡稳定性有明显影响，不同地区、不同季节条件下，高速公路的边坡稳定性会产生明显区别，在其中起决定性影响的是边坡土壤的含水量，在降水充沛、地下水含量较多的地区，边坡土层内部的摩擦力会降低，坡体重量增大，进而降低边坡的稳定性。

3. 强度参数

路基边坡的强度参数对边坡的稳定性有重要影响。我国高速公路边坡大多为土质结构，土质强度、土层的黏聚力、摩擦力在很大程度上决定了边坡的稳定性。若土壤内混入了大量的水分甚至水分含量过高，土壤的内聚力和摩擦力就会降低，进而降低边坡稳定性。此外，土壤的抗剪强度、是否有冻土层等也会影响边坡的稳定性。

（三）高速公路边坡加固措施

1. 锚喷加固

对高速公路边坡进行锚喷加固，利用土石材料拦截。边坡失稳与土质强度、间隔有关，可采取锚杆、灌浆的方式加固，采用较多的是锚喷支护，这种方法不但可以增强边坡的稳定性，且在遭遇突发大规模崩塌时可有效减少崩塌面积。电渗、注浆、动力固结也是常用的加固方法，这些方法可以加密土层，改变土质强度，从而增强边坡稳定性。此外，对于经常出现边坡落石的高速公路，工作人员也可在失稳区域拦截，针对失稳地点分析翻滚、弹跳等问题，并通过拦石墙、金属网、落石槽等设施减少落石的危害。

2. 防护措施

工作人员应从高速公路所在区域的自然地理环境出发，详细分析土层厚度、气候环境、地质结构等，选择科学的施工技术和材料，拟订施工计划，并按计划逐步完成坡度建设与加固。例如，可以采用锚杆支护、修建防护栏、水泥砂浆抹面等方式来预防边坡坍塌风险。在边坡加固中，应严格按照相关规定设置黏土垫层，预防地表水入侵，建好排水沟槽，及时排出地表水，减少边坡土质流沙，预防边坡强度弱化。

在采取防护措施时，应考虑以下两个方面：

（1）设计边坡加固风险系数。针对不同地区、不同性质的边坡，应采取不同的加固方法，设计人员应仔细计算边坡的承载力等，并确保控制到位；

（2）工作人员要建立边坡灾害风险预警机制，设计突发事故应急预案，将边坡失稳造成的危害降到最低。

3. 钢轨抗滑桩

抗滑桩是边坡治理的常见方案，其中，全埋式钢轨抗滑桩是一种新型抗滑桩，具有单桩施工简单、群桩抗滑能力强、成本低等优势。在高速公路边坡加固中采用钢轨抗滑桩，步骤如下：

（1）钢轨加工。按照设计图加工，长度 12.5m 以上的钢轨须接长时应进行焊接，焊接后须进行强度检验。

（2）钻孔放线，根据设计图纸准确放线，控制好孔位误差；否则，有可能出现群桩连接钢筋、拉紧装置不能连接的问题。

（3）钻机钻孔，一般采用潜孔钻机或牙轮钻机，从一侧推进，钻孔后做好防护，避免杂物、灰尘掉入孔内。

（4）安装钢轨，一般采用吊车作业，钢轨进入孔内后先进行微调固定，确保位置精确。

（5）注入水泥砂浆，一般采用M20水泥砂浆，用注浆泵注入。

（6）连接群桩，水泥砂浆强度达标后，连接桩顶，先安装钢筋拉杆，再安装拉紧装置。

（7）铺层施工，可采用单层或双层铺层，施工完毕后进行铺层养护，强度达到目标值后即可开放交通。

（四）绿化施工

良好的植被覆盖具有稳固土层的作用，做好绿化工作也能增加边坡强度。工作人员应对高速公路沿线进行植被覆盖规划，因地制宜选择合适的树种，做好种植管理。

第二节 高速公路边坡生态恢复技术

高速公路边坡防护一直是公路建设的工作重点之一。随着国家生态环境建设要求的不断提高，以植被为主的边坡防护工程越来越多地应用于高速公路边坡防护中。植被是土壤的天然保护屏障，能有效抑制土壤侵蚀和浅层滑坡。植被防护技术可大幅降低边坡防护成本；通过不同植物品种的搭配，可营造出不同的景观，不仅起到美化环境、丰富公路景观的作用，还能缓解司机疲劳，有利于行车安全。

植被防护最早出现于法国、瑞士等国的河岸防护工程中。早期的植被防护技术以活枝栽种或扦插为主，操作简单，施工难度低。随着应用范围的扩大，大量的机械设备投入植被防护工程中，例如：液压喷播设备和泥浆喷播设备分别于1989年和1995年被用于该类工程。除此之外，大量新材料也用于边坡植被防护，例如：三维植被网和土工格栅、绿化混凝土以及绿化板等分别于1993年、2001年和2004年在边坡植被防护中被采用。进入21世纪，科研工作者在施工方式、基材改进和植物种配置等方面开展了深入研究，对相关技术做了较大改善，将边坡植被防护技术推向新高度。高速公路边坡植被防护工程的重点也从强调边坡稳定逐渐转换为边坡稳定与生态环境保护并重。

截至目前，我国在公路边坡植被防护方面的研究和应用已有四十余年的历史，大量植物被应用于不同地域的高速公路边坡上，发挥着绿化、美观和生态保护的作用。然而，近年来一些边坡植被防护工程时有滑坡、崩塌等事故发生，威胁着人们的生命和财产安全。除此之外，随着公路网的快速发展，高速公路建设区域越来越多地涉及丘陵地区和山区，这不仅加大了高速公路施工难度，还带来了大量原生植被破坏、高陡边坡处治等难题。反观现有植被防护体系，大多防护手段持续效果差，部分技术可复制性低，且一些防护措施过于陈旧，无法满足当今生态环境建设的需要，因此，有必要调查我国高速公路边坡植被防护现状，分析现有植被防护工程技术特点，总结不同区域高速公路边坡植被防护经验，探究相关影响因素，并在此基础上提出我国高速公路边坡植被防护的未来发展建议，以促进植被防护措施的合理选择和应用，为系统构建高速公路边坡植被恢复技术体系提供参考。

一、我国高速公路边坡植被防护存在的问题

尽管不同区域由于地质、地貌、气候等条件不同，边坡防护的侧重点和难点存在较大差异，但采用的植被防护措施在全国范围内相似，尤其是在部分材料使用、植物种类选择、植物搭配及后期管养措施方面，并没有根据当地的实际情况进行合理的设计和施工。在某些边坡植被防护施工中，对经济效益的考虑高于对生态效益的考虑，造成防护效果达不到既定目标，植被防护技术难以实现循序渐进的发展。基于以上现状，通过归纳分析，发现我国高速公路边坡植被防护目前存在以下问题：

（一）生态恢复理论落后于工程实践

生态恢复是研究生态整合性的恢复和管理过程的一门学科。生态整合性包括生物多样性、生态过程和结构、区域及历史情况、可持续的社会实践等广泛的范围。对于植被防护工程，生态恢复的最终目的是恢复受损生态系统的必要功能并使之具有系统自我维持力。由于不同边坡受损或退化的生态系统存在地域差异，加上外部干扰类型和强度不同，导致受损或退化的边坡生态系统所处阶段、过程及其响应机制也各不相同。因此，对于不同地域的受损或退化边坡，应在恢复目标、关键技术等方面差别对待，做到因地制宜和灵活应用。然而，目前有关生态恢复理论的研究落后于工程实践，这不仅体现在施工上，还体现在养护上，如相关工作缺乏理论指导、对恢复目标的认识较浅、恢复效果评价不切实际等。除此之外，虽然目前我国在植被防护技术方面发展较为快速，但大多限于单一技术或单一类别，与受损生态系统的完整恢复或重建技术体系还存在较大差距，难以达到生态恢复的最终目标。

（二）植被防护技术照搬照用

目前，我国边坡植被防护手段主要有空心砖（预制块）植草、框架梁植草（灌）、铺设草皮、植苗（乔、灌、草）、土工格栅植草、生态袋、液压/客土（挂网）喷播、三维植生网、浆砌石墙面挂绿篱、植被混凝土、开挖种植穴和废旧材料再利用等。然而，一些较为成熟的防护技术在应用过程中大多依赖施工经验，缺乏相应的科学依据，导致推广失败，如青藏高原区的植生袋快速老化分解、黄土地区客土喷播效果差等问题。此外，相同

技术在同一地区不同位置的应用中也存在照搬照用现象，如同一项目内不同边坡条件下采用相同的客土喷播厚度等。总之，没有严格按照相关技术适用范围、适用条件的具体要求实施，而是粗放地照搬，因而往往效果不佳，抑制了技术的发展和推广。

（三）植被的边坡稳定作用研究不系统

众所周知，采用植被防护的主要目的是发挥植物自身对坡面稳定的作用，这主要体现在植物根系本身的锚固、加筋作用及根系生长对土壤结构的调节作用。除此之外，植物的地上部分不仅能发挥景观作用，还可通过增加地表覆盖来防止水土流失等问题。由于自重荷载和冠层风荷载因素，乔木一般不用于边坡植被防护。但近些年，随着景观和群落稳定性的需要，学者们开始研究如何将乔木灌木化从而实现在植被防护中的应用，且已取得一些成果，这极大地丰富了植被防护初期对植被配置的选择。不过，对于植物根系对边坡稳定性影响的研究还仅停留在静态力学机理方面，相关研究成果也并没有在工程实践中得以应用，如何系统地研究植物地上和地下部分对边坡的稳定作用，并用于指导植被防护群落建植，是实现后期边坡生态系统稳定不可忽视的因素。

（四）新技术、新材料、新工艺推广难

随着学科交叉的日益深入和新材料、新工艺在边坡植被防护工程中的应用，现阶段出现了许多新的植被防护技术，其中，有的已经用于实际工程，如打孔绿化技术；有的尚处于试验效果的观测阶段，如植被森林毯技术。这些新的植被防护技术与早期的技术相比，无论在施工方法还是恢复理论上都有较大提升。然而，在实际工程中，受传统施工观念的影响，加之施工进度、施工要求的限制，新技术的应用和推广尚存较大困难，研发单位得不到相应的资金支持，极大地限制了行业的发展。除此之外，部分植被防护材料缺乏统一的行业标准，劣质产品拉低了市场价格，导致新材料与旧材料的价格差增大，这同样也不利于新材料的使用和推广。

二、植被防护区域划分

（一）青藏高原区

青藏高原区的植被防护主要用于高速公路土质边坡。这类边坡具有土壤贫瘠、储水能力差、水土易流失等特点，防护中可供选择的植被种类少，后期管养供给难度大。此类边坡防护多采用喷播植草和铺设草皮的方式，其初期防护效果一般，经过长时间的自然演替后可形成稳定的群落，但覆盖度较低。该地区的植被防护应尽量减少破坏，同时开展相应

的引种试验研究，以增加可种植植物种类和配置形式。其他防护形式在青藏高原区的适用性较差，达不到应有的绿化效果。

（二）西北地区

西北地区主要边坡类型为岩石边坡和黄土边坡。调查发现西北地区的岩石边坡主要特征为坡度大，缺乏植被生长所需环境。针对此类边坡主要采用工程防护和植被防护相结合的方式，借助微地形改造手段营造植被生长所需环境，从而实现植被生长和覆盖。黄土边坡具有土壤易崩解、易侵蚀、易形成土壤干层，浇水施工易造成水蚀等特点，采用穴栽的方法虽然能很好地营造植被生长环境，但设置台阶时不应过高且台阶应采用反坡形式，以具备蓄水、保水的功能，并多采用乔灌植物增大植被覆盖率，从而确保植被恢复效果。

（三）东北地区

东北地区应用植被防护的主要边坡类型为土夹石边坡，一般坡度较缓，多采用框架梁或客土喷播的植被防护形式，不同边坡所选择的植物种类配置存在较大差异。调查发现，合理的植物种类搭配能产生良好的绿化效果，乔灌占比变化并不影响绿化效果，乔灌与草本的比例才是影响最终群落稳定性的关键因素。因此，针对该地区的植被防护，应多开展植物筛选研究，针对不同土壤和降雨条件，合理搭配植物，保证乔灌草的生长。

（四）中东部地区

中东部地区边坡主要分岩石边坡和碎石边坡两种。中东部地区的岩石边坡情况与西北地区相似，不同点在于这两个地区的气候条件存在较大差异，且岩石山区地表原生植被生长情况也有较大不同，主要体现在植物种类和植被覆盖度方面。尽管如此，在中东部地区岩石边坡防护中，采用微地形改造的方式，通过营造植物生长环境能有效提升植被恢复效果。碎石边坡主要分布于土石山区，其土壤贫瘠，虽然具备一定的植物生长条件，但自然生长缓慢且效果差。针对此类边坡，通常采用客土喷播搭配工程材料使用的防护手段，通过增加保土措施，适当提高土壤肥力，实现对困难立地条件的植被恢复。

（五）南部地区

南部地区的边坡类型多样，兼有土质边坡、岩石边坡和土夹石边坡。因受气候条件的影响，南部地区高速公路边坡总体呈现出季节性干旱、易受暴雨冲刷等特征。建成时间较短的植被防护工程，其早期的恢复效果较差，且阴坡、阳坡存在明显差异；而建成时间较长的边坡，生长的植被多为当地优势种，且植被覆盖条件好，即使在季节性干旱的条件下，也能保持绿化效果。因此，对于南部地区的植被防护，为了保证绿化的可持续性，同时缩短演替时间，建设时应引种耐旱植物，选择当地优势种，合理布设保水、排水设施，保证绿化效果。

三、我国边坡植被防护技术分类

植被防护措施是指单独用植物或者植物与土木工程和非生命植物材料相结合，以减轻坡面不稳定性和侵蚀。植被防护技术有很多，参照施工工序，本文针对边坡处理方式、植物生长环境营造和植被配置选择三个方面就现有技术进行总结。

（一）边坡处理方式

边坡处理方式是指在植被防护前对边坡进行处理的手段，主要可分为简单处理、稳定加固和坡面改造三类。

1. 简单处理

对于一些坡体自身稳定性好、坡面立地条件优越的边坡，通常对坡面进行简单清理即可。这类边坡以土质缓边坡和岩质缓边坡为主。由于坡度较缓，增加了植物生长的可能性，可采用成品型产品或挂网客土喷播等进行植被恢复。

2. 稳定加固

需要稳定加固的边坡一般都存在一定的安全隐患，通常采用工程防护的方式对坡体进行稳定加固。这类边坡以土质中等边坡、土质陡边坡、岩质弱风化中等边坡和岩质强风化中等边坡为主。工程防护方法主要有设置挡土墙、格框骨架、锚索（杆）、喷浆、钢丝网和浆砌片石等。待稳定加固后，视坡面条件进行植被恢复，如骨架内填基材、结构面挂攀缘植物，组合使用挡土翼、挡土匣等。

3. 坡面改造

通常进行坡面改造的边坡都已采取了一定的工程防护措施。这类边坡以土质陡边坡、岩质陡边坡以及其他特殊劣质边坡为主。坡面改造方式主要分为原位改造和结构物改造两种。原位改造指在原有坡面上进行的改造，主要包括削坡，开挖种植穴、水平沟、水平阶以及打孔等；结构物改造指在工程防护的基础上，对结构物进行组合和改造，如结构物堆叠（如空心砖、土工格栅、生态袋、格框等的堆叠）和结构物组合 [如生态砌块、木桩排、柳条（梢）捆等的组合]。

（二）植物生长环境营造

土壤是植物生长必不可少的条件之一，在高速公路边坡植被防护中，土壤缺乏或贫瘠是制约植被防护手段和恢复效果的重要因素。植物生长环境营造是通过人工方式创造植物生长所需的必要环境，保证养分和矿物质的供给，确保生态系统的平衡。常见的植物生长环境营造措施有客土、土壤改良等。

1. 客土法

客土法也称物理修复法，是目前植物生长环境营造最常用、应用范围最广的一种方法。通常，采用客土法的边坡多为硬质土、沙质土、贫瘠土、酸性土、干旱地带或石质边坡。由植物种子、有机营养土、土壤改良剂、稳定剂、微生物菌剂、肥料等原料混合而成的基材能有效防止坡面水土流失和土壤侵蚀，这些原料与土壤颗粒结合形成的团粒化结构能协调土壤中水分和空气的平衡，调节土壤温度，为植物根系生长提供良好的环境。此外，配合锚杆、排水沟、铁丝网等辅助措施，土壤可被保留在坡面上，为植物生长提供必要条件，实现对劣质边坡的植被恢复。

2. 土壤改良

高速公路边坡土壤改良技术多用于存在高盐碱、贫瘠或板结等土壤退化问题的边坡处治中。有些地区如西北黄土或荒漠区、北方草原区、南方低山丘陵区和华南热带季风区，由于受气候、地质地貌的限制，加之人为破坏，土壤贫瘠，植物生长困难，须使用土壤改良技术。

目前，公路边坡土壤改良主要分化学改良和生物改良两种方法，其中，常用的化学改良剂有石灰、石膏、磷石膏、氯化钙、硫酸亚铁、腐殖酸钙等，视土壤的性质择用；生物改良方法又细分为植物改良、微生物改良和土壤动物改良三种。在土壤改良方法的具体选用上，应遵循"因地制宜、就地取材"的原则。

3. 其他方法

在高速公路边坡土壤环境营造中，除上述方法外，其他较为成熟的技术还有土壤替代法和加速成土法等。这些方法主要应用于不具备或较难采用客土和土壤改良方法的坡面处治，尤其针对坡度接近垂直、坡面形状不规则以及光滑的岩石边坡防护。

土壤替代法是指采用其他材料替代土壤的作用，提供植物生长所需的养分等。工程上采用较多的是纤维毯，它以植物纤维（椰壳、秸秆）和网状面料为原料，通过专用机械加工，同时混合种子及其他种植结构，为植物生长提供有利条件。不过，纤维毯只适用于坡度较缓的低矮边坡，而对于高陡劣质边坡则采用森林毯技术。森林毯材料由结构层、基质层、保水层和透水防护层组成，通过将土壤纤维化，辅助外输营养液保证植物的生长。森林毯能像防护网一样紧贴坡面，可在一定程度上防止坡面碎石剥落。

加速成土法一般应用于特定岩性（如石灰岩、页岩、砾岩等）的岩石坡面上，通过筛选适宜的高效岩石侵蚀生物菌株，加速岩石的土壤化进程，快速形成适应植物生长的土壤，为植物生长源源不断地提供营养成分。

（三）植被配置选择

植被配置选择主要指对植物种类和植物搭配方式的选择。用于护坡的植被类型涵盖乔木、灌木、藤木、花卉和草本植物等，不同植被种类的搭配会产生不同的效果，根据植被防护的目的可分为以下三种类型：

1. 以短期快速覆盖为目的

以短期快速覆盖为目的的植被配置方式，通常选择能快速生长的草本植物，通过混播发挥各种草本植物的优势，从而增加坡面群落的多样性和稳定性。此外，通过引种豆科植物（如紫花苜蓿、猪屎豆等），可增加土壤固氮能力，提高土壤肥力，促进植物生长。在草本覆盖初期，由于很好地形成了地表覆盖，对土壤侵蚀的防治效果较好，也有利于初期表土层的形成。但由于草本植物根系较浅，其固土护坡能力较差，易发生整块剥落的现象，且破坏后恢复困难。

2. 以增加景观效果为目的

因景观需要，可配置开花植物，且注重花期颜色的搭配。这种植被配置方式对种植的时间和顺序、植被日常修剪打理、浇水施肥等要求较高。不同于园林绿化，根深、枝繁、叶茂、花艳的常绿乔木无法在坡面上种植，取而代之的是枝叶具有不同颜色的低矮灌木和草本，通过构建垂直的颜色差异，实现景观效果的提升，多见于养护容易的高速服务区、停车区路口或互通匝道边坡。然而，尽管用了草灌的配置方式，所形成的群落稳定性欠佳，后期管养和补植的工作量大。

3. 以群落稳定为目的

建植的群落达到稳定状态是边坡植被恢复的最终目标，通常采用乔灌草多种植物搭配的方式实现，具体要考虑未来群落演替方向，结合原有地貌植被覆盖情况，根据恢复生态学和生态工程的基本原理，设计不同的群落类型，选择不同的植物种类。不过，实际工程应用中，通常首选耐旱、耐贫瘠的植物种类，而非适应性较强的本地物种。尽管外来物种的快速生长能带来短期的绿化效果，但最终会被本地物种顺向演替替代。这种建植方法会延长演替时间，也会带来外来物种与本地物种的不良竞争等问题。

四、高速公路岩石边坡绿化施工技术

高速公路岩石边坡绿化施工是指用活的植物与土木工程施工技术相结合，以达到稳固公路周边岩石的目的。但由于我国岩石边坡绿化施工技术正处于发展阶段，在使用过程中难免出现一些问题，为了进一步增强绿化技术的应用效果，还需要相关部门给予高度重视，不断摸索和改良新技术，提高岩石边坡施工质量，减少行驶中的安全隐患，促进我国交通事业长远发展。高速公路在常年使用中容易受到气候环境和水文因素的影响，经长期雨水冲刷极有可能造成公路附近岩石边坡松动，甚至出现滑坡的情况，不仅会破坏整个公路工程的结构，导致高速公路无法正常运营，还会威胁到通行者的生命安全。在高速公路岩石边坡施工建设中加强绿化技术的应用，分析生态绿化的原理，通过合理种植植被加固和防护岩石边坡，增强岩石边坡的稳定性，有效提高高速公路的使用性能，满足人们的出行需求。

（一）高速公路岩石边坡绿化建设的重要性

公路绿化是为了在原有施工基础上，进一步完善公路服务系统，优化公路使用功能，以达到稳定路基、保护路面及保障行车安全的目的。高速公路岩石边坡施工中应用绿化技术，一是防止岩石散落、坡体滑落和崩塌。由于高速公路工程规模较大，在施工建设中难免会破坏附近地区的自然地貌和生态环境，若应用绿化防护技术，使用护面墙和挡土墙等植物进行防护，可以降低岩石松动和边坡受损的概率。同时，利用植物发达交错的根系，增强公路附近土壤的预应力，能够有效阻挡雨水对公路边坡的冲击，起到稳固路基的作用。二是防止交通事故的发生。高速公路工程施工中应考虑到行车安全问题，除了设置交通指示路线提示标志来提醒驾驶员安全驾驶，也要在公路沿边以及道路两侧建设植物绿化带或者提供服务区，发挥防眩作用，避免驾驶员出现疲劳驾驶的情况。在公路岩石边坡设计耐冲撞的灌木丛，能够增大车辆与公路路面摩擦的阻力，最大限度地降低交通事故的损失。三是可用于美化环境，实现经济与生态的平衡发展。高速公路岩石边坡施工中采用层次分明的植被，能在一定程度上降低公路工程建设带来不协调性，而是将公路建设与沿边风景融为一体，提高公路的美观性。四是有利于净化公路周围的空气。众所周知，绿色植物具有光合作用，能够吸收二氧化碳及有害气体，释放出人们生活所需的氧气，使空气保持清新干净。高速公路上来往的车辆在行驶中燃烧汽油，会产生大量的二氧化碳、二氧化硫等废气，这些气体在空气中扩散，势必会导致二氧化碳与氧气失衡，造成严重的大气污染。再者，绿色植物的根系与地面结合，对尘埃有着良好的黏附作用，可以减少行车中的灰尘，从而营造一个清净的空气环境，也为人们的生活提供保障。随着国家及地区省市政府越来越重视交通建设与生态保护工作，使得公路岩石边坡绿化工程施工也成为人们关注的焦点，在推进城市绿化建设发展的道路上，也加大了科研投资力度，力求通过改良技术手段，提高高速公路岩石边坡绿化施工技术水平。但就目前而言，国内高速公路岩石边坡绿化施工技术与发达国家相比仍旧存在一定的差距，需要有关部门结合地区公路工程建设的实际情况，研发新技术，加强绿化施工技术的推广宣传，为高速公路岩石边坡绿化建设指明新的发展方向。

（二）高速公路岩石边坡绿化施工的基本原则

岩石边坡绿化可分为土质边坡绿化、石质边坡绿化和土石混合边坡绿化三种，相关部门根据高速公路等级、地形特征、环境特点、水文条件及材料来源等情况分析，做好周密的边坡绿化施工计划，通过综合考虑、合理布局，有效恢复高速公路周边生态环境，防止水土流失，确保行车安全，从而达到施工建设与环境协调发展。为此，要想达成这一施工效果，必须遵循以下几点原则：

一是协调性。这里所指的协调，即是绿化植物与高速公路周围环境相一致。在选择边坡绿化植物时，通常会选择耐干旱、覆盖性好、易成活且适应性强的绿化植物，结合不同地段的土质、气候等因素进行分析，将不同类型和绿化功能的植物组合搭配，建立不同景观的植物群落。例如：可以种植容易养活和好管理的草本类植物，出于成本考虑，也可采用人工种植或者铺设草皮的方法进行种植；在高边坡常发生坍塌的岩面或者坡面，尽量种植根系发达的灌木植物，以取得固土封坡的种植效果；要想让植物快速覆盖公路岩石边坡，应选用藤本植物，增强岩石边坡的立体感，另外，选择野生花卉，提升绿化植物的观赏性，实现绿化防护与景物观赏的统一。

二是经济性。其主要是指在高速公路岩石边坡绿化施工过程中，结合工程项目施工建设的成本来考量，尽量选择适宜的绿化植物和科学的绿化施工技术，达到低成本、高效能的施工目的。施工人员可以选择全植物防护的方式，用人工种植、喷播的形式进行绿化，但这种技术常用于边坡土质较好的地段。在岩石边坡绿化地带，一般选择挂网式边坡防护技术，多种植藤本攀缘类植物，并加强养护，使植物能够很好地覆盖在岩石边坡泥土上，防止水土流失而导致岩石边坡不稳。

三是功能性。高速公路岩石边坡绿化施工一定要保证边坡的安全性和稳定性，尤其在特殊边坡绿化处理中，应根据具体情况进行综合分析。比如，在全岩石边坡绿化施工时，需要考虑到全岩石边坡土壤少、植物生存条件差的特点，多选择易养活的藤本攀缘类植物或者在边坡台阶置土，然后种植藤本植物，增强植物的覆盖面积。若是遇到高硬度土质边坡，可以采用钻孔的方式，改良边坡及周围土壤的硬度，再种植低矮的灌木丛。在土石混合岩坡绿化中，由于容易发生碎石滚落的现象，应先做好基础的防护工作，再种植绿化植物，以挂网客土喷播、骨架植物方式进行施工。

除此之外，在高速公路岩石边坡绿化施工中，还要遵循易养性原则，对已种植生长的绿化植物养护管理，减少施工安全问题。特别是对岩石边坡绿化施工养护管理，因其难度大、土质复杂，施工人员应尝试科学的施工技术和养护方法，提高植被的环境适应能力，达到绿化施工的预期效果。

（三）高速公路岩石边坡绿化施工技术优化与应用

1. 岩石边坡绿化传统技术

目前，绿化防护已经作为公路交通工程施工建设工作的重要推动点，国家越来越重视对公路工程公安及生态环境保护等问题，这也促使施工单位更加关注岩石边坡绿化技术的合理化应用。根据调查可知，在施工中常使用的传统绿化技术，主要包括三维网客土喷播、挂绿化垫客土喷播以及挂钢丝网客土喷播等。在实际应用中，需要结合公路施工地界的自然环境和水文条件等因素，分析不同区段应采用的绿化技术，例如：三维网客土喷播技术不能直接用于高速公路岩石边坡施工中，要求施工人员对绿化技术的优缺点和注意事项有一定的了解，充分发挥绿化技术的作用，保证岩石边坡施工质量和效率。

2. 加固植被绿化施工技术

植被具有一定水文作用和力学作用，应用于在高速公路岩石边坡施工中，可以吸收一部分水分，增强土壤的冲刷力，防止雨水冲击使得岩石松动，同时，植被的根系深入土壤中，能够将岩石牢牢固定住，避免岩石散落造成严重的事故。现阶段，我国高速公路施工中常用加固植被绿化施工方式有以下几种：一是客土植生带绿化法。其主要是指通过使用人工制作的标准化工具，对公路周围岩石边坡进行防水保护，按照相关规定给植物施肥和灌溉，根据植物生长的具体情况，使用铁丝网整修生长不规则的植被，促进植被正常生长，确保能够起到良好的防护加固作用。二是纤维绿化方法。该技术是指将植物秸秆粉碎后制成纤维，将这些纤维与有机肥料混合，增强植被的绿化效果，使岩石边坡附近的植被能够承受得住较强的雨水冲击，达到提高岩石边坡施工稳固性的目的。但值得注意的是，纤维绿化技术的使用成本较高，难以在所有地区广泛普及与应用。三是框格客土绿化法。高速公路岩石边坡绿化施工中运用该技术，可以取得良好的绿化效果，其是指在公路工程防护作用较小且坡度小于30°的岩石边坡上使用混凝土砌筑框格或者预制框格，并在框格内放置加固植被，针对一些迎水面积较小的岩石边坡，通常不用另外设置排水沟，可在框格上覆盖草帘,发挥框格客土绿化技术的作用。

3. 土壤菌绿化法施工技术

由于该技术对自然环境的保护作用较为突出,本着维护自然循环规律、保护生态环境的目的,运用土壤菌绿化法能够进一步推动绿化建设发展。在高速公路岩石边坡施工中,采用该技术创造自然循环生物系统,主要是通过活化土壤及补充植物生长中所需的养分,促进公路附近植被生长,达到改造自然的目的,也为岩石边坡施工建设创造一个稳定的环境。同时,土壤菌绿化法的施工适应性较强,几乎可用于所有高速公路岩石边坡施工中,对自然环境的影响较小,也不需要耗费过多的人力和物力,尤其与传统绿化技术相比,土壤菌绿化法更能节省材料和施工成本,这也有利于增加公路工程的经济效益。

4. 柔性防护绿化施工技术

因柔性防护技术具有较强的防护性、柔韧性、便捷性等特点,在我国高速公路岩石边坡绿化施工中得以广泛应用,其主要利用柔性防护技术系统,运用模块化安装方式,增强钢丝绳的柔性,提高安装附件的组合效果。高速公路岩石边坡施工较为复杂,需要施工人员具备一定的专业技术,而柔性防护绿化技术的实用性较高,且操作简单,对于施工方而言,适宜性较强,不仅能够克服传统刚性防护施工中的许多弊端,也能在保证岩石边坡施工质量的基础上,缩短施工时间,降低工程建设和维修成本。同时,应用柔性防护绿化技术也可以减轻对高速公路施工地带自然环境的破坏,促进经济发展与生态建设的和谐统一。

5. 植被防护边坡绿化技术

高速公路岩石边坡绿化施工中,需要根据不同地区的自然特点和施工实际情况确定植物类型、购置施工材料、选择施工技术以及规划施工方案,才能保证岩石边坡绿化施工质量。首先,在植物选择方面,由于公路建设地段复杂多变,周边环境不太适宜植物生长,一般会选择种植乔、灌木或者草本植物,以达到绿化防护和边坡加固的效果;其次,高速公路工程施工对材料质量的要求比较高,若在岩石边坡施工中使用了劣质材料,非但不能起到绿化防护的作用,反而会给工程埋下安全隐患,因此,出于安全考虑,可以适当提高施工材料购置标准,尽可能选择抗腐蚀能力和冲击能力较强的人工基质的植被,同时也要对所使用的黏合剂、钢丝网以及化学肥料进行严格的检测,采用分批抽样检测法检验材料质量,一旦发现备选材料存在瑕疵或者质检不合格的情况,应立即更换处理,确保材料符合岩石边坡绿化施工要求;最后,施工单位要做好相应的准备工作,比如:在运用绿化施工技术时,要事先考虑到公路施工地界的环境因素,采用合适的植被加固技术、土壤菌绿化法施工技术及柔性防护绿化施工技术等其他绿化技术,同时,要加强公路岩石坡面的清洁处理,保证公路工程施工有一个相对安全且合理的环境。此外,应加大施工现场质量管理力度，定期检测岩石边坡绿化施工所用设备的运行状态，重点检测设备是否存在故障，以此保障高速公路岩石边坡绿化施工工作顺利进行。

高速公路岩石边坡施工中应用绿化技术能够有效改善公路附近的生态环境，增强周边岩石的紧致程度，减少安全事故的发生。而传统的绿化施工技术存在一定的弊端，为保证公路岩石边坡施工质量，应结合不同地区的环境特点和水文特征，积极探索新技术和新方法，充分发挥绿化施工技术的应用作用，提高公路工程的稳定性和安全性，推动城市化建设发展。

五、边坡生态恢复技术

（一）节水造林新技术

干水技术的核心是干水粉剂，普通液态水在干水粉剂的作用下，变成了凝胶状的水，即干水。将干水埋在植物根部的土壤周围，可以缓慢释放水分，为植物提供至少3个月的有效水分，使植物在极为严酷的干旱条件下，摆脱枯萎死亡的威胁，树木成活。干水粉剂是由可降解的有机物质制成，是一种无毒、无污染的环保型产品，使用简单、方便，可广泛用于干旱与半干旱地区植树造林、果园、苗圃建设、公路行道树种植及矿区植被恢复等。

（二）复合绿生袋

它是用双层可降解纸将种子、肥料等固定后与加筋编织网复合支撑规格的装土袋，适用于流水汇集段或易受水毁边坡处的垒筑绿化。复合绿生袋肥料附着袋是在复合绿生袋的基础上，按照一定的间距规则排列，固定一些由肥料、有机质、保水剂和侵蚀防止剂等组成的肥料缓释袋。铺设在边坡上，由于水平方向凸起的肥料缓释袋具有挡土、集水、缓释等作用，为下层种子萌发生长创造了良好的水肥条件，用在陡峭的土质边坡上，绿化效果非常好。

（三）人造植物盆

适用于不平整的石质边坡、石壁微凹地形或破碎裂隙发育的环境。回填客土（植物营养土）后，栽植爬藤和矮小灌木。用微凹地形建造植物盆，在微凹地形的外侧人工开拓平台，用浆砌块石砌筑植物盆，回填客土并加入保水剂，栽植灌木、爬藤。一般的植物盆直径大于50cm，深度大于50cm；利用破碎、裂隙发育环境，人工开凿坑穴（槽），在开口处修筑挡墙，回填客土和保水剂，种植灌木、藤木类植物；根据植物盆（槽）大小及边坡形态进行平面布置，确定各植物盆的间距，一般在2 m左右。

（四）植被混凝土护坡绿化技术

喷混凝土植草也是类似于客土喷播的一项生态防护技术。对于边坡稳定性不足者，首先在坡面上打设锚杆并挂镀锌编织铁丝网起到稳定坡面的作用，然后将由黏土、谷壳、锯末、水泥、复合肥以及草木种子等通过一定配方拌和的混合物喷射在边坡上，喷射厚度一般为 0.06~0.1m，视坡率和坡面的破碎程度而定。对于边坡比较稳定者则可以直接在原始坡面上喷射混合物。一周之后，岩石坡面上就会逐渐形成草木结合的植被绿化。在该技术中，混合物配方是成功实施的关键。良好的配方能够达到在陡于 1：0.175 的边坡上既具备一定的强度保护坡面和抵抗雨水冲刷的能力，又具有足够的孔隙率和肥力以保证植物生长。

（五）干根网状护坡法

其方法为：在坡面上挖方格或菱形网，将干材埋入土中，使干材梢或其干部间断暴露，埋入土中的干材两侧生根，暴露部分萌芽成林，且其根系较直式发达，面积也大，网络状本身也具有对坡面的防护作用，两者相结合起到固结土壤、防止水土流失的作用，克服了植物早期防护能力差的弱点，且按人的意志编织网状根系。树木生长速度快，成林早。与传统的圬工防护和植物防护相比，无论施工前后期，固土护坡和生态效益两者兼备，造价低廉，比圬工防护每平方米造价可节约防护费用 50%~60%，同时兼有木材积蓄和生态优化的间接效益。

（六）岩石边坡 TBS 植被护坡绿化技术

使用经改进的混凝土喷射机将搅拌均匀的厚层基层混合物，按设计的厚度喷射到岩石坡面上。节省投资，控制水土流失，环境效益显著，同时可以降低噪声和光污染，可在非高寒地区用于软质岩石边坡或开挖的土质边坡。

六、我国高速公路边坡植被防护发展展望

通过分析我国高速公路边坡植被防护中存在的问题，可知尽管植被防护措施形式多样，但部分防护措施已无法满足日益升级的边坡绿化需求，此外在植被防护设计和施工中还存在明显不足。因此，为了促进植被防护技术的改进和革新，现从以下几个方面对我国高速公路边坡植被防护发展提出建议：

（一）明确不同植被防护技术的适用条件

通过对现阶段的植被防护技术体系进行系统归纳和分析，明确和界定不同技术的适用

范围和条件，挖掘不同技术的防护侧重点，从防护目标、防护手段等方面进行分类，厘清每项技术在施工前、施工中及养护期的技术重点和难点。对于不同区域的同一技术，需要统一施工标准，在保障施工质量的同时，确保技术的可推广性和可复制性，最终促进技术的发展。

（二）规范植被选择和配比

改变单调、结构简单的护坡植物品种和配置形式，摒弃"快生长、高覆盖"的植被配置理念，以构建稳定群落为目的，从植被群落的整体功能和适应性出发，促进边坡生态系统的稳定性。在树种选择上优先考虑乡土树种，避免入侵种和不良竞争种的使用，强调土壤种子库的作用，采用"以灌为主"的配置形式，参考当地原生植被群落优化植被配置，缩短演替时间。

（三）强调可持续植被的管理

开展植被的良性演替研究，在植被防护设计、施工和养护期开展过程指导、监测和必要的补播。在设计阶段，针对不同边坡的实际情况提出合理的目标植被群落，明确边坡植被群落的演替方向；在施工过程中，注重植被的空间配置和时间配置，强调不同时期优势种的作用，加强早期养护，确保植物存活，适当开展补植，保证群落稳定，最终实现植被群落的可持续生长。

高速公路边坡植被防护工程是促进我国生态文明建设的必要措施之一，开展边坡生态恢复研究是提升植被防护技术的必要条件。本文在系统总结现有边坡植被防护技术特点，调查我国不同区域高速公路主要边坡类型的植被防护措施现状的基础上，剖析了目前我国高速公路边坡植被防护存在的主要问题，提出了相应的边坡植被防护发展建议，以促进植被防护措施的合理选择和布设，推动新技术、新工艺的发展，同时也为最终构建高速公路边坡生态恢复理论提供参考。

第三节 高速公路边坡生态恢复植物的选择

高速公路运输是我国当前十分重要的运输方式，其在一定程度上促进了我国经济的发展，然而高速公路在建设施工时破坏了周围的植被和土壤，如果不能采取措施对其进行处理，不仅会影响到高速公路的使用，还会进一步影响周围生态环境。所以，需要加强高速公路绿化植物的选择和管理，提高绿化施工质量。

一、高速公路边坡生态恢复工作的重要性

在高速公路建设过程中，由于工程开挖对自然生态环境造成了不同程度的生态破坏，边坡生态恢复成为高速公路建设中至关重要的部分。高速公路沿城镇边缘建设主要穿梭在自然林带、村镇等区域。各自然林带、村镇的生态结构均有差异，生态系统的修复能力也参差不齐。但高速公路介入后，需要修复改善开挖后薄弱的生态系统。在施工过程中，会对山体原生生物圈造成破坏，土壤流失严重，因此，需在土建固坡后交接工作面进行边坡生态恢复。

通过开展绿化护坡工作，不仅能够起到良好的环保作用，而且还能保障高速公路不会因土壤流失而影响到其本身的使用性能，从而提高高速公路的质量。在这种情况下，高速公路部门需要不断加强在绿化护坡上的工作，减少因高速公路所造成的生态破坏和水土流失情况，提高高速公路的社会效益。

二、高速公路边坡生态恢复植物的选择

（一）护坡植物选择的基本原则

在高速公路绿化工程中开展绿化设计工作时，应严格遵守以下四点原则：

1. 地域差异原则

不同地区的自然因素是不一样的，而在自然因素中的降水、温度等将会受到地形所产生的影响而影响到乔灌草种的分布和生长，并且由于植被本身所具有的特性，使得其和该地区本身的水热条件有着十分紧密的联系。因此，人们在设计与选择护坡植物时，应充分考虑到地域间的差异。

2. 特色生态性原则

在选择高速公路绿化植物时，需要所选择的护坡植物和整体植物在观赏上更加和谐，与原生态保持一致。

3. 局部环境原则

植物的分布和生长除了受到上述两个方面因素影响以外，地形地貌也会对其产生一定

影响。盆地、山地等地形将会形成一个局部环境,能够对植被的分布规律产生非常大的影响,所以在进行绿化工作时,应当尽量满足局部环境的要求,使其看起来并没有太强的违和感。

4. 生态适宜性

在对高速公路进行绿化工作时,需要根据公路附近土质条件来进行绿化,适于种植树木的土地则种植树木,不适于种植树木则可以选择种草。通过种植充足的种苗,能够大大降低绿化工作所产生的成本,而在外来物种的选择上,应选择已被驯化的植被类型,总体来说,只要满足生态适宜性,都可以作为绿化护坡植物。

(二) 护坡植物选择的重要依据

在护坡植物的设计和选择上,其依据主要包含以下两个方面:

1. 生态适应性

植物对于自然环境总有一个适应的上限和下限,也就是其在某一地区生长过程中所受到周围植物对其产生的影响,如果环境满足植物的生长需求,那么将有利于植物的生长;反之,所种植的植物将会出现衰败和死亡的情况。所以,在种植植物时,需要充分了解该地区气温、降水等因素,选择最适宜种植的植物。

2. 物种特性

高速公路在生态环境上有着十分特殊的要求,这使得人们在选择绿化植物时要求植物拥有某种特定的生物性状。包括:①绿化植物要具有良好的护坡、固土功能,还要拥有较为发达的根系和良好的扩展性;②绿化植物要拥有良好的生存能力,适用于粗放式管理模式,并且还应具有吸污和降尘的功能;③维护费用和成本价格相对较低;④具有良好观赏性。总体来说,高速公路绿化护坡工作本身的特性,使得其对于植被要求相对较高,人们在选择护坡植物时,应以上述两点内容为依据进行选择,从而使所选择的绿化植物能够满足高速公路绿化要求。

(三) 边坡生态恢复的植物种类选择

我国的高速公路生态恢复建设起比较晚,通过十多年的技术研究和工程试验,我国高速公路生态建设恢复取得了巨大的进展,从单一种草理论演变为目前的以灌木为主、草本为辅理论,从以前人工种植植被演变为现在的尊重自然、恢复自然理论,从以前的盲目引种到现在的重视乡土植物等。

为了能够较好地适应当地环境,防止种间过度竞争,现在多趋向选择乡土植物。很多高速公路景观营造比较成功均是乡土植物应用比较多的。例如，在粤北地区高速公路的植物配置中，乡土植物种类都在 8 种以上，景观效果较好的植物配置方式中，以乡土植物单独种植或者乡土植物与非乡土植物配置成多层次景观的形式为主，且乡土植物在配置植物中占据主要层次或多个层次。在邢汾高速公路中，乡土植物所占比例 90.4%。在京珠高速公路的衡阳段中，筛选出 50 余种乡土植物，极大地稳定了生态系统，保持了景观的稳定性。不成功的案例往往是乡土植物应用得少，例如，在滇西北的高速公路绿化中，乡土树种仅占 16.7%，因此生态效益低，景观效果不稳定，不利于生态公路的发展。

高速公路边坡回填时大多是用保水、保肥性差的沙石砾或建筑废料进行填充。土质贫瘠且保水性差，而且路边有车辆排放的废气，所以边坡绿化植物除了乡土种类外，还应选择耐干旱、根系发达、生长速度快、枝叶茂盛且抗污染能力较强的种类进行栽植。例如，紫穗槐抗旱性非常强，栽植后可以保持良好的生命力，是边坡植被恢复的优良树种之一。豆科（Leguminosae sp.）与蔷薇科（Rosaceae）是边坡自然恢复的优势科。经过多年研究，各地生态恢复植物种类已经明晰。例如，在温州，檵木 [*Loropetalum chinensis*（R.Br.）Oliv]、麻叶绣线菊（*Spiraea cantoniensis* Lour.）、白花龙（*Styrax faberi*）、大叶胡枝子（*Lespedeza davidii*）、覆盆子（*Rubus idaeus*）、细梗络石（*Trachelospermum gracilipes* Hook. f.）、藤黄檀（*Dalbergiahancei* Benth.）等植物，可作为今后边坡生态恢复的重点植物。马棘（*Indigofera pseudotinctoria*）成为浙江省内的生态恢复的优势种，其他种类如胡枝子（*Lespedeza bicolor* Turcz）、马棘、银合欢 [*Leucaena glauca*（L.）Benth.]、白三叶（*Trifolium repens* L.）、紫花苜蓿（*Medicago sativa* L.）等均生长较好。在黑龙江，马蔺（*Iris lactea* Pall.var）、月见草（*Oenothera erythrosepala* Borb.）、麦瓶草（*Sileneconoidea* L.）、草地早熟禾（*Poapretensis*）、野苜蓿（*Medicagofalcata* L.）、平车前（*Plantago depressa* Willd.）、冰草 [*Agropyron cristatum*（Linn.）Gaertn.]、飞蓬 [*Conyza canadensis*（L.）Cronq.]、紫花地丁（*Viola yedoensis* Makino）、无芒雀麦（*Bromus inermis* Leyss.）、野火球（*Trifolium lupinaster*）共 11 种可作为生态恢复植物。珍珠梅 [*Sorbaria sorbifolia*（L.）A.Br]、胡枝子、兴安杜鹃（*Rhododendron dauricum* L.）、樟子松（*Pinus sylvestris* var.*mongolica* Litv.）生长势和成活率都表现较好，是适合岩石边坡的植物种类。

在重金属污染的地区，蒙古栎 [*Xylosma racemosum*（Sieb. et Zucc.）Miq.]、白桦（*Betula platyphylla* Suk.）、臭松 [*S.foetidus*（L.）Salisb.] 等树种可以作为公路旁侧防治重金属污染林带的骨干树种推广使用，春榆 [*Ulmus davidiana* Planch. var. *japonica*（Rehd.）Nakai]、裂叶榆 [*Ulmus lacin-iata*（Trautv.）Mayr.]、毛赤杨（*Alnus sibirica*）、东北山梅花（*Philadelphus schrenkii* Rupr.）、珍珠梅、金银忍冬 [*Lonicera maackii*（Rupr.）Maxim.] 等树种可作为重金属污染区绿化重点选用树种。

三、高速公路边坡生态恢复植物的施工管理

从我国高速公路绿化植物的管理工作来看，其主要是从建植期、苗期以及定植期三个阶段进行管理，从而使绿化工程得以良好完成。

（一）建植期植物的管理

在建植期，植物的管理主要包括三个方面内容：

1. 当对高速公路项目进行施工时，由于各项工作的开展使其周围环境遭受非常大的破坏，引起较为严重的水土流失。所以，应当使用各类技术来对当地土壤进行改良，根据当地土壤理化性质，选出最为理想的改良剂。

2. 在播种护坡植物时，应采取喷播种植等方法。该方法主要是将农药、种子以及肥料等以一定比例进行混合，然后再向其中添加一定量的水、黏合剂和保水剂，在播种时将该混合物进行喷洒，将其喷洒到预定位置后，在坡面形成一个附着层，以此来确保种子的出苗，并预防种子被冲刷掉。当播种完成后，相关工作人员需要在其表面覆盖一层营养土，以此确保出苗率。

3. 浇水是建植期非常重要的工作，在播种前需对土壤基质进行浇灌，在基质变得稍微干燥后再进行播种工作，尽量避免土壤出现较大程度的板结。

（二）苗期植物的管理

在苗期对护坡植物所进行的管理工作主要是除杂、施肥以及浇水。

1. 除杂

苗木杂草的清除工作在一定程度上保障了植物的稳定性。苗期除草以人工清除为主，以有效避免其他除草方式对植物所产生的不良影响。针对杂草面积较大且难以通过人工方式所清除的杂草，则应使用除草剂，但使用除草剂时要十分谨慎，避免出现烧苗的情况。

2. 施肥

肥料的种类非常多，不同肥料所产生的效果和副作用是不同的，例如：天然有机肥不会对植被产生任何负面影响，所以在使用这些肥料时无须精准控制使用量，当使用一些化肥时则需要谨慎使用，不同化肥具有不同作用，尤其是在用量和时间上更要十分注意，应最大限度地发挥肥料的功效。

3. 浇水

在苗期切勿对植物进行高强度的灌溉，以免对植物幼苗造成损伤，同时还要尽量避免在坡面和地面上造成水坑而淹没掉植物幼苗。在对护坡植物幼苗进行浇水时最好采用滴灌方式，其能够达到非常理想的浇灌效果，并利于植物幼苗的生长。

（三）定植期植物的管理

定植期除了除草、施肥和浇水工作以外，还需要对其进行修剪、间苗、修复以及补播等工作。对于处于中央隔离带和路肩两部分的植物，应对其进行修剪和间苗，以确保其具有良好的欣赏价值。对于在边坡等地方所存在的枯草、落叶等杂物，须及时处理，从而确保植物群落能够正常地更换和演替。绿化植物在种植时不可能保证100%的成活率，这便需要人们对植物覆盖率较低的地方开展修复和补播工作，尽量使其保持原有的景观效果和植物结构。与此同时，在进行补播时应当采用打孔、浇水以及施肥等措施，以保证补播植物正常生长。

综上所述，高速公路绿化工作对于高速公路和生态环境之间的和谐发展能够产生积极作用，与道路的景观和生态系统有着十分紧密的联系。通过对高速公路绿化护坡植物的选择和管理进行探讨，希望能够促使我国高速公路绿化工作得以良好地开展，从而提高绿化水平。

第四节 生态高速公路建设

一、生态高速公路的内涵与基本特征

（一）关于生态高速公路的基本概念

"生态公路"这一概念虽出现不久，但已受到多方关注，如文化路、景观路、生态路已在诸多文献中见到，都在一定程度上体现了生态理念。然而关于"生态公路"的概念至今没有统一的认识。目前，大体上有3种观点：①绿化说。这种观点将生态公路进行单向化、简单化和现实化，认为生态公路就是要在路界范围内绿化美化，以草皮护坡、绿树分割防眩为特点，再加以大面积的路旁行道树减噪吸尘。②质疑说。这种观点认为公路作为

一种带状的人工构造物，如果以自然生态系统的结构标准衡量，公路是一个失衡的生态系统，是不可能实现生态的自然调节的，因此生态公路的提法是不科学的。这实质上是一种形而上学的观点。③替换说。认为"生态公路"这一概念有些含糊不清，主张用"生态化公路"或"生态型公路"代替生态公路的概念。这种观点缩小了生态公路的研究意义。由此看来，以上观点都具有一定的片面性，我们应该抓住定义的神，达到形散而神不散。

（二）建设生态高速公路的内涵

建设生态高速公路就是把建设工程与环境生态工程按系统最优化结合起来，在完成高速公路工程建设或改造的同时，进行改良环境结构、减少污染、降低噪声的生态工程建设，使公路交通设施作为一种人文景观与周围景观在更大范围内融为一体，形成美化国土、保护自然、改良环境和抵御灾害的带状公路生态系统或区域交通生态系统。高速公路建设是生态环境保护与可持续发展的结合点，不仅是经济社会发展的先行官，更是生态建设和环境保护的重要手段。高速公路是一个数十、数百，甚至数千公里的带状庞大构造物，与通过不同的地域和不同的环境一起构成了一个复杂的生态系统。

（三）生态高速公路的基本特征

生态高速公路与传统高速公路相比有本质的差别，避免了只追求线形质量，遇山开路，遇水搭桥的传统设计观念。生态高速公路特征主要表现在如下几个方面：

1. 效益最大原则与可持续发展思想

生态高速公路是在尊重自然和自然规律的前提下，以可持续发展思想为指导，实现资源合理配置，公平地满足现代与后代在发展和环境方面的需要，不因一己之私和一时之利而用掠夺的方式来促进公路暂时的快速建设，断绝了人类自身的可持续发展的基本条件。此外，可持续发展实质上是社会系统和自然环境系统之间协调发展的问题。生态高速公路要尽可能地实现生态效益、社会效益、经济效益等综合效益最大。

2. 对生态环境最小破坏和最大恢复

高速公路建设要受到线形质量、规范要求以及地质、地形、水文等因素的制约，不可避免地对沿线的生态环境造成一定的影响，例如：植被破坏，环境污染，水土流失，路基、桥隧对自然环境的破坏等。生态高速公路就是要利用生态学、美学、园林学等以及各种工程技术措施将公路建设的破坏限制在最小范围内，对已破坏的生态环境采取最大限度的恢复，真正把公路建设成为行车舒适、景观亮化、环境优美、山水自然、和谐统一的整体。把高速公路建成生态路、环保路、科技路，达到车在景中走，人在画中游的最高境界。目前，我国对公路建设引起的自然资源破坏通常采用经济补偿措施，在一定程度上打破了生态平衡；而欧美国家普遍实行生态补偿政策，即破坏或占用多少生态资源，在附近补偿同样甚至更多的生态资源，使生态系统仍处于平衡状态，此法值得我国在建设生态公路中学习借鉴。

3. 绿化景观效应

随着时代进步和经济发展，高速公路密度不断加大，交通流量明显增多，污染日益加重，形成区域的线状污染带，严重影响公路两侧居民的生活环境质量和身体健康。因而公路绿化的功能与作用应有新的理念，在生态高速公路规划、设计和建设时，应注意公路与地形协调，公路与植被景观协调，公路与水体环境协调，防护林带的植物配置协调，以及高速公路立体交叉绿化协调等。在布局和美化时，一方面要给行者带来美的感受，另一方面要维护自然生态系统的平衡。

4. 整体性

生态公路是由生态环境、社会经济和建设技术等多种构成因素相互作用、相互影响、相互制约而成的综合体。生态公路建设是在可持续发展指导思想下，兼顾社会、经济和环境三者的整体效益而进行的建设。在此环境并不是指单纯的自然环境，而是一个包含了社会、经济、自然环境在内的复合环境系统，称之为公路生态环境系统。

二、建设生态高速公路的基本思路

建设生态高速公路是在可持续发展的指导思想下，在生态工程目标下进行高速公路建设。可持续发展思想的着眼点在于发展，而发展的可持续性取决于环境和资源的可持续性；生态工程的目标是在促进自然界良性循环的前提下，充分发挥资源的生产能力，防止环境污染，达到经济效益与生态效益同步发展。因此，生态高速公路的建设贯穿于整个项目的规划、设计、施工和营运等每个阶段。

（一）规划设计阶段建设生态高速公路的思路

目前，我国高速公路建设规模巨大，各省纷纷建设高速公路项目。此时，合理的路网设计与路线布局成为建设生态高速公路的前提保证。在路网设计时，应对沿线的土地资源进行详细的调查研究，结合当地的发展规划，趋利避害，尽量选择最佳的环路线。在选线、定线阶段要考虑线形顺捷，缩短里程，避开不良地质区域，同时让公路与周围景观、建筑、地区规划等融为一体。而且要考虑以下几个方面：①尽量少占或不占生态良好的地段；②尽量避免人口密集区域；③尽量减少对居民搬迁和拆迁；④平曲线和竖曲线要完美重合；⑤增加圆弧和缓和曲线的设置，以增加公路的线形美与避免大填大挖。在绿化景观设计时，坚持可持续发展的思想，注重融合性与协调性，通视性与导向性，节奏感与色质感：注重经济功能与社会生态功能、实用价值与观赏价值；注重历史与文化，注重特色与环保。

（二）施工阶段建设生态高速公路的思路

施工过程中因施工便道修建、清理现场、取料和弃料及路基修筑而必须占用土地、破坏植被，并可能影响沿线的自然景观美。山岭地区的施工过程中产生的水土流失，可能导致附近水体的沉积物淤积和水浑浊，改变水生物栖息环境，严重的弃渣流失还可能导致泥石流一类的地质灾害。平原水网地带筑路不仅有路基永久占用农田问题，而且存在取土挖毁耕地和需要进行土地恢复利用问题。植被破坏和机械噪声还会迫使野生动物迁徙或丧失。

所以在施工过程中要采取必要的措施来建设生态公路，主要有以下几个方面：

1. 在项目内部设立相对独立的、系统的环境保护管理机构，并配备一定数量的环保工作专业人员。

2. 高速公路施工时，要采取文明施工，尽可能减少高速公路占地以外的植被破坏，切实落实临时占地和取土坑的生态修复措施，以及吸取外国先进经验，采取生态补偿机制，减缓或避免对沿线生态环境的影响。

3. 选用低噪声施工机械和工艺，严格控制施工噪声和粉尘污染，在敏感目标附近施工应采取有效降噪措施。

4. 公路桥梁施工弃渣不得排入水体，应排入设置的沉淀池中，防止水土流失污染水体和阻碍泄洪。

5. 严格控制施工期物料装卸、运输、堆放、拌和等过程中的扬尘和废气污染。路面沥青、混凝土拌和站应远离居民区、学校等环境敏感的区域，并设在下风向300m以外，以减轻对敏感区域空气环境污染。

6. 模仿先进国家采用先进的科学技术进行生态公路建设，如低噪声混凝土路面、吸尾气混凝土路面的建设。

（三）运营阶段建设生态公路的思路

生态高速公路进入营运期，并不代表生态高速公路已完成。还要注意以下几个方面的工作：

1. 要重视公路两侧的地质情况，地质灾害的发生是一个长期的过程，应力释放或边坡的蠕变有些需要长达几年乃至十几年的时间，一次性治理有时并不能保证长治久安。对不良地质的路段要长期观测记录，分析地质病害的发生发展机理，预测发展趋势，发现有不利的趋势要及时采取措施。

2. 应对未能完全避免的交通噪声、行车尾气、服务区的生活污水等进行适当的综合治理。

3. 高速公路交通流量大、车速快，一旦发生交通事故，往往会发生连环相撞，严重影响交通，并可能对环境产生较大的冲击，特别是运输有毒、有害物品的车辆发生交通事故，对环境将发生不可估量的破坏。

（四）生态高速公路的建设应重视公众参与

公众是生态高速公路建设的主体，是生态高速公路建设的驱动力，只有通过公众的充分参与，生态公路建设方案才能得到真正落实。

21世纪初，随着我国高速公路里程的快速增长以及高速公路建设仍处于迅速发展阶段，在极大地推动经济发展的同时，也带来了严峻的生态环境问题。生态环境问题已成为国人关注的焦点。所以，在当前提出以生态理念为指导思想的生态高速公路建设是及时而必须的。在公路建设时要认真贯彻执行以"预防为主、防治结合、综合治理"的生态环境保护方针，普及和提高公众的生态意识，倡导生态价值观与生态化发展理念，改变传统的高速公路建设理念以及促进生态公路的建设。

第六章 高速公路施工管理

第一节 高速公路施工管理的重要性及策略

高速公路施工具有规模大、投入高、周期长以及人员流动性大等特点，如果没有开展严格与规范化的管理，会为事故的发生埋下重大安全隐患。在高速公路施工过程中，需要加强和注重施工管理，采取切实可行的方法降低安全事故发生概率，为工程项目的有序推进奠定坚实的基础。

一、影响施工管理的主要因素

工程项目位于城市郊区，具有特殊的地形和恶劣的施工环境，影响施工管理的因素较多。

（一）人为因素

在具体的施工过程中，部分施工人员不具备良好的安全意识，不注重安全问题，易受施工安全风险影响，是导致安全事故发生的重要因素。

（二）设备、材料因素

设备和材料在高速公路施工过程中占据重要地位，如果存在设备故障、材料质量不合格等问题，会影响工程项目的顺利开展。

（三）自然环境因素

施工前，未对工程项目所在区域内的自然环境进行细致勘察，例如，地震带、泥石流易发区等，引发地质灾害。

二、高速公路施工管理的重要性

（一）促进高速公路建设圆满完成

在高速公路施工中，施工管理能够降低具体施工过程中错误，减少施工企业损失，保证公路工程高效率和高质量完成。施工企业忽视施工管理，出现质量把关不严的情况，轻则给施工企业造成不可估量的经济损失，重则对施工人员的人身安全造成威胁，延长工程项目建设周期。施工企业应通过科学、合理的施工管理方法，促进建设圆满完成。

（二）提升施工企业管理能力

施工企业管理能力影响公路工程施工管理的有序开展，如果施工企业不注重施工管理，会影响工程项目建设质量，给施工企业的长足发展造成重要影响。施工管理是具有系统性和复杂性，在具体的建设过程中，施工企业应重视施工管理工作，积累丰富的施工经验，促进企业良性发展。为了实现健康与可持续发展，需要注重和加强施工管理，不断提升企业管理能力。

（三）提升城市居民生活质量

随着经济的发展、社会的进步以及科学技术的不断发展，高速公路建设迎来新的发展机遇，高速公路建设质量作为核心问题，直接关系城市居民生活质量水平的提升。现阶段，居民的出行基本上以开车为主，在居民生活质量不断提升的过程中，私家车的数量与日俱增，对高速公路的需求越来越高。施工企业应当注重施工管理工作，为居民提供高质量、安全的公路。

（四）提升施工企业经济效益

1. 高质量的施工管理

企业各项综合管理能力是衡量和提升企业经济效益的重要指标，提升综合管理能力有利于施工管理工作的全面推进，提升施工管理水平。

2. 高效率的施工管理工作

高效率的施工管理能够保证施工现场的安全性，降低安全事故发生概率，促使企业严格遵守和执行相关规定，正确贯彻和落实国家在高速公路建设中出台的各项政策与方针，减少违规行为。

3. 高水平的施工管理

高水平的施工管理有利于保证工程项目建设的质量、进度和效率，帮助施工人员多方面把控施工现场，针对干扰和影响工程项目的各种影响隐私，采取针对性的措施予以解决，不断提高企业经济效益。

三、高速公路施工管理的有效策略

（一）加强现场监督检查，及时消除安全隐患

在高速公路施工过程中，需要加强监督检查，发现安全隐患，及时进行报告和处理。加大施工现场安全控制，将安全责任落实到人，健全与完善安全管理制度，注重设备检查工作，特别是施工现场的电气检查，消除潜在安全风险，保证工程项目顺利推进，定期检查施工现场，从根本上确保公路施工安全。

（二）做好机械设备管理，保证设备正常运行

高速公路施工是一项技术性的工作，在具体的建设过程中，机械设备存放不合理或没有对其进行科学管理，导致机械设备使用性能下降，严重影响作业效率，致使安全事故发生。在高速公路施工中，应做好机械设备管理工作，根据实际情况对机械设备实施必要的检查和保养，保证机械设备正常运行。严格按照操作规程启动和关闭机械设备，使其始终处于最佳的作业状态。

（三）合理配置施工资源，提高项目整体质量

在高速公路施工过程中，人力资源占比较大，是施工管理中的重要问题之一，没有强大的人力资源为保证，任何工程项目都难以顺利完成。需要对充足的人力资源进行合理分配与管理，充分体现每一位施工人员的价值。

作为高速公路施工企业，针对人力资源的管理和分配方面需要认真仔细斟酌，根据工程项目进度合理安排劳动力，根据不同施工阶段的特定，充分挖掘潜在劳动力。对于能力较强和责任心强的工作人员，给予适当的精神奖励和物质奖励，激发施工人员的积极性与主动性，提高工程项目建设的总体效率。对于临时施工任务，企业需要做好相应的调配工作，合理利用剩余劳动力，保证工程项目顺利开展。

（四）加大施工成本管理，合理避免资源浪费

在施工管理工作中，应由传统的粗放型管理模式向精细化管理模式不断转变，将精细化的管理模式贯穿工程项目建设过程，特别要注重施工现场的成本管理工作，如施工材料、机械设备以及人员支出等方面的成本控制。

1. 施工材料成本管理

在施工材料采购工作中，需要合理估计材料的使用数量，选择质量优良的施工材料，杜绝材料浪费，合理控制施工材料支出成本。

2. 机械设备成本管理

购买机械设备和租赁机械设备，都应严格控制设备的成本，根据工程项目的实际情况确定设备数量、型号，将成本费用控制在预算范围内，减少设备闲置，避免资源浪费。

（五）健全施工管理体系，做好各项协调工作

高速公路施工管理复杂，专门制定施工管理体系的个人和团队较为少见。一切参与工程项目建设的人员都是施工管理的范畴，如监理单位。

监理单位作为工程项目建设的第三方责任人，主要的工作任务就是对工程项目的质量进行检测和验收，在此过程中，需要施工单位进行技术交底，通过承包单位配合完成。施工管理的开展建立在健全的管理体系上，不以人的意志为转移的，需要施工企业做好各方面的协调工作，实行分级和分部门，将施工管理落到工程项目的各个施工节点。

（六）注重安全教育效果，加大教育宣传力度

在施工管理中，施工企业应注重安全教育效果，加大对施工人员的安全教育宣传力度，使其能够充分了解施工现场的实际情况、施工技术和工艺流程，制定通俗易懂的安全教育培训课程。安全教育工作人员应虚心听取工人的意见和建议，不断完善和优化安全教育培训流程，提升安全教育培训水平。

施工企业通过在施工现场悬挂安全横幅、宣传画、展板和设置安全体验馆以及进行应急演练等的方式，营造浓厚的安全生产氛围，促使更多的工作人员参与，切实地感受安全生产的重要性。

综上所述，在高速公路建设过程中，施工管理尤为重要，特别是在经济社会持续发展的利好背景下，高速公路建设的速度不断加快，社会各界对高速公路建设提出更高的要求。作为施工企业，需要充分认识施工管理的重要性，通过有效的施工管理措施，提高工程项目建设质量，促进企业的长远发展。

第二节　高速公路成本与施工质量管理

目标管理是工程项目管理的基本方法体系，高速公路的施工标准化以项目管理体系为依托才能得到有效的贯彻与实施，因此，推行高速公路施工标准化的首要工作就是实现施工标准化与项目目标管理的紧密结合。

一、高速公路成本管理标准化

推行施工标准化的根本目的是要实现建设项目的综合效益最优，因此推行施工标准化管理的首要任务就是控制好项目的成本。

施工标准化成本管理办法主要内容包括成本管理主要手段、目标成本制定、成本核算、成本分析与考核、成本控制和成本档案管理等。

（一）成本管理的主要手段

1. 严把合同关

建设工程的施工合同是施工阶段造价控制的依据，它作为工程实施阶段造价控制的主线条贯穿于该阶段。因此，指挥部在合同订立时，必须对合同的合法性、合理性、严谨性、准确性、完整性进行全面审核，使工程造价在竞争中实现合理确定，避免产生疏漏，造成后续索赔。指挥部组织对各工区项目部所签订合同进行检查，对合同文本的规范性、实施性、准确性以及归集整理、合同台账建立等逐一检查落实，对合同签订存在的问题和风险督促整改到位，最大限度地防范工程结算审计和合同争议法律风险。

2. 竞争性谈判选定供货商

指挥部紧紧围绕项目施工工期，根据项目施工推进进度，为严格控制施工成本，以"统一采购、降低成本"的原则择优确定供应商，统筹项目管理和成本控制。一是坚持公开、公平、公正的原则，加强对物资采购竞争性谈判的实施和监督；二是不断提高竞争性谈判文件评审和合同谈判人员的业务素质，切实防止合同执行风险；三是严格禁止利用供货单位"量大"找活心切的特点，人为地要求供货单位压价让利和提出垫资施工等条件；四是在评标过程中，应在合理低价中标的基础上，充分考虑投标单位的社会信誉、资质情况、施工能力、设备状况、业绩等进行综合评定，以便选择一个既能降低工程造价成本，又能保证工程按质按时完成的供货单位。

竞争性谈判文件由合同计量部或物质部牵头，各相关部门配合，经内部评审后由常务副指挥长批准发布。对本项目利用量较大，如高标号混凝土河砂、土工材料、路面碎石、燃油、炸材等材料，指挥部采取市场询价、报价比选、入厂调查、价格竞争、合同谈判的方式，遵循"价格低廉，供应及时"的原则确定材料供应。

对质量控制影响较大的非统供物资，如混凝土外加剂和钢模板，根据招标文件规定和业主确定的准入制材料供货单位，加强准入制物资材料采购的合同谈判和合同签订，并先后选定了钢模板和外加剂供应单位。

3. 组织工区项目部做好成本分析

工程项目的中标价是该工程成本分析的基础，是工程造价的上限，无特殊情况，不得突破此限。指挥部根据中标价，分析研究降低成本的措施，对各单位工程列出成本预测值，以此控制成本的支出。工区项目部施工成本是与工程施工活动直接相关的成本。预测项目部施工成本，一般根据工程量清单或工程的报价计算该工程完成本工程需要消耗的人工、材料、机械数量和现场管理费。

4. 工程款拨付

工程款拨付包括业主对指挥部的资金支付和指挥部对工区项目部的工程款拨付；合同约定有预付款或需要预支付时，指挥部对业主和工区项目部对指挥部提出预付预支申请，预付款应严格按合同约定执行，保证时效性足额支付。预付款一般不超过合同价款的5%~10%；合同约定按工程计量支付进度款的，付款时，工区项目部计量支付报表应经业主指挥部审核签署完成，具备经建设单位指挥长签署完全的中期支付证书；劳务合同约定按验工计价付款的，付款时工区项目部应有验工计价单和付款申请。验工计价单应与业主签认的中期支付报表相对滞后或同步；合同约定为结算付款的，各类合同付款时，必须先做出结算分析，付款时工区项目部应出具结算书及付款申请，结算书内容与合同一致，并经合同计量部门审核，经常务副指挥长审批。

5. 工程造价管理

组织工区项目部计量人员学习工程计量规范和技术规范，学习部公布公路定额和补充定额，提高工程造价业务能力。建立工程量台账，计量支付台账和设计变更台账，及时更新台账数据，保持各台账的统一性，为经济分析工作做好基础工作；认真分析合同单价组成,分析各直接费、间接费、利润和税金的组成,结合实际情况对影响造价较大的内容进行对比和研究,对照合同文件和规范、设计等文件,积极妥善处理造价增加内容,争取更大的经济效益;合理编制和配合审定有利的新增单价,跟踪业主指挥部和审计部门审定合理的价格,争取新增项目更大的利润空间。

(二) 目标成本制定

1.工程开工前,在工程现场进行施工复测的同时,指挥部合同计量部门组织各工区项目部相关部门认真复核施工图纸,重新计算设计工程数量,以合同固化工程量清单细目建立准确的工程量台账。分析施工图预算和合同单价,采用正确方法,对工程项目的总成本水平和降低成本的可能性进行分析预测,制定出项目的目标成本。

(1) 首先进行施工图预算。根据已有投标、预算资料,确定中标合同价与施工预算的总价格差。从中标额中减掉间接费用、利润等项目;现场经费中的临时设施费根据实际需要进行调整,先将中标价中的临时设施费减掉,再将施工现场实际产生的费用计入预算成本。分别控制定出材料费、机械费、人工费及数量比较大的材料单价控制表,并制定出各分部分项工程的责任预算。

(2) 对施工预算未能包容的项目,包括与施工有关的项目及其现场经费,参照定额加以估算。

(3) 对实际成本可能明显超出或低于定额的主要子项,按实际支出水平估算出其实际支出与定额水平之差。

(4) 考虑到不可预见因素、工期制约因素以及风险因素、价格因素,加以测算调整。

(5) 综合计算整个项目的目标成本,预算成本是项目部成本的最高限额,严防突破。

2.为了确定成本降低目标,指挥部在各工区项目部法人公司内部成本管控分析的基础上主持召开各工区项目经理、项目总工、主管成本等相关人员参加的成本工作会议。

(1) 首先向与会人员介绍工程业主中标合同价与施工预算的总价格差,并根据各工区的投标报价分析项目合理的目标利润。

(2) 根据目标利润推算出项目成本降低指标。

(3) 技术、工程、材料各业务部门根据《施工组织设计》,具体分析本专业在节约成本上有多大的潜力。

3.制订成本计划。工程项目成本费用计划可以从以下几个方面进行编制:

(1) 总则:包括工程项目概况、项目管理机构及层次、工程进度、外部环境特点,对合同中有关经济问题的责任归属,成本与费用计划编制中依据的其他文件及规则的介绍。

（2）经济目标内容及核算原则。经济目标包括：制造成本的降低额、降低率，人工、物资、能源节约额等。

（3）成本与费用计划总表和支出总控方案。计划总表和支出总控方案以项目收入为基础，分别列示计划收入、计划支出和计划节超额。项目经理部要编制自开工至竣工全过程的施工成本计划，按材料费、人工费、机械费、其他直接费、现场经费等成本项目分别列示预算成本、计划实际成本和计划降低额。为了便于控制，生产副经理应根据施工组织设计的总进度安排，编制月份成本计划。

（4）对项目成本计划中计划支出数估算过程的说明。施工部分要对材料费、人工费、机械费、运费等主要支出项目加以分解。

（5）计划降低成本的来源分析。成本计划应反映出项目管理过程中计划采取的增产节约、增收节支的各项措施及预期效果。

（6）项目成本计划中风险因素的说明。风险因素是指成本计划中尚存在哪些不稳定因素可能导致成本支出加大，甚至形成亏损。指挥部制定针对各地区完成成本降低和工程造价增加指标情况的奖惩措施。

（三）成本核算

1. 项目成本核算是指以工程项目为对象，对施工生产过程中的各项耗费进行审核、记录、汇集和计算。通过如实反映实际生产耗费，控制各项生产性支出。

2. 成本核算应坚持权责发生制的原则，对各种成本支出按照实际受益时间进行待摊和预提。凡是当月已经使用而尚未支付的费用，应作为预提费用计入当月成本；凡是当月已支出，应由本月和以后一段时间内共同负担的费用，应作为待摊费用，分期摊入成本。

3. 加强基础工作，保证成本计算资料的质量是做好成本核算工作的基础。

（1）加强凭证控制。

（2）健全原始成本支出台账。项目必须健全的台账有以下几类：①完成工程量逐月登记台账；②分包单位预结算台账；③月份材料消耗汇总表台账；④月份中小型机具、周转料租赁摊销台账；⑤大型机械月份使用台账。月份材料消耗汇总表台账根据指挥部物资部制定的"物资报表分类目录"，从建材类、地材类、周转材料类、其他类等科目进行统计汇总。

（3）成本核算工作中人工费、材料费和机械使用费的支出情况需要工区分管生产副经理、物资部负责人核实提供。做好成本核算工作需要各相关岗位人员的密切配合。由于此项工作涉及人员多、工作量大，因此应由工区项目经理亲自主持进行。项目应明确规定，月份成本核算时，各责任人员提供相关台账的时间和编制台账的要求。

（4）材料成本核算是指以实物量为基础，借助价值形式反映和计算工程项目材料消耗过程的经济效果，主要包括工程材料费、二次搬运费、生产工具费和水电费四项核算内容。其中工程材料费为核算的重点，它包括构成工程实体的主要材料、其他材料、构配件和周转料费用。材料成本核算包括材料价差和材料量差两方面，侧重于量差的核算。

（四）成本分析与考核

1. 工程项目成本分析是指通过把本期实际成本与计划成本相比较，发现成本超支的重点因素，以便制定措施，予以整改，同时检查各业务部门的成本降低指标的完成情况，为实施奖惩措施提供依据。

2. 为了便于成本分析，要求成本计划与成本核算应采取一致的会计科目。在进行成本比较时，应从施工成本构成的各个环节求出实际成本偏离计划成本的差异。成本分析应坚持关键因素重点控制的原则。对差异比较大，超过规定限制的现象，及时进行调查分析，找出原因拿出整改措施和处理意见。

3. 成本分析执行月度分析、季度分析和年度分析相结合的方式。成本分析工作应由项目经理主持，各业务部门主管协调配合，分担有关分项的分析工作，做到成本分析与业务专题分析相结合。成本分析完成后，应提出书面分析报告。

4. 工程项目成本考核是指通过检查成本目标和成本降低指标的完成情况，检验项目经理部的经济效益，以及各业务部门、各岗位人员的工作绩效。

5. 成本核算应贯彻于整个施工生产过程中，可以考核某一阶段或某一期间的成本，也可以考核某个成本分项的支出状况。在项目完工后，则要考核整个工程项目的总成本、总费用。

6. 工程项目成本考核的内容：

（1）考核降低成本目标的完成情况：检查成本报表的降低额、降低率是否达到预定目标，完成或超额的幅度怎样。同时，还应检查辅助考核指标，如三材节约率、人工费节约率、能源节约率等指标的完成情况。

（2）考核核算工作是否符合财务会计制度的规定。

（3）与其他专业考核相结合：项目成本考核是个综合性很强的工作，成本考核要和其他专业考核相结合，从而考察项目的技术、经济总成效。主要结合质量考核、生产计划考核、技术方案与节约措施实施情况考核、安全考核、材料与能源节约考核、机械利用率考核等，明确上列业务核算方面的经济盈亏，为全面进行项目成本分析打基础。

7. 工程项目成本考核工作由项目经理主持，项目技术负责人和生产副经理具体负责。成本考核完成后，生产副经理拿出书面考核结论，报项目经理，作为落实奖惩措施的主要依据。

（五）成本控制

1. 工程项目成本控制

工程项目成本控制是指在施工生产中，对项目成本形成过程中发生的偏差进行持续的预防、督促和纠正，使项目成本费用限制在计划成本的范围内，以达到控制成本提高效益的目的。工程项目成本控制通常采用组织措施、技术措施和经济措施三种方式。

（1）采取组织措施

采取组织措施控制项目成本的核心内容是落实成本责任制。通过界定项目各岗位人员在成本工作中应担负的责任，明确各业务部门所承担的降低成本指标，并加强考核工作来落实成本责任制。此项工作由项目总工和生产副经理负责。

（2）采取技术措施控制项目成本的工作由项目总工主持

①在施工准备阶段，做出多种施工方案，进行技术经济比较，然后确定利于缩短工期、提高质量、降低成本的最佳方案。

②在施工过程中，贯彻执行各种降低消耗、提高工效的新工艺、新技术、新材料等技术措施。

③在竣工验收阶段，注意保护成品，缩短验收时间，提高交付使用效率。

（3）采取经济措施控制项目成本，此项工作由项目经理负责

①抓好计划成本的贯彻实施工作，努力将实际成本控制在计划成本之内。

②以合同的形式加强对分包单位的经济约束。分包合同应明确规定分包工程完成后，应通过项目质检员验收，方能结算工费，出现返工返修时，浪费的材料费、机械台班费应由负责任的分包单位承担。如果该分包单位不能在规定的时间内返工返修到位，项目可安排别的单位处理，工费从原责任单位工费中扣减支出。

2. 材料费成本支出控制

（1）物资部负责将材料费成本降低指标从材料采购成本、材料使用成本、库存损耗等方面进行分解，制定措施，实现各项分解后的具体指标。

（2）材料采购时，做好询价工作，坚持"货比三家"的原则。在保证产品质量的前提下，

尽量降低采购成本。平均材料费用支出应低于市场价格，具体单项材料费用支出不应高于同类产品市价的5%。

（3）严格执行定额发料制度，施工队不能超量存料，以防材料外流。

（4）周转料不用时，应及时组织退场，以减少无用的租金支出。

（5）做好库存物资的盘点工作，加强材料的月份核算，及时发现问题，堵塞漏洞。

3. 机械费成本支出控制

（1）对塔吊、升降机等大型机械设备进行租赁使用时，项目技术负责人应组织技术人员和机械管理人员对设备进行考察，检查其各项技术指标是否满足施工要求，确保进场设备的使用可靠性。

（2）中小型机械设备应注重结合工程进度，合理调配以提高机械的使用率，尽量做到不停机不闲置。

（3）机械设备不用时，应及时组织退场，以减少无用的租赁费用支出。

（六）成本档案管理

1. 成本档案包括各种原始凭证、各种费用支出台账、统计图表、计算底稿和相关文字资料，做好成本档案管理工作需要各业务部门的配合。

2. 项目合同计量部负责成本档案管理工作，编制卷内目录，归集整理档案分类，便于查找和翻阅。

3. 项目经理定期对项目成本档案工作进行检查。

二、高速公路施工质量管理

高速公路建设项目具有工程量大、作业点多、工期长、涉及专业多、施工难度大等特点。晋红、江通高速公路建设历时近6年，纵观建设全过程，紧张有序、统筹兼顾、科学安排、稳步推进的主旋律贯穿始终，工程质量整体受控，质量事故得到有效遏制，取得了一定的成绩，同时也存在一些问题。为持续提升质量管理水平，对晋红、江通质量管理经验进行总结。

（一）质量管理工作重点

1. 明确质量目标，落实质量责任

总包部、标段项目部均成立质量管理领导小组，分别落实总包部与标段项目部的质量责任，形成"齐抓共管"质量的责任体系。开工编制了质量计划，明确质量目标，对过程

管理进行了系统识别和控制策划，明确了过程控制内容和途径。同时，总包部聘请公路行业技术质量专家顾问，在遇到技术难题、质量控制难点和要点时进行现场指导和跟踪。

总包部依据国家、行业相关法律法规、规程规范及公司标准编制了质量管理制度，制度涵盖了质量风险识别和评价、过程控制、检查、考核、奖惩、创优等质量管理活动。

2. 加强质量风险分析，强化质量风险管控

分部分项工程开工前，质量管理人员和现场管理人员依据设计图纸、规范和施工方案，对施工过程中可能出现的质量风险进行识别、分析和衡量，确定风险等级。若超出可控范围，提前做好施工工艺优化、加强作业指导、技术支持、质量检查、质量验收和相应的防范措施来降低风险，从而消除质量隐患。

例如：填挖交界处易产生不均匀沉降，导致路面发生裂缝、开裂，施工过程应严格控制台阶开挖、分层填筑、分层压实、土工格栅铺筑等各工序质量检查；后张法预应力T梁常出现波纹管线型偏位、波纹管堵塞等问题，质量验收时重点检查波纹管定位筋间距，弧线段定位筋必须加密，混凝土浇筑前波纹管必须穿内衬管，浇筑过程中安排专人抽动内衬管，振捣棒严禁碰撞波纹管，混凝土初凝后再抽出内衬管；现浇箱梁表面易产生裂缝，施工时应严格控制水灰比，混凝土运输及浇筑过程中严禁私自加水，浇筑时应重点把控混凝土浇筑顺序、入仓强度、振捣等，浇筑完成后及时养护，养护方法、养护时间严格执行设计及规范要求，养护期结束后方可拆除模板及排架。

3. 以试验、测量为先导，为质量保驾护航

总包部组建测量中心和工地试验室作为总包部管理层的直属机构，是项目现场质量检测和跟踪的核心部门，总包部质量管理领导小组直接督导测量中心、工地试验室的工作开展。施工过程中测量中心、工地试验室及时向总包部质量管理领导小组反馈现场测量、试验检测信息，总包部质量管理部对存在的不合格问题项进行跟踪处治，把质量隐患和问题消灭在萌芽状态。

在每年年初和各分项工程开工前做好各项试验检测计划，提前做好各项试验配比研究和原材料的检测，避免因原材料和配比问题而影响现场施工；同时，做好现场试验检测人员的分配管理，特别是重点部位和关键控制环节均以试验数据指导现场生产，实行一票否决制，不留后患。测量中心定期对控制网、导线进行复测；重要工序（如桥梁桩基、墩柱、盖梁垫石、路面高程等）实行复核验收制，关键部位（如隧道轴线、高程等）进行定期抽查复核。

4. 狠抓首件先行，强化样板引领

开工时，总包部编制了创优实施方案，成立创优领导小组，确定"首件推广，样板引路"

的创优总体思路。各分项工程开工前均严格按照首件及试验段验收办法开展首件工程认可，对作业人员进行全面的技术、安全、质量交底，对人员、设备等资源配置及施工条件进行检查，施工过程中对施工程序、方法进行全过程跟踪监控。通过开展首件验收，强化质量检查验收程序，规范作业人员质量意识和行为，从施工源头上确保质量目标的实现。在首件认可的基础上全力推动样板工程的评选，突出样板示范效应，以点带面、以点促面、点面结合，发挥典型示范效应和推动作用。通过样板评选活动，各标段项目部互相交流、学习经验，以示范做引领，取长补短，推动了整个项目的质量提升。

5. 加强隐蔽工程验收管理，保证施工质量可追溯性

隐蔽工程实施举牌验收，验收时牌面注明验收部位、初检、复检、终检及监理验收人员。强力推行隐蔽工程验收痕迹制，强化每道工序质量检查验收，做到隐蔽工程的影像资料准确真实。现场验收完成后及时对隐蔽工程影像资料进行整理，报送监理单位审核，形成隐蔽工程验收常态化管理，为整个项目系统、详细地记录下每道工序的验收过程，做到质量验收管理的可追溯。针对预制T梁正、负弯矩张拉、压浆等关键工序，总包部建立"预应力施工质量管控"微信群，要求各标段项目部报送每片T梁张拉、压浆影像照片，实现了预制T梁正、负弯矩张拉、压浆及封锚全过程质量监控。

6. 持续开展质量检查，及时消除质量隐患

持续开展多种形式的质量检查，通过检查、分析、整改、持续改进，做到及时消除质量隐患。施工/作业方面每月定期开展质量综合检查，不定期开展质量巡视检查，针对突出问题开展质量专项检查，对排查出的质量隐患限期督促责任标段项目部整改落实。管理证据方面每季度开展一次信用等级评价，对各标段项目部施工进度、合同、质量、安全、文明施工等方面进行考核评价；每半年开展一次质量管理体系内部审核，验证总包部、各标段项目部质量管理体系是否得到有效实施和保持，对审核出的问题提出纠正与预防措施，确保管理体系得到持续不断的改进和完善。

7. 贯彻落实质量会议决议，促进工程质量持续改进

质量例会、专题会等会议做到会前有准备、会议有决议、记录要完整、措施要落实。各项质量会议决议由总包部质量管理部督促相关责任标段项目部落实，并定期向总包部分管领导反馈各项措施落实情况。对态度端正，积极贯彻落实会议决议的标段项目部给予通报表扬；对态度不端正，对会议决议落实不到位或反复整改不彻底的，要求相关责任标段项目部经理在下期会议上做说明，并视态度和质量问题严重性对责任标段进行处罚。

8. 扎实开展QC活动，稳步推动质量提升

从改进质量、优化管理、降低成本、提高效率等方面为切入点，推进自主创新，不断提升工作效率和工作质量。QC活动的开展改进了施工方法，提高了功效，降低了消耗，提高了工程质量。

9. 积极开展质量管理活动，提升全员质量意识

通过开展质量事故警示教育、桥梁防撞墙、路基填筑、路面工程、交安工程等一系列质量教育培训，提高了管理人员质量意识和业务能力。每年借助"质量月"组织开展质量专项问题整治、技能大赛、质量交流观摩、质量征文大赛、质量知识竞赛、"我做一天质检员"等群众性活动，营造人人关心质量、人人重视质量的工作氛围，提升全员质量意识。

10. 深入开展质量通病治理，有效防范质量事故

通过对高速公路易发质量通病的学习，在总结以往质量通病防治经验的基础上，根据项目特点，对可能出现的质量通病进行梳理、分析，总结出项目质量通病的总体类型、特点、防治措施等，并以会议或文件形式对相关标段项目部提出具体防治要求。标段项目部根据总包部要求，细化防治措施，有针对性地开展技术、质量交底，明确技术要求、施工工艺及质量控制要点。施工中加强质量检验，重点关注处治效果，如效果不显著，及时组织管理人员、施工人员召开质量专题会、分析会，提出改进措施并组织实施。

针对桥头、涵背易出现跳车问题，严格控制桥台背、涵背回填材料，采用15cm宽反光贴条控制填料铺筑厚度，台背、涵背回填压实机械采用高频液压强夯机配小型压实机械，确保压实度满足设计要求；高填方路基填筑过程中严格控制填料质量、填料厚度，每填高3~5m采用冲击碾压1次，每填高8~10m采用强夯补强1次，有效解决高填方沉降问题；路面基层施工从原材料、配合比、混合料运输、摊铺、碾压、养护及交通管制等各环节加强质量控制，保证了基层施工质量。

通过深入开展质量通病治理，有效防范了质量事故，提高了高速公路的耐久性、安全性、可靠性和行车的舒适度。

（二）质量管理不足之处及改进措施

1. 质量管理组织机构、人员配置不充分

实施过程中部分标段项目质量机构、人员配置不充分，部分监督管理活动失控，导致质量问题频发、内业资料报送不及时、管理制度不落实、施工措施监督执行不到位、现场出现反复返工整改、施工进度滞后等问题。

针对上述问题，总包部主要以致函相关标段母体单位要求理清管理思路，完善管理体制，充实管理人员。通过完善体系、制度，充实质量岗位后，现场质量问题明显减少，质量管理乱象得到较大改观。质量管理的核心在于建立有效的质量管理体系，只有质量管理体系保持有效运行并持续改进，才能保证质量管理活动的正常开展，确保质量目标的实现。

2. "以包代管"现象依然存在

部分项目部对分包工程施工质量、安全管理弱化或缺乏有效监督，致使现场施工组织混乱，质量、安全管理失控，施工进度滞后。标段项目部错误地将工程技术、质量、安全的管控重点丢给了施工队伍，形成了项目部管理责任不清、管理不作为，最终结果就是施工队伍的管理水平直接代表了标段项目部的管理水平。

针对以包代管、质量责任不清的现象应做到如下几点：①要加强对国家工程建设方面的法律法规，以及公司《工程分包管理办法》的学习、宣贯，明确分包工程的管理责任、范围；②严把准入关口，加强对施工队伍的资格审查，选择信誉良好、资质符合、实力雄厚的作业队伍；③强化对作业队伍的教育培训，要不断加强作业队伍的思想意识教育和业务能力培训，以适应项目建设需要；④定期对作业队伍合同履约情况进行分析评价，及时发现合同履约中的问题并予以纠正；⑤明确各方管理职责及质量责任，加强项目部内部管控，严格按法律法规、合同、管理制度开展管理活动。

3. 管理人员经验欠缺，质量管理队伍不稳定

公路工程施工管理综合性、专业性特别强，它集路基、路面、桥梁、隧道、房建、交安、机电、绿化等多专业于一体。公路设计标准和工程质量要求越来越高，这要求与之相匹配的管理人员需要具备专业的管理能力和丰富的施工经验。但晋红、江通质量管理队伍年轻化，公路工程专业知识储备不足，现场经验欠缺，人员流动大，部分管理人员责任心不强，导致部分管理环节存在管理盲区或管理漏洞。例如：现有质量管理人员对机电工程、三大系统施工管理经验不足，施工重点把控不到位，专业性及施工经验不足，现场管理不知从何下手等。

为适应公路工程行业发展需要，项目应重视专业人才队伍的培养建设：①注重专业人才选拔，用人招聘时选择具备公路工程专业知识的人员；②量才用人，根据员工的实际情况、特点及能力水平，把合适的员工放在合适的岗位上，以发挥其最大功效；③开展专业知识培训，自行组织或聘请行业领域专家进行专业知识培训、施工经验传授或现场指导，促进管理人员和施工人员业务能力水平提升；④加强业务板块系统性总结，认真细致梳理业务板块内涉及的各方面内容或管理中存在的问题，分专业（如土建、机电、交安等）进

行总结,将各专业总结经验形成模块化,供他人学习借鉴。

4. 品质意识、全员质量意识有待进一步提高

主观意识支配人的思想和行为,决定事物的重要性,因此树立和培养正确的质量意识和观念对提高质量管理尤为重要。工作中,很多人普遍存在"差不多"思想,"焊接质量还行""外观质量过得去""模板拼接错台差不多"。在这些"差不多"思想的影响下,人的工作行为变得不够严谨,不会以精益求精的心态对待工作,最终的结果是这里差一点、那里差一点,致使实体工程质量不稳定,甚至出现不合格产品。

因此,质量意识教育、品质意识教育一刻也不能松懈,质量意识教育应贯穿于整个项目建设全过程。①领导者应率先垂范,确定全员范围内统一的质量宗旨,创造良好的质量氛围,传递良好的质量意识;②质量管理部门应定期开展多种形式的质量教育培训活动,如规范、标准学习、质量事故警示教育、弘扬工匠精神教育、技能评比大赛等,引导员工积极参与质量管理,提高全员的质量意识、危机意识,促进质量观念与管理水平不断提升;③树立规范、标准的权威性,质量验收时以规范、标准为准绳,摒弃"差不多"思想,牢固树立质量信念,不因为外界的干扰而动摇或改变自己的质量行为。

5. 管理人员、施工人员对设计文件及规范掌握不准确

部分标段项目部未对作业队伍进行岗前培训和技术交底,作业人员在不熟悉项目特点、设计图纸的前提下仍按以往经验组织施工,导致半成品、成品质量不满足设计要求而返工,增加施工成本,延误工程进度。部分管理人员对设计图纸、规范、检验评定标准不熟悉,不能严格按施工程序规范现场施工,不能及时纠正现场质量违规行为,导致成品质量不满足设计和规范要求。

为避免出现不必要的返工和增加施工成本,作业队伍进场时一定要做好岗前培训,必须将涉及的设计文件、施工方案和变更处理卡等发放到位,并且要带领现场管理人员和作业人员识图、了解施工工艺做好技术交底,交底时施工中涉及的强制性条文、质量控制要点、技术要求以及质量标准做详细说明。同时,项目部要加强管理人员对设计图纸、规范及检验评定标准的学习培训,确保管理人员能及时发现并纠正现场的违规行为,减少不必要的损失,消除质量隐患。

6. 事前控制不到位,过程控制不及时

事前未做详细的规划,事中控制马马虎虎,事后不总结、不反思,存在得过且过的思想,导致产品质量一直无提升,甚至陷入屡教不改,屡改屡犯的怪圈。究其主要原因是施工方案不具体、操作性不强,与施工现场条件不符,技术、质量交底不及时、无针对性,现场

准备不充分，施工人员技能差，施工设备不满足要求等；过程控制缺失，方案执行不到位；检验力度不够，未严格执行质量检验验收程序等。项目质量管理要以"事前预防是核心，过程控制是关键，事后总结是基础"为导向，通过事前的有效预防、事中的严格控制、事后的总结改进，以实现质量目标。

7. 施工计划不准确，盲目赶工，忽视质量控制

制订施工计划时没有充分考虑项目规模、复杂程度、施工特点、资源配置等因素，工序安排不合理，多种作业交叉施工相互干扰，施工计划执行过程中缺失跟踪检查及计划调整，使施工计划不能作为控制施工进度的依据，造成进度滞后，盲目赶工，质量问题频发等问题。

项目部应加强技术管理，提高进度管理的科学性。正确领会设计意图，生产计划安排逻辑清晰，动态监控进度，定期分析计划偏差，实时调整资源配置，做到均衡生产，强度适中，不以牺牲质量为代价而抢工、赶工，遇到工期与质量冲突时，质量优先。

8. 质量缺陷处理不重视、不及时

施工期间对质量缺陷处理不重视、不及时，例如：路面施工完成后再进行隧道二衬脱空注浆，造成沥青路面污染；墩柱施工完成后再处理错台、蜂窝、麻面、拉筋头，安全风险大、施工成本高；土建、交安部分缺陷通车前处理不到位，通车后处理需要报批保通方案，缴纳车辆通行费，且存在较大安全风险。

施工过程中要加强质量缺陷处理管理，有创优要求的项目要把实体外观质量缺陷当作重点工作控制。过程中及时消除质量缺陷能减少交工验收、缺陷责任期、竣工验收的周期，同时也可减少人员和设备反复进退场的费用。

9. 过程创优思路不够，活动类型单一

过程创优思路不够，开展活动不足，特别是工法、专利、科研成果、绿色示范工地、QC成果等较少。例如：晋红、江通高速公路虽然都开展了QC活动，取得QC成果，但活动开展频次低，类型单一，均为现场型QC。应加强QC活动开展的积极性与多样性：①加强组织领导，QC活动是全面质量管理的内容之一，是实现降本增效、创造经济效益、提升质量管理的关键环节，因此项目应成立QC活动领导组织机构，制定QC活动管理制度，统筹开展QC活动；②鼓励开展多种类型的QC活动，针对项目现场、管理等方面存在问题开展现场型、服务型、攻关型、管理型和创新型QC活动；③制定QC成果奖励机制，根据QC成果获奖级别对QC小组成员进行奖励，对小组骨干成员特别奖励，调动全员参

与 QC 活动的积极性。

10. 竣工资料整编学习不系统，资料编制进度较慢

总包部、标段项目部对竣工资料编制及预立卷范本的学习不系统，标段项目部在施工过程中对资料的收集、填写不及时，造成竣工资料组卷时存在资料缺失、资料填写错误较多、资料真实性差等问题，导致竣工资料编制、组卷进度缓慢。此外，是对竣工资料编制及预立卷范本的学习具有局限性，只关注施工单位竣工资料编制范围，忽视了项目公司竣工资料编制范围内有部分资料需要施工单位提供基础资料，如竣工工程交接表、工程竣工台账、工程设计台账、工程变更台账等，进入缺陷责任期后各标段项目部人员变动大，资料编制困难。

项目开工时虽邀请了竣工资料专家对竣工资料编制要求进行专项培训，但过程中仅将重点放到质检资料填写、组卷上，忽视了对各责任部门竣工资料收集、整理和保管的培训、指导。因此，应在项目开工时就成立竣工资料整编领导小组，责任到部门，定期检查，及时收集、补充完善资料，分部分项工程完工后立即进行竣工图的绘制，避免后期集中编制竣工资料或以写回忆录的方式补充资料，做到竣工资料整理与项目施工进度同步，项目完工后可迅速完成竣工资料组卷、归档。

11. 质量管理工作经验总结不彻底、不系统

项目建设全过程管理和现场方面都存在很多问题，解决问题的过程是一笔丰厚的财富，但未系统性地对存在问题进行总结。应对项目全建设周期土建各专业、机电工程、交安工程、交工验收、竣工资料整编、缺陷责任期等存在问题及施工经验进行系统性总结，为后续项目施工提供经验借鉴。

（三）质量管理的思考与体会如下：

1. 质量管理重在策划，过程中不断更新，加强策划执行跟踪。①做好项目开工前的质量策划，制定质量目标、质量方针、建立质量管理体系、编制质量计划等；②做好施工过程中各项质量管理工作策划，如交工验收前应对各专业人员分组、工作如何开展、资料整理要求、问题整改闭合等环节进行策划，以便工作顺利开展；③加强策划的跟踪执行，寻求实施过程中的改进机会并持续改进，提升管理。

2. 认真研究设计文件，正确领会设计意图，加强管理人员特别是现场质量管理人员对规范、检验评定标准的学习和培训，严格按标准组织质量验收，避免出现现场盲目管理或质量隐患发现不及时。

3. 强化质量风险识别防控和质量通病防治，力争通过事前有效预防消除质量隐患。质量管理部应加强对质量事故案例、典型质量问题案例的收集，通过对质量事故、质量问题形成原因进行深度分析、总结，结合项目实际情况，召开案例学习专题会，强化事前主动预防。

4. 根据各工序要求结合规范、质量检验评定标准制定工序质量控制要点，在交底和质量过程控制中时时进行针对性检查，防止出现低质返工现象的出现。

5. 质量管理人员应加强与技术方案编制人员配合工作，在方案编制和评审过程中对各工序的质量控制要点提出具体措施，针对重点部位、关键工程、质量通病防治等可单独编制现场质量控制手册。

6. 质量无小事，细节是关键，杜绝小问题不管或视而不见的管理心态，避免小问题发展为重大质量问题或事故时再进行重点整治或返工处理，勇于推行"一票否决制"，摒弃"差不多"心态。

7. 当出现质量与成本、进度冲突时要理性分析，权衡利弊，在不影响结构安全的前提下，寻求最快速度、最小损失的解决方案。牢记质量责任终身制，不要盲目决断，以免造成重大质量事故或损失。

8. 围绕竣（交）工验收工作重点，做好各项工作策划和准备，实现一期、二期工程无缝衔接。例如：边坡（尤其是高边坡）绿化与防护同步施工，降低施工成本、提高绿化成活率、覆盖率；路床填筑时启动水稳站、沥青站建设、配合比设计、拌和站调试等工作；隧道二衬施工编制预留孔洞、线槽（或预埋件）提示表，避免出现施工遗漏或预留位置错误，影响机电施工进度。

9. 有创优要求的项目开工前应及时组织项目部人员对申优项目申优条件的学习，编制创优规划，规划内应明确质量保证措施。例如：成立创优组织机构、编制质量控制标准、开展QC活动、推广应用"四新"技术等。

10. 同一单位工程（或施工部位）存在多家作业队伍（或多专业）施工的，施工界面划分时一定要将各方权责划分清楚，避免缺陷责任期内出现推诿扯皮，缺陷迟迟得不到处理。如房建工程基础开挖（或回填）与房建施工为不同单位，后期使用过程中出现因地基沉降导致地坪开裂，基础处理单位与房建施工单位相互推诿，缺陷得不到及时处理。

第三节 高速公路施工进度与安全管理

一、高速公路施工进度管理

工程进度控制是一项综合管理系统，需要各个参建单位共同协作、配合，各司其职、各负其责。为保证项目建设进度目标管理工作得到有效控制，使工程建设全面、有序、均衡的进行，确保优质按期完成任务，发挥投资效益，应根据项目合同总工期及阶段目标管理的要求制定进度管理办法，根据项目建设总工期及合同段的工程量、工程进度实行阶段性目标管理，以阶段目标确保中期目标项目业主对承包人进度目标考核的依据为阶段目标责任书，承包人应该按照下达的阶段目标任务精心组织、科学管理，充分调度好人、财、物等各种资源，确保目标任务的完成。承包方必须落实完成项目业主下达的阶段目标，承包人的年、季度计划任务必须接受项目业主的检查考核。

（一）进度管理模式

进度管理模式可以概括为以下四个方面，即统筹协调、突出重点、动态控制、全面保障。

1. 统筹协调。高速公路线路较长，工程量大，参建单位多，管理工作纷繁复杂；为了使各项工作有序展开，顺利推进对工程建设进行统筹协调，这种统筹协调体现为对全线各专业各标段工程的统筹安排，以及对各类参建单位的全面协调。

2. 突出重点。抓主要矛盾、抓关键路径，是现代工程建设管理的重要方法，高速公路建设指挥部依据施工组织设计要求和技术难度，确定将膨胀土路基、高边坡、特大桥、隧道、路面等工程作为必须按期突破的重点和难点，每项重点、难点工程都认真编制实施方案，优先保证人力、物力、财力，加强施工进度控制和技术指导，对确保按期完成任务，起到了重要保证作用。

3. 动态控制。由于高速公路建设中，不可预见因素多的情况特别突出。高速公路建设指挥部针对工程建设中不断出现的新情况、新问题，实施进度计划的动态控制；在必要时及时调整全线施工组织设计，牢牢掌握工程进度管理的主动权。

4. 全面保障。为了保证高速公路标段按期完工，高速公路建设指挥部从制度、人员、设备、物资材料、技术、图纸供应、征地拆迁、后勤等多方面为公路建设提供保障，确保工程能够顺利实施。

（二）进度计划管理

为确保公路建设进度目标的实现，应将总工期目标进行层层分解落实，建立自上而下层层展开、自下而上层层保证，全员参与、全方位落实、全过程控制的目标管理体系，部署任务、检查落实、总结评比等均以该目标体系为依据和标准。

1. 进度计划编制管理

公路进度计划工作应注重由下而上，再由上而下，做到既切实可行，又科学先进。

（1）总体工程进度：承包人在拿到施工设计图后14日内将施工进度计划上报监理单位，监理单位7日内完成审查工作，并将审查意见报项目业主，项目业主5日内完成审查工作。

（2）阶段进度计划：承包人在每阶段开始前7日报监理单位，监理单位5日内完成审查工作，项目业主5日内完成审批工作。

（3）月进度计划：要求在每月25日之前报监理单位审批，批准后执行，同时报项目业主处备案。

（4）周进度计划：要求在每周周三报监理单位，在周四上午由监理单位组织周例会对计划进行审批，批准后执行。

2. 计划的调整与控制

高速公路建设指挥部根据全标段施工组安排的实际进展和工程承发包合同，安排各工区分解编制年度施工计划，并根据年度计划和各工区提报的建议计划和全线施工组安排下达季度计划。月度施工计划和周进度计划由各工区根据季度计划自行下达执行。

（1）各工区项目经理部必须加强施工组管理，严格按施工组织总体安排统筹计划，根据计划有序施工，确保建设资金合理使用。

（2）为加强计划管理的严肃性和科学性，年度计划一经下达，必须认真执行，全面完成。确因特殊情况需要调整，各单位指挥部根据工程实际进度，提出调整理由和建议，由指挥部核定汇总后报批，按批准的调整计划下达各有关单位。季度计划不做调整。

（3）指挥部和各工区项目部必须分季度按合同项目表建立计划工程数量及投资台账，并将开累数与合同数、验工数进行对比、分析，控制计划的编制，掌握各工区施工过程中工程数量的增减变化及合同投资的节超情况。

各工区负责向下属施工队下达阶段计划、月度计划和周进度计划，且各单位计划施工进度安排须征得监理工程师的认可。

3. 调度管理

（1）施工信息收集：定期施工信息收集包括五日施工简报、工程月报的信息收集和编制。不定期信息收集包括施工安全、工程质量、环境保护、地方关系、建设协调等方面的重大或突发事件，还包括新技术、新工艺的运用情况，其他重大或突发性事件。

（2）施工信息归纳分析：对重点工程和控制工程以及全标段工程，除了掌握工程形象进度外，还应进行实际工程进度与施组计划进度的对比分析。如工期滞后，还应分析其瓶颈环节、制约因素，并制定出解决措施和方案，此部分信息随形象进度资料一同报送。指挥部对各类信息分类、归纳、整理，对有可能成为共性问题的苗头、事件，应在总结经验教训的基础上制定出防范措施。

（3）信息反馈：收集的各类建设、管理信息，特别是重要动态、重大工程信息，应及时呈报有关领导阅示，并将领导的批示及时反馈给相关单位。对施工中出现的建设协调问题，指挥部将及时以专项通知的形式对相关单位予以明确。

（三）进度保障措施

1. 制度保证

在指挥部的领导下，各工区应建立健全工期保证岗位责任制，并层层签订工期包保责任状。制定详细的生产计划和考核制度，编制周密、详尽的施工生产及作业计划，以日保旬，以旬保月，每月、季分别对各项目部、作业队生产计划的完成情况进行考核，按照考核制度实施奖惩。对完成好的给予表彰奖励，完成差的要查找原因，制定整改措施并给予必要的经济处罚。同时，普遍实行计件工资、承包工资，把员工的工资收入与计划完成情况以及质量、安全等挂钩，以充分发挥参战员工的积极性与主动性。在各参建队伍之间开展劳动竞赛，对优胜者给予奖励，以营造比学赶帮的良好氛围。

2. 人员保证

（1）确保管理力量：为了确保高速公路的顺利实施，应抽调工程管理经验丰富的精兵强将来进行高速公路项目的建设管理，在人员数量和质量上都优先保证本项目的需要。

（2）确保施工技术力量：加强队伍管理，要求施工单位组建精干、高效的施工队伍，项目经理部的主要成员由参加过类似工程的骨干人员组成，施工队伍也主要由施工经验丰富的职工组成。并有计划地对全体职工进行教育培训，提高施工队伍的整体素质。在非常规时期，施工单位主动从公司其他工程中抽调技术骨干充实本工程的施工队伍，以扩大作业面，保证工期目标的实现。

（3）加强劳务工管理：各参建单位在不断强化职工队伍管理的同时，认真贯彻执行交通部及省交通厅相关文件，切实加强劳务工队伍管理，建立完善的劳务工权益保障机制。对劳务工问题立足于"抓早、抓小、抓苗头"和"早发现、早整改、早加强"，不断夯实劳务工管理基础，把问题解决在基层，解决在萌芽中。

3. 设备保证措施

根据高速公路的施工条件以及施工标准化的相关要求，按照以机械化作业为主、减轻作业人员的劳动强度、实现快速施工的原则，积极推广应用新设备、新工艺、新技术，进行施工机械的综合选型配套。

4. 技术保证

对重点工程的施工方案和方法组织技术攻关，进行超前研究，及时制定确保工期的有效技术措施。经常与气象部门取得联系，掌握天气情况，采取相应的技术措施合理组织工程或工序施工，尽量避免灾害天气对施工造成的影响。

5. 征地拆迁保证

公司应加强与地方政府的联系，取得地方的大力支持、配合，从而保证各施工单位顺利进场、建点、开工。

（四）业主、监理进度检查控制

1. 工程进度控制是在工程施工过程中通过"计划—执行—优化调整—再执行"来控制工程进度，以保证按期完成整个工程任务。

2. 项目业主现场指挥部负责审核经监理单位审核的各承包人定期报送的总施工进度计划、阶段进度计划、月进度计划、周进度计划。审核通过后方可执行。主要审核以下几个方面：

（1）项目分化的合理性、项目衔接的周密性、计划是否符合工期要求；

（2）施工组织、工艺、顺序是否科学、合理，是否有充足的调节时间；

（3）相关人力、物力、财力计划是否支持总进度计划的实现；

（4）在进度管理过程中商定的调整意见是否得以体现。

3. 开工前有项目业主、监理单位联合组成开工前检查组，对承包人的人员、机械设备到位情况、开工前准备情况等进行全面检查。对主要人员（项目经理、项目总工程师、质检负责人、安全负责人等）要核对身份证、学历、经历、专业技术职称等证明文件；对机械设备要现场清点数量，核对规格、型号、新旧程度、进场时间，并逐一列表登记。为保证工程顺利进行，承包人的主要人员、设备未经业主、监理的许可不得擅自离岗和调离，否则给予处罚。

4.项目业主督促监理严格按照计划检查承包人的实际施工进度状况，并编制和建立各种记录、统计、标记反映实际工程进度与计划进度关系的进度动态控制图以及进度统计表。

5.项目业主、监理对承包人上报的工程进度报表进行审核，并经常深入工地现场检查工程进度，同时，建立台账、统计表和施工动态形象跟踪图，随时随地对工程进度分析评价，采取有效措施督促承包人按计划完成施工任务，若未达到计划要求责令整改。

6.加强施工进度的现场检查，特别是关键控制性工程，以及影响施工进度的相关问题如征地、房屋管线拆迁、地方关系、保通等要加强协调解决、保证施工顺利进行。

7.承包人因力量不足、组织不力、管理混乱等自身因素造成的施工进度滞后，监理单位和项目业主应发出书面警告，并召开现场会提出整改措施。如多次整改仍无效果，项目业主将要求承包人更换项目经理；若造成工程进度严重滞后，项目业主将采取措施对承包人的工程进行分割，甚至终止合同，以保证工程进度目标的实现。

（五）承包人进度控制

1.要建立健全进度控制体系，推行进度计划交底制度，应把进度目标层层分解、落实，使各层人员明确各自的目标任务，随时随地动态掌握工程进展情况，对可能影响工期的事件，必须做到提前协调解决。要达到计划指导生产，周进度保证月进度，月进度保证阶段进度，阶段进度确保工程总进度目标的实现。

2.建立进度控制的组织系统，落实项目部各层次的进度控制的人员、具体任务和具体工作责任；按施工项目的机构、进展阶段等进行工作分解，确定进度目标，建立控制目标体系；确定进度控制工作制度，如检查时间、方法、协调会议时间、参加人等；对影响进度的因素分析和预测。若需要项目业主和监理协调事宜尽快上报，以免影响工程进度。

3.工程、项目正式开工前由总工程师主持对工程、项目施工进行策划，依据工程施工合同和工程项目施工实际，编制施工组织设计。由总工程师组织对工程、项目施工组织设计进行论证、评审，并确定方案上报监理工程师。

4.由项目经理或分管副经理按工程、项目施工组织设计要求组织相关人员讨论、确定施工组织机构设置、人力资源配置、设备资源配置，确定具体各工作面施工进度计划，制定关键线路施工保证措施。

5.由项目经理或分管副经理主持对各施工作业面、各施工作业工序的具体操作、管理程序的制定,确保项目部的管理工作满足集团公司、业主及工程施工的要求。

6. 工程、项目施工组织设计经监理审批后,由项目经理或分管副经理牵头组织施工,合理、有效地调配项目部各类资源,使项目部的生产有条不紊地开展和顺利进行。各分部分项工程施工前,由技术负责人组织相关作业队及相关职能部室对施工组织设计进行会议交底和现场交底;项目经理或分管副经理参与、讨论、确定主要的施工方法。

7. 项目部主要负责人及进度管理部门的职责。

（1）项目经理:项目部生产进度管理的责任人。全面负责生产资源和管理资源的提供,保证施工生产正常开展所需的资源。

（2）分管生产副经理:项目部生产进度管理的具体责任人。根据项目部对项目施工策划,合理配置生产资源和管理资源,建立有效的生产进度管理体系。

（3）总工程师:负责生产过程的总策划,主持编制施工总进度计划,配置技术管理资源。

（4）总质检师:负责质量体系的正常运行,对施工质量进行识别和评价;对施工过程中各工序进行质量控制;确保工程质量目标和工程进度目标的实现。

（5）总经济师:组织对施工队伍施工能力及施工管理进行评价,选择合格的供方或施工队伍。

（6）工程部:组织实施生产、协调和控制生产局面,确保生产管理体系的正常运行。协调好生产管理中进度、质量、安全、文明生产、成本之间的关系,做好与监理、业主的外部沟通及项目部各职能部门、施工队的内部沟通。

8. 工程进度计划的调整与控制主要为以下几个方面:

（1）月进度计划调整:当本月工程实际进度落后于计划进度时,要准确核实进度差距,在保证质量的前提下,可采取措施加快工程进度,调整下月进度进行弥补或尽可能将进度差距消化在本阶段剩余时间内。

（2）阶段进度计划调整:当月进度计划的调整不能满足阶段目标的完成,须调整阶段进度计划时,要慎重对计划调整的可行性分析论证,制定出切实可行的保证措施,报项目业主、监理批准后执行。阶段计划的调整不得影响总工期的实现。

9. 进度计划滞后或调整后赶工措施。

（1）技术措施:采用加快施工进度的新技术、新工艺,或者进行施工方案、技术的优化。

（2）合同措施:通过对签订的施工合同的合同工期与有关进度计划目标的协调。

（3）经济措施:保证实现进度计划的资金到位及时。

（4）信息管理措施:利用信息化管理采取周、月报制收集施工实际进度的有关资料进行整理统计与计划进度比较，及时调整纠偏。

10. 建立工程进度例会制度，每周召开一次周计划讨论和生产进度完成例会，讨论安排每周的生产进度计划和总结上周的进度完成情况，分析、讨论及时纠偏调整；月例会、季度例会每月、每季度召开会议内容同周例会。

11. 集团公司对下属项目部管理负责，在项目进度严重滞后或者整改多次未满足业主、监理对工期的要求时，须采取必要措施进行控制，例如：增加施工投入（管理人员、设备等）或者更换管理层，以确保进度满足总工期要求。

二、高速公路施工安全管理

（一）安全管理目标

安全管理目标为：建立健全层次分明、职责明确、权责对等、奖罚分明的安全生产责任制度，制订并组织实施安全生产管理工作计划，严格执行安全的法律法规及方针政策，建立安全生产管理机构，加强事故的防范工作，积极开展安全生产检查，严格履行安全管理的职责，开展安全生产宣传教育工作，做好职工的劳动保护工作，严格执行安全事故报告和统计制度。通过目标管理，达到责任目标的实现，杜绝重大安全生产事故。主要指标是：

1. 职工因工千人死亡率0人；

2. 职工因工千人重伤率0人；

3. 安全生产责任事故轻伤率控制在2‰以内；

4. 百台工程机械经损率50万元；

5. 职业病发病率控制为0。

建立健全各级安全生产责任制，逐级签订安全生产责任书。按照与指挥部签订的安全生产责任书的各项安全目标，层层实行严格的安全目标管理和奖惩制度，全面落实安全生产责任制。安全重点责任目标以每年度上级部门签订的指标为准，以《安全生产责任书》形式签订。

（二）安全生产组织机构

1. 高速公路指挥部应成立安全生产管理委员会，安委会下设办公室，负责安委会日常工作。

2. 标段项目经理部、工区项目经理部建立健全安全生产管理专门机构，配备专职安全管理人员，人员配备须符合《公路水运工程安全生产监督管理办法》的规定。

3. 施工单位所属各施工队、作业班组、施工点应当根据实际需要配备数量足够的专职或兼职安全管理员，并实施实地安全管理和巡查。生产作业过程接受建设单位、监理单位的监督检查。

4. 高速公路指挥长、标段项目经理、工区项目经理分别为本项目安全生产主要负责人，负责对本单位在本项目安全生产工作的全面管理，承担相应的主要责任；其他人员按"一岗双责"安全生产责任制的要求履行安全工作职责，从事各项工作的从业人员对安全生产负责岗位责任。

（三）安全生产保障措施

1. 各参建单位建立健全安全生产保障体系，制定和完善安全责任制、安全教育制度、安全管理体系、安全控制、安全检查等各项管理制度。

2. 对危险性较大的分部分项工程的安全管理按省交通运输厅、公路局有关规定执行，建立健全安全生产长效机制和隐患排查治理办法措施，从源头遏制重、特大安全事故的发生。

3. 按《公路水运工程安全生产监督管理办法》的规定提取安全生产经费，提取比例不得低于合同价的1%。所提取的安全经费的使用、支付、管理按相关规定执行，并接受业主和上级有关部门的监督检查。上级部门另有规定的按其规定执行。

4. 各参建单位须履行职责，制订可行的安全生产工作规划和年度计划，实施安全生产"三同时""五同步"的工作规定。每季度至少召开一次安全专题会议，认真研究、分析、解决安全生产工作中存在问题。

5. 加强教育培训，按法律、法规对各类工种规定培训时限的要求开展安全教育、安全技术培训，安全宣传教育面覆盖率达100%，"三类人员"、特种作业人员持证率达100%。

6. 认真贯彻执行国家有关职（民）工劳动保护的方针、政策、法律、法规及相关规定和标准，做好职（民）工劳动保护工作，对特殊工种应采取特殊劳动保护，严禁使用童工。

（四）安全生产管理制度

1. 认真贯彻安全生产法律法规

认真贯彻实施《安全生产法》《建设工程安全生产管理条例》等国家有关安全生产法律法规，严格落实交通运输部、省交通厅有关工程建设及运输生产安全各项规定。组织干部职工认真学习各项安全生产法规及安全管理规章制度，提高职工的安全生产意识、法治意识和自我防范能力。

2. 建立健全安全管理规章制度

为保障高速公路参建员工在生产过程中的人身、财产、工程安全，维护高速公路建设的正常秩序，根据《中华人民共和国安全生产法》和有关法律规定，制定并下发了一系列安全管理规章制度，它分为安全生产管理、道路交通安全、施工现场及驻地安全、临运段施工安全、事故报告调查处理、考核等部分。

3. 落实安全生产责任制，确保职业健康安全管理体系有效运行

指挥部要求各施工工区项目部结合本单位实际，建立和完善安全生产责任体系，为员工提供必要的安全劳动保护用品，将各种安全生产措施真正落到实处。指挥部要求各施工工区项目部严格按照职业健康安全管理体系程序的要求，定期或不定期组织对本单位系统全面的安全检查，辨识存在的危险源。及时进行风险评价和风险控制，制定纠正和预防措施，确保本单位的职业健康安全管理体系持续有效运行。

4. 建立和完善事故处理应急预案

各类生产安全事故的报告和调查处理，按《生产安全事故报告和调查处理条例》（国务院令第493号）的规定执行，各参建单位须建立健全应急管理制度，制订各类综合、专项应急预案，并适时组织演练。严格突发事件报告程序和执行属地管理的原则，并积极组织救援。

（五）人员安全培训管理

1. 重视对参建职工的安全培训，根据现场的条件，采取短期（5~7d）培训、"三工教育"、自学等形式，对新工人进行安全生产入路教育，对老工人进行新操作法和新工作岗位教育，对电气、起重、电焊等特殊工种的工人进行专门安全操作技术训练，经过考试合格后才准进入操作岗位。

2. 重视对劳务协作队伍的安全管理和沿线居民的安全教育，要求各工区严格执行指挥部关于劳务分包管理的各项规定，并对分包过程中的劳务协作队伍的安全生产实行监督检查和管理，在承担安全管理责任的同时，对高速沿线居民进行形式多样的安全宣传教育，确保施工期间沿线局面的安全。

（六）设备安全管理

1. 重视设备选用和改造，根据项目特点，选用高性能、适合当地气候的设备，或者对

已有的设备进行改造,提高设备的效能和安全性能,确保安全生产。

2. 加强对设备的"管、用、养、修"一体化管理,对所有机械设备、电气设备实行定机定人包管使用,在机械保养、修理中,制定安全作业技术措施,以保证人身和机械安全。

3. 严格安全操作制度,建立健全安全操作挂牌制、交接班制、岗位责任制、设备验收制等管理制度,对所有机械设备、电气设备实行定机定人包管使用,操作人员必须经培训合格后持证上岗,并将安全操作方法和注意事项书写上牌悬挂,提醒操作人员严格遵守,保证机械、电气设备的安全运行。

4. 建立健全设备的管理台账和安全技术档案,强化设备隐患台账的管理,做到台账与现场设备状况相符,并加强设备隐患的治理。

5. 认真开展设备安全检查活动,一是机械本身的故障和安全装置的检查,操作工每天班前要进行日常检查,消除机械故障和隐患,确保安全装置灵敏可靠,防止设备带病作业;二是机械安全施工生产的检查,主要检查施工条件、施工方案、措施能否确保机械安全施工生产。

6. 严禁机械设备超速、超载、带病运转使用,对处于运转作业的机械设备不得进行检查和维修工作。同时,在非生产时间内,未经主管部门批准,严禁私自动用机械设备。

(七) 安全环境建设

1. 制定高速公路安全标准化工地建设标准

其主要内容包括:

(1) 组织机构:各工区建立安全领导小组,明确人员的安全管理责任。

(2) 规章制度:建立健全施工安全管理规章制度,主要有安全教育、检查整改、奖罚、技术交底、事故应急预案、防洪预案等。

(3) 责任制度:从指挥长到班组必须逐级建立安全责任制,逐级签订安全包保责任状。

(4) 特业管理:各项目部有特种作业人员的花名册(注明工种、专业时间、发证单位、发证时间、证号),有操作证(复印件)档案,证件与花名册相符,持证上岗率80%以上。

(5) 安全教育:对新上场的工人、临时工岗前安全教育率100%,全员安全教育率100%。

(6) 安全防护:施工现场的安全技术措施、防护设施落实到位。杜绝重大事故隐患,一般事故隐患在两起以内。

(7) 劳动纪律:组织指挥、施工作业按规范和标准执行,按规定着装和佩戴防护用品,无"三违"现象。

（8）现场管理：现场整体布局合理，"三通一平"符合标准，机具物料按规格类别摆放有序，物料标志明确；施工做到工完场清，机具整洁；危险部位警示标志齐全；各工种安全操作规程和各岗位职责到现场到、岗位。

（9）现场宣传：现场安全气氛浓厚，有"工程概况牌"、工地"安全组织机构"揭示牌、"进场须知"，各种"安全制度牌"、安全警示牌、标语口号等。

（10）劳务管理：要求分包企业"五证"（营业执照、资质证书、安全合格证、法人证书及委托书、独立核算证书）齐全有效，资质手续存档备查。

（11）内业建设：安全内业完备，有专人负责管理，安全教育、安全会议、安全检查整改记录内容具体，各项资料完整、齐全、真实、规范。

（12）安全达标：无职工因工或非因工责任死亡事故；无交通运输死亡事故；无工程运输线施工危及行车安全事故；无锅炉及压力容器（氧气瓶、制氧机）爆炸事故；无火灾、爆炸、中毒及挖断光、电缆及输油管线事故，重、轻伤率在控制指标内。

2. 合理布置施工现场，狠抓文明施工

重视合理布置施工现场，狠抓文明施工。通过开展安全标准工地建设，努力做到施工现场"四牌一图"醒目大方，安全警告、警示标志规范，工作人员佩证上岗，各类物资、大堆料堆码整齐，挂牌使用，机械设备安全防护装置齐备，统一停放、修理、维护、保养，施工便道平整、畅通，转弯处、危险处加设护栏、警示。

3. 重视安全投入，配置施工安全防护设施

为了保证施工安全，创造和改善施工环境，各个施工单位重视安全投入，配置施工安全防护设施，包括安全帽、安全绳、安全网、安全警示标志等安全防护用品，做到有多层作业工序同时操作施工的工程有安全帽，高空作业加携安全绳和设置安全网，变电站、吊车下等处有安全警告标志，从防护用品设施上做好"预防"准备，保证施工正常进行。

（八）事故隐患整改及事故调查

指挥部要求，各工区项目办在施工生产过程中发生伤亡事故（含急性职业中毒），应按照《企业职工伤亡事故报告和处理规定》及时进行报告、统计、调查和处理，并办理工伤保险报告和相关赔付工作。各类生产安全事故的报告和调查处理，按《生产安全事故报告和调查处理条例》（第493号）的规定执行。发生伤亡事故必须认真执行《企业职工伤亡事故调查分析规则》，按照"四不放过"原则，查明事故发生原因、过程和人员伤亡、经济损失情况，明确事故责任，提出事故处理意见和防范措施的建议；对亡人事故，事故

单位在上报建工集团的同时，其事故调查报告一并报项目业主。

标段项目经理部、工区项目经理部应当认真贯彻执行国家《安全生产事故隐患排查治理暂行规定》（国家安全生产监督管理总局第 16 号令）的规定（以下简称《暂行规定》），须建立健全安全生产隐患排查治理规章制度、办法措施，落实责任人和隐患整治资金。对《暂行规定》贯彻落实不力的，按《暂行规定》有关条款处理。

（九）安全保通

1. 本项目施工中占用社会使用公共道路、施工便道、场内道路及占用的其他道路均属安全保通范围。

2. 指挥部、项目部须设置安全保通机构，在指挥部的统一领导下，与地方政府、公安机关、交警、路政密切配合，做好道路安全保通工作。

3. 施工单位须制定安全保通预案、措施，落实各项安全保通制度、职责，对施工现场分区管理，对重要、重点工区和相关工作人员实行专门管理。

4. 依法保护公路路产，实行公路巡查制度，维护施工秩序和交通秩序，制止各种违法利用、侵占、破坏公路路产的行为。施工单位在进场或施工中，如须在原有公路上开设道口、砍伐树木、拆除护栏、移动公路界桩、占用原有公路路产等，应经有关部门批准后方可实施；严禁未经申报批准擅自作业的行为。

5. 依照国家有关法律、法规，严格规范施工行为。施工现场应设置明显醒目的告示牌及道路交通标志、施工标志、道路安全标志、锥筒等。对需要改道、分流，封闭交通的路段，必须提前将施工方案、时段等计划报指挥部统一协调安排，经批准后，须在新闻媒体上发布通告。因施工对原有道路交通秩序造成影响的路段，要安排专职保通人员实行全天候交通疏导工作，维护好施工现场行车和施工作业的正常秩序，积极主动与交通警察、路政等相关部门共同维护好交通秩序，保障公路的安全、畅通。

第四节 高速公路环保与技术创新管理

一、高速公路环境保护管理

为保护和改善高速公路沿线的生态环境，防止水土流失，防止污染和其他公害，必须对环境保护进行全方位控制，强化环保意识，严格按照国家（部）、省、（厅）的要求搞好环保工作。为鼓励和督促建设，项目经理部按上述目标建好高速公路，依据国家及省相关规定，结合高速公路建设的具体情况，实行"一保、一奖、一处罚"和"三挂钩"的奖惩措施，即"保证环境保护""奖励环境保护开展得好的项目经理部""处罚破坏环境的项目经理部"。并对单位、项目经理部环保主要负责人进行奖惩挂钩。各参建单位应本着对环保和国家建设负责的精神，认真熟悉有关的"规范"及"办法"，总结经验，不断提高环保意识，积极、主动地做好环保工作。

（一）环境保护组织机构

1. 指挥部成立环保领导小组

指挥长任组长，分管领导任副组长，其他领导、各处室负责人、项目经理部项目经理为成员，下设环保办公室，办公室设在工程质量技术管理处。各分指挥部成立环保领导小组，分指挥长任组长，其他领导和各科室负责人任组员。

2. 项目经理部必须成立环保工作小组

项目经理任组长，项目总工任副组长，相关负责人任组员。

3. 项目经理部环保工作小组

负责本单位所辖段落的环境保护工作，严格要求所管辖的施工队伍认真开展环保工作，提高员工的环保意识，在施工中严格贯彻有关环保方面的各项管理制度和执行有关环境保护、水土保持的法律、法规、政策；其责任人为项目经理和环保分管领导，对监理单位环保领导小组、分指挥部环保领导小组和指挥部环保领导小组负责，并对环保工作的好坏负直接责任。如被上级主管部门奖励和处罚，将直接对责任人兑现。

（二）环境保护措施

1. 高速公路的环境保护应实行政府监督、指挥部管理、现场、企业控制、全员实施的保证体系。环保部门代表政府对本项目进行环保检查和监督，指挥部（分指挥部）负责督促项目经理部按环保有关法规施工。项目经理部应提高自身的环保意识，采取切实有效的措施，对工程建设的全过程进行环保控制，在建设的全过程中动员全体员工保护环境，全面实施环保的各项规定。

2. 切实加强项目建设中环境保护的现场管理，杜绝项目经理部在施工中随挖随倒、乱砍树木、挤占河道等不文明施工行为发生，规范建筑垃圾和生活垃圾的堆放，及时发现问题及时处理，加大现场稽查力度，努力做好环保现场管理工作。

3. 各参加项目建设的单位建立健全环保保证体系，落实责任制，实现环保目标。

4. 通过环保教育强化环保意识，通过环保控制提高预测预防能力，通过环保检查消除环保隐患。

5. 项目经理部若不按有关环保规范和法规要求施工的，经指挥部环保领导小组发现，分别按相关条款规定承担违约责任。

（三）现场检查

1. 现场检查的目的是切实加强高速公路环境保护的现场管理力度，控制施工过程中各种不规范、不文明的行为，杜绝可能对当地环境、生态造成各种破坏的事件发生。

2. 现场检查的依据：以《高速公路环境影响报告书》、水土保持建议书和国家及有关部委颁发的工程建设环保法规，省、厅有关环保管理办法规定、招标合同文件和技术规范的相关规定为依据。

3. 现场检查内容：

（1）检查环保组织机构和保证体系是否健全和完善。

（2）检查施工中是否按环保有关规定和要求组织施工。

（3）定期或不定期地检查，分段落实环保责任。

（4）检查因施工造成土石淤塞河道的清理情况，确保雨季前清理通畅，安全度汛。

（5）检查取、弃土场是否符合要求，是否规范、合理。

（6）检查因施工造成的边坡植被是否采取恢复措施。

（7）检查各类水毁和滑坍造成的环境污染和破坏。

（8）检查路基、边坡、涵洞、桥梁等排水防洪工程对环境保护的影响。

（9）检查因施工挖断或阻塞农田水利灌溉的沟渠，确保农作物栽种前恢复或疏通。

（10）检查施工现场内外环境，避免或减少由于施工操作引起的粉尘、有害气体、噪声等对大气和环境的污染

（11）严禁乱砍滥伐树木，乱倒废方，尽量减少污染河道、水库等水资源。

（12）检查施工中产生建筑垃圾、生活垃圾是否规范堆放和处理。

（13）定期向指挥部环保领导小组汇报各项目经理部的环保开展情况和汇总各种记录，整理资料归档备案。

（四）环保评定与考核

1. 项目经理部的环境保留金：根据招标文件及合同协议有关规定，提取项目经理部支

付总价的 0.5% 作为环水保保留金，工程竣工后一次性考核项目，经理部在工程建设期间的环境保护工作由有关部门和指挥部考核评定是否合格。如环水保达到规定要求则一次性退还项目经理部的环保保留金；否则指挥部将扣留该保留金，同时指令项目经理部进行环境改善直到达到环保要求为止。若项目经理部不及时按环水保要求组织施工或者施工后仍达不到环水保规定，指挥部将扣留保留金，另请有能力的单位做好环境改善工作，并从中支付发生的相应费用。如果所提取的保留金不足支付环境改善工程费用，则剩余部分在承包人的计量支付款中予以支付。

2. 各标段竣工以后，环保的评定由指挥部及有关部门根据国务院颁发的《建设项目环境保护管理条例》《建设项目竣工环境保护验收管理办法》进行竣工项目环保验收。指挥部各级环保机构不定期对环保工作进行检查，并上报和记录检查情况，各级环保组织或部门对高速公路的环境检查结果及指挥部不定期的抽检结果将作为最终评定的依据。在环保评定过程中，发生争议时，由上级评审组织作为最终裁决。

3. 指挥部按照阶段目标责任书的要求，每半年组织一次工程质量、进度、安全、环水保大检查评比活动，对环水保进行评定打分按照评定分数排列名次，将对环水保工作做得好的单位给予表彰和奖励。

4. 检查组由指挥部、标段项目经理部、工区项目经理部三方人员组成，对现场实施工作情况、质保体系情况、施工现场情况、其他工作情况等内容进行检查评比。

5. 项目经理部对环境保护负直接责任，必须严格按照技术规范中有关环水保方面的要求和图纸的方案进行施工。要提高全体员工的环保意识，建立健全环保机构，制定全面有序的环境控制措施，全面、全过程地按程序施工。严禁随挖随倒，挤占河道，并且通过有关部门和指挥部的共同评估环水保合格单位，按合同文件的规定退还项目经理部的环水保保留金。如果工程竣工项目经理部被评为不合格单位，则扣留项目经理部的环保保留金，项目经理部同时承担 20 万元的违约金。

二、高速公路技术创新管理

技术创新采用科技项目管理的方式进行，内容包括：项目申请、可行性论证、研究工作大纲审查、组织实施、监督检查、鉴定、验收等环节及科技成果管理、推广应用等。

（一）技术创新的领导管理

1. 项目办应成立科技创新、课题研究及新技术推广应用领导小组，领导小组由项目办总工程师担任组长，副总工程师担任副组长，各处室负责人以及各参与单位负责人为小组成员。

领导小组履行以下职责：审议并批准项目的科技发展规划及年度计划；研究指挥部科技项目的重大事项；审定指挥部科技项目的有关管理办法；审定年度科技项目计划和年度科研经费预算计划；审批新技术、新产品、新工艺的推广应用；审批科技办的工作报告及有关请示；定期组织召开科技创新工作会议。

2.执行机构为指挥部科技创新、课题研究及新技术推广应用办公室。办公室主任为项目办总工程师，副总工程师担任副主任，各参与单位负责人为科技办成员。

科技办履行以下职责：研究掌握国内外最新行业技术动态，结合项目特点，提出针对本项目立项的科技项目的方向和切入点；审核指挥部的科技创新发展规划和年度计划；组织审核科技创新课题计划；参加科技创新研究课题的可行性论证及审查；监督检查针对本项目立项的科技项目研究进展情况，审查项目资金使用情况；组织或参加对本项目的科技项目的研究和开发；组织实施新技术、新产品、新工艺的推广应用；监督检查针对本项目立项的科技项目的验收和鉴定；监督检查科技成果在本项目中的推广、应用、改进完善和服务工作；负责项目合作单位的协调、组织等相关工作；负责对部、省、厅、局管理部门的业务联系和办理；签批科技项目经费。

（二）技术创新项目的选题与申报

1.科技项目的研发应紧密结合生产和管理的实际，选题应围绕建设管理、运营管理等的实际需要，切实解决建设、运营和管理中的技术难题。建设项目应尽可能在项目前期阶段开展科研项目的立项工作，以使科研能及时指导建设项目的设计和施工。

2.在选题上力求高起点、高水平，所出成果要有提升和突破。同时，应重视对国内外已有成果的引进提升和推广应用，以达到提高工程质量和管理效率、降低成本的目的。

3.选题应量力而行，宜重点突出，规模适度。选题要有针对性，旨在对工程建设与养护管理中遇到的关键技术难题进行科技攻关，并着重成果的经济效益大小和推广应用前景。

4.在选题及准备阶段要进行深入的调研工作，了解课题内容在国内外发展现状和已有成果，确定攻关方向。同时要进行检索更新，对科研项目立题意义、研究内容拟解决的技术关键问题、技术路线、预期成果、计划进度、协作分工、经费预算、课题组人员构成等均有深入细致的研讨，使课题建立在切实可行的基础上。

5.项目初审。科技办将对提交的课题申请书进行初步审查，符合申报条件的项目由项目办统一向上级有关部门申请立项。

6.项目申报由领导小组提供科技项目新课题库，拟承担科技项目的部门及单位，向省科技厅填报立项申请书，申请书的格式根据申请的类别采用不同的格式。申请书应包含课题背景、国内外进展情况、拟研究的问题或开发的成果及技术路线、预期成果、参加人员、研发经费等内容，经审定后列入科技创新课题库。

7. 项目立项。经上级有关部门审查同意立项的项目，由项目办与科研课题相关单位签订科技项目合同，明确双方的义务和责任。未经指挥部同意上报的项目，指挥部不出具相应签评，并追究相关负责人的法律责任。

（三）技术创新项目的组织与实施

1. 科技项目获得批准立项后，由项目办根据项目的内容和特点以科技项目研究任务书的形式下发给有关部门及单位研究，各部门及单位应立即组织课题成员投入研发，被选定为科技项目的施工段、点，所属施工单位应积极配合，服从项目办的统一安排、协调。

2. 科研单位应按科技项目合同书规定的各项要求制定项目研究工作大纲，作为项目研究工作的指导文件和进度检查、验收的依据。科研单位每半年或项目节点向指挥部科技办进行阶段的书面汇报，内容包括课题进度、合同执行、工作质量、经费使用等情况；还应包括存在问题和须协调解决事宜、人员变动等。

3. 科技办加强项目的检查和监督管理，及时跟踪项目进展情况，每年组织一次检查评估，及时协调、解决处理科研工作中的问题。

4. 在项目执行过程中，对不按时报告项目执行情况的科研单位，科技办将做通报批评，对不能按合同完成的单位，将直接追究课题第一负责人的责任，并追缴全部科研经费。

（四）技术创新项目的经费管理

1. 科研经费包括拨款、自筹、配套等资金，主要用于项目实施过程中发生的人员费、试验费、设备使用费和其他相关费用。业主指挥部科研经费主要来源于部、厅所拨科技项目专项经费，公路建设项目中列支的研究试验费和单位自筹的科研费用。部、厅所拨付科技项目专项经费由科技办依据合同向部、厅科技管理部门申请后分批次拨付给科研单位。依托公路建设项目开展的科研项目配套的研究经费报请上级相关部门批准后在建设项目的研究试验费中列支；项目业主组织开展的重大科技项目或运营、养护科技项目配套经费由指挥部从专项科研经费中列支。

2. 科研经费实行包干使用的办法，一次核定、分期拨付，专项管理，实行一题一本制，专款专用，不得挤占或挪用。

(五) 技术创新项目的鉴定验收与成果管理

1. 项目按合同内容完成后，科研组将工作总结、研究报告、技术总结及有关资料报送指挥部科技办，并由指挥部报送上级相关部门，请有关科技主管部门组织鉴定验收，其鉴定验收程序按国家有关科技成果鉴定、评审实施办法进行。

2. 科研单位应注意知识产权的保护、实验记录、数据、图片、录像、报告等资料，应按照技术档案管理办法整理汇总后报项目办统一归档，不得散失。

3. 通过鉴定验收项目，由项目办及时进行科技成果登记，并根据科技成果的评定情况申请科技进步奖、自然科学奖或发明奖等，并按《专利法》的规定向专利管理部门申请专利。

4. 由项目办邀请，高速公路建设指挥部、设计、监理、施工和相关科研单位等参与合作的科技项目成果、最终知识产权归指挥部；由指挥部支持，参建单位在本项目的科技项目成果、最终知识产权应与指挥部无偿共享使用。

(六) 技术创新成果的推广应用

1. 工程项目施工过程中要结合工程实际积极推广使用新技术、新产品、新工艺，提高工程建设的科技含量和工程质量，以新技术促进工程质量和管理水平的提高。新技术的推广应用要进行充分论证，进行技术、质量、经济等多方面的综合分析比较，在保证技术先进、质量可靠、费用合理的前提下推广应用。

2. 对于复杂尚未成熟的施工工艺项目，争取科研项目立项，与科研单位进行联合研究攻关，总结切合实际的施工工艺和技术质量控制措施。

3. 积极推广使用性能可靠先进的施工机械、设备和检测监控仪器、工具，提高工程质量控制精度。施工单位要广泛应用先进的办公设备，采用工程管理软件对工程质量、进度和费用进行管理，利用电子网络技术传递各种信息，提高工作效率，节约工程投资。

4. 各工区独立引进的新技术、新材料要有实用性，须项目办、驻地办和指挥部批准后方可使用。

5. 对新技术、新产品、新工艺的推广应用，施工单位必须积极配合，服从项目办的统一安排，不得以任何理由拒绝。

参考文献

[1] 付元坤，田世军，边志强. 高速公路设计与施工技术研究 [M]. 北京：中国石化出版社，2022.

[2] 赵世超，刘伟. 高速公路施工监理手册 [M]. 成都：西南交通大学出版社，2022.

[3] 鞠金荧，赵欣，陈亚振. 高速公路改扩建交通组织研究与设计 [M]. 武汉：武汉理工大学出版社，2022.

[4] 徐静，简丽，何晓辉. 安徽省高速公路绿色服务区建设实践 [M]. 合肥：合肥工业大学出版社有限责任公司，2022.

[5] 李淑琴，周兴荣，郭继侠. 高速公路建设单位财务管理与审计监督 [M]. 北京：中国财政经济出版社，2022.

[6] 韩奕波. 高速公路运营企业应急预案体系及应用 [M]. 郑州：黄河水利出版社，2022.

[7] 贵州贵黄高速公路有限公司，《中国公路》杂志社. 贵阳至黄平高速公路项目论文集 [M]. 北京：科学技术文献出版社，2022.

[8] 谢兴华. 成乐高速公路扩改施工交通安全管理 [M]. 成都：西南交通大学出版社，2021.

[9] 胡启洲. 自行车高速公路的规划理论及管理方法 [M]. 北京：科学出版社，2021.

[10] 蔡硕果，蒋剑彪. 高速公路中长期养护规划指南 [M]. 北京：中国建筑工业出版社，2021.

[11] 刘培璋，李宇，贾清柱. 高速公路养护管理与桥梁工程施工 [M]. 北京：中国石化出版社有限公司，2021.

[12] 盛刚，何培舟. 高速公路称重技术探索与实践 [M]. 北京：中国市场出版社，2021.

[13] 王希良. 高速公路隧道光环境控制 [M]. 北京：科学出版社，2021.

[14] 吴冰，乔树勋，刁胜勇. 高速公路施工大气污染防治技术指南 [M]. 北京：科学出版社，2021.

[15] 姚宇，周兴顺. 高速公路品质工程设计技术集成 [M]. 南京：河海大学出版社，2020.

[16] 邓树森，汤俊杰，许建腾. 高速公路路面检测与养护研究 [M]. 北京：北京工业大学出版社，2020.

[17] 张恺. 高速公路岩溶及下伏洞穴路基安全评价与处治关键技术研究 [M]. 长春：吉林大学出版社，2020.

[18] 罗光莲. 高速公路"服务区+"理论与实践[M]. 北京：经济科学出版社，2020.

[19] 费伦林，狄小峰，徐立红. 智慧高速公路关键技术与实践[M]. 北京：人民交通出版社，2020.

[20] 吉廷艳，彭芳，裴兴云. 贵州高速公路大雾预报预警技术[M]. 北京：气象出版社，2020.

[21] 何永明，裴玉龙. 超高速公路设计及运行特性研究[M]. 北京：科学出版社，2020.

[22] 任宝，孔德超，唐茗. 高速公路养护与灾害防治[M]. 长春：吉林科学技术出版社，2020.

[23] 周建庭，任青阳. 进藏高速公路与铁路桥梁灾害环境及对策研究[M]. 北京：科学出版社，2020.

[24] 冯学茂，罗勇. EPC模式下钟昭高速公路建设管理纪实[M]. 长沙：中南大学出版社，2020.

[25] 肖智安，张琴光，戴安婵. 高速公路隧道施工安全技术[M]. 长春：吉林科学技术出版社，2020.

[26] 戴安婵，肖智安，张琴光. 高速公路桥梁工程与项目管理[M]. 长春：吉林科学技术出版社，2020.

[27] 陈开群. 高速公路建设项目设计与施工管理[M]. 北京：中国商务出版社，2020.

[28] 刘昆珏，李灿德，胡俊. 高原复杂山区高速公路建造关键技术：香丽高速公路施工实践[M]. 成都：西南交通大学出版社，2020.

[29] 姚宇，周兴顺. 平原微丘区高速公路改扩建工程勘察设计关键技术[M]. 南京：河海大学出版社，2020.

[30] 王树兴. 高速公路隧道智能监控管理技术[M]. 重庆：重庆大学出版社，2019.

[31] 黄智刚.《四川省高速公路条例》释义[M]. 北京：光明日报出版社，2019.

[32] 刘建蓓，汪双杰. 高海拔高寒地区高速公路安全设计技术[M]. 上海：上海科学技术出版社，2019.

[33] 汪双杰，陈建兵，王佐. 高海拔高寒地区高速公路建设技术[M]. 上海：上海科学技术出版社，2019.

[34] 王晓飞，胡铁钢，何方君. 高速公路改扩建工程交通组织及安全保通技术与实践[M]. 广州：华南理工大学出版社，2019.

[35] 杨爱民. 安徽省高速公路成品油市场竞争及服务策略研究[M]. 南昌：江西科学技术出版社，2019.

[36] 于保华. 北京高速公路巡检养护手册：桥梁、隧道[M]. 南京：东南大学出版社，2019.

[37] 向银华，李巨才. 高速公路建设与经济发展[M]. 北京：中国发展出版社，2019.